Hauslab-
joch
X
Tisenjoch
Niedertal
Similaunhütte
Niederjoch
Tisental
N
0 100 200 300 400m
M 1:10.000

Alfred Payrleitner
Herausgeber

Lawrence Barfield / Ebba Koller / Andreas Lippert

DER ZEUGE AUS DEM GLETSCHER

Das Rätsel der frühen Alpen-Europäer

Übertragung und wissenschaftliche Bearbeitung des englischen Textes von Lawrence Barfield: Ursula Langenecker.

EDITION UNIVERSUM

UEBERREUTER

Die Deutsche Bibliothek – CIP-Einheitsaufnahme

Lawrence Barfield
Der Zeuge aus dem Gletscher : das Rätsel der frühen Alpen-Europäer / Ebba Koller ; Andreas Lippert. – Wien : Ueberreuter, 1992
ISBN 3-8000-3478-6
NE: Lippert, Andreas:

AU 234/1

Gestaltung Gerhart Langthaler

Printed in Austria

Inhalt

Alfred Payrleitner

Wem gehört »Ötzi«?

Seit dem 19. September 1991 kennt die Geschichtsschreibung ein neues Merk-Mal, ein Datum der ganz besonderen Art: An diesem Tag entdeckte man durch Zufall auf einem Gletscherstreifen zwischen Nord- und Südtirol die überaus gut erhaltenen Überreste eines Mannes, der an dieser Stelle vor etwa 5000 Jahren gestorben war. Auch Teile seiner Kleidung, seiner Waffen und seiner sonstigen Gerätschaften wurden gefunden.

Niemand hätte bis dahin eine solche Entdeckung überhaupt für möglich gehalten. Doch inzwischen ist die Authentizität des Corpus jenseits allen Zweifels festgestellt. Die Menschheit hat nun einen »Urgroßvater der Urgroßväter«, einen Zeugen aus der jüngeren Steinzeit, 170 Generationen alt. Keinen mythischen Riesen, sondern einen höchst realen kleingewachsenen Urzeitjäger, eine historische Person, die lange vor dem Beginn der Geschichtsschreibung lebte.

Es ist kein Wunder, daß um diesen Fund sogleich neue Mythen entstanden. War der einsame Höhengeher ein Hirte, ein Beutesucher? Oder ist er gar ein Schamane gewesen?

Mit der Selbstbesessenheit der Moderne wurde der frühe Alpenbewohner von den heutigen Stämmen für sich reklamiert: War er nun ein »Tiroler« oder war er ein »Italiener«? Sollte man ihn den »Mann vom Hauslabjoch«, vom »Tisenjoch« oder schlicht den »Similaun-Mann« nennen? Im österreichischen Volksmund hat sich am stärksten das liebevolle Kürzel »Ötzi« eingebürgert. Es vermeidet die allzu genaue geographische Zuordnung und macht doch den Anspruch des angrenzenden Tiroler Ötztales deutlich. Namensprobleme um einen 5000 Jahre alten Toten...

Das vorliegende Buch versucht, ein Jahr nach »Ötzis« Bergung eine wissenschaftliche Zusammenschau zu vermitteln. Der Zeuge aus dem Gletscher und seine Habseligkeiten wurden von Innsbruck bis Mainz, von Oxford bis Uppsala mikroskopiert und durchleuchtet, analysiert, vermessen und nach der Radiocarbon-Methode altersbestimmt. Eine eigene Kommission legte die internationale Arbeitsverteilung fest. Seit 21. Mai 1992 existiert auch ein Vertrag mit »Ötzis« Eigentümern, dem Land

Südtirol, der die Rechte und Pflichten der derzeit im Besitz des Körpers befindlichen Landesuniversität Innsbruck genau festlegt. Ein eigenes Forschungsinstitut entstand, dessen Kuratorium mit Vertretern der verschiedenen österreichischen Universitäten besetzt ist. Die Patronanz liegt beim Wissenschaftsminister.

Zuviel Aufwand für einen derart archaischen Älpler? Sicherlich nicht, soweit es die komplizierte Koordination der wissenschaftlichen Fachbereiche anlangt. Und auch bezüglich der Rechtslage steckt der Teufel, wie immer, im Detail.

Der Eismann ist, wie bereits erwähnt, ein »Südtiroler«. Denn Ötzi wurde 92,5 Meter jenseits der Grenze auf italienischem Gebiet gefunden. Das bestätigte auch eine Nachvermessung, die 1991 stattfand. Anfänglich wurde dies bezweifelt – denn im Staatsvertrag von St-Germain vom 10. September 1919 hat man die Wasserscheide zwischen Etsch und Inn als Grenze zwischen Österreich und Italien festgelegt. Nach dieser Auflage wurde zwischen 1921 und 1924 vermessen, wobei man sich auf den Stand der Vergletscherung von 1921 bezog. Allerdings stellte sich schon damals bald heraus, daß diese Wasserscheide nur sehr schwer oder gar nicht zu bestimmen war. Kenner der fraktalen Geometrie werden dies ebenso leicht verstehen wie Alpintouristen: Die Höhenunterschiede im Gelände sind oft nur minimal, und niemand kann unter einen Gletscher blicken. Deshalb zogen die Geometer manchmal nur eine gedachte Linie zwischen zwei Grenzsteinen und korrigierten die Abweichungen durch kleine, wechselseitige Grenzausgleiche.

Im Bereich der »Ötzi«-Fundstelle ist die Wasserscheide zwischen Österreich und Italien schon seit 1922 eine gedachte Linie, die völkerrechtlich zur Grenze erklärt wurde. Allerdings stellte sich mit dem allgemeinen Gletscherrückgang seit 1974 heraus, daß die reale Wasserscheide heute weiter südlich verläuft. Dem ideellen Anspruch nach mag »Ötzi« vielleicht ein »Österreicher« sein – völkerrechtlich ist er eindeutig ein »Italiener«.

Dagegen wurde der Mann aus dem Eis am 1. Oktober 1991 unter österreichischen Denkmalschutz gestellt. Damals war noch nicht endgültig klar, auf welcher Seite der Grenze die Fundstelle liegt. Jedenfalls war das auch gut so, denn auf diese Weise wurden weitere Zerstörungen am Leichnam verhindert und die wissenschaftliche Untersuchung ermöglicht. Dieses Recht steht nämlich dem Bundesdenkmalamt unbeschadet der

Überprüfung der näheren Eigentumsverhältnisse für zwei Jahre hindurch zu. Nach Ablauf dieser Frist fällt das Besitzrecht des »Ötzi« an den Eigentümer, also an den italienischen Staat, zurück. Dafür wirkt aber das Ausfuhrverbotsgesetz für Kulturgüter weiter: Dieses bezieht sich nicht nur auf in Österreich gefundene Gegenstände, sondern auch auf alles, was nach Österreich gebracht worden ist. Die einschlägigen italienischen Gesetze sind übrigens genauso streng.

Allerdings erlaubt der Paragraph 3 des Gesetzes eine Ausfuhr in »besonders berücksichtigungswürdigen Fällen«. Diese Voraussetzungen liegen wohl vor, denn sonst hätte man weder »Ötzis« Jagdbogen noch sein Kupferbeil zur optimalen Restaurierung ins Römisch-Germanische Zentralmuseum in Mainz bringen können. In Bozen soll der Eismann dann endgültig aufbewahrt werden.

Auf diese Weise wird der Zeuge aus dem Gletscher nicht nur zu einer einmaligen geschichtlichen Auskunftsperson, sondern auch zu einem praktischen Anwendungsfall für die neuerdings so überaus guten freundschaftlichen Beziehungen zwischen Österreich und Italien. (Abgesehen davon, daß »Ötzis« Mumie, kulturell betrachtet, ja nur zwischen den beiden Teilen Tirols hin und her bewegt werden wird.) Streit könnte es lediglich wegen der auflaufenden Kosten geben: Gegenüber dem Land Südtirol können nämlich diverse Entdeckerprämien und der Ersatz für Aufbewahrungs- und Bergungskosten geltend gemacht werden.

Nur gut, daß »Ötzi« keine nahen Angehörigen mehr hat. Dann wäre er nämlich, rechtlich betrachtet, keine Sache mehr – sondern ein Toter, auf den man Ansprüche erheben könnte. Endlose Prozesse wären wohl die Folge – bei diesem hohen Museumswert.

Doch an dieser Stelle bricht man wohl am besten die juristischen Erwägungen ab und kehrt zur wissenschaftlich-historischen Perspektive zurück. Selbstverständlich ist »Ötzi« ein Schatz, der der gesamten Menschheit gehört. Wir sind deshalb stolz, die erste wissenschaftliche Bestandsaufnahme über die Bedeutung dieses urgeschichtlichen Zeugen als erstes Buch der neuen UNIVERSUM-Reihe der Wissenschaftsredaktion des ORF herausbringen zu können. Möge allen daran Beteiligten der »Zeuge aus dem Gletscher« ein gutes Omen sein...

Gerhart Langthaler

Im Fadenkreuz der Erkenntnisse

Der Aufstieg durch das weitläufige Stiegenhaus der Universität zum Olymp der Archäologie ist vielversprechend. In Glaskästen schlummern Reste verwehter Kulturen, urige Töpfe, behauene Pfeilspitzen, bleiche Schädelfragmente. Hier lagert, was in jahrzehntelanger Kleinarbeit aus der Erde geholt und in lebendiges Wissen über einen Zeitraum von Tausenden Jahren Menschheitsgeschichte umgemünzt wurde.

Im Sommer sind die Professoren und Studenten des Instituts für Ur- und Frühgeschichte der Universität Wien ausgeflogen. Die meisten leisten Feldarbeit nach Art der berühmten Vorbilder, die jeder kennt, sei es Schliemann, der Troja entdeckte, Evans, der Knossos auf Kreta freilegte, oder Carter, der das Grab des Tutenchamun öffnete.

Doch heute diskutieren die Fachleute einen Fund, der älter ist, als jene Kulturen, deren Hinterlassenschaften nach und nach ans Licht der Gegenwart gebracht wurden. Sie befinden über einen Menschen und seine Gemeinschaft, der vor rund 5200 Jahren gelebt hat.

Der Ur- und Frühgeschichtler Andreas Lippert war einer der ersten Archäologen, die am Ort der Jahrhundertentdeckung eintrafen. Er sorgte für die fachgerechte Bergung all der Fundstücke, die bei der Ho-Ruck-Aktion am Tisenjoch übersehen oder nicht beachtet worden waren.

Im Sommer 1992 leitete Lippert die zweite Nachgrabung, bei der es ihm gelang, Verlorenes und Ergänzendes aus der kolossalen Kühltruhe für die Wissenschaft zu retten. Zwischendurch beriet er mit seinem Fachkollegen, dem Engländer Lawrence Barfield, der in Birmingham lehrt und seit zwei Jahrzehnten in Oberitalien Feldforschung betreibt. Dieser zeigt mit seinen Untersuchungen, daß im relevanten Zeitraum die in Frage kommenden Kulturen weitab von den Tiroler Gipfeln ihre Zentren haben. Ötzi lebte eher an der Peripherie.

Die historische Phase, in der der Gletschermann lebte, zählt zur Urgeschichte, die fachlich gesprochen erst mit dem Aufkommen der Schrift endet. Aus Ägypten kennen wir Hieroglyphen, die um 3000 vor unserer Zeitrechnung gemeißelt wurden. Im Zwischenstromland nützten die Sumerer Anfang des 3. Jahrtausends die Keilschrift.

Vor diesem Zeithorizont wird klar, daß die Bedürfnisse der Menschen, auch wenn sie vor einigen Jahrtausenden lebten, nicht so anders geartet sein konnten als die späterer oder auch unserer Generationen. Das zeigt sich am deutlichsten beim einfachen, beim tagtäglichen Bedarf. Der Wunsch nach Geborgenheit und Wärme, nach Sättigung und Sicherheit bestimmt auch unser Dasein. Was anders war, sind die Bedingungen, weniger die Schlüsselreize, die Menschen damals wie heute in Bewegung bringen. Wer jemals Gelegenheit hatte, Bergbauern, besonders Sennen vor der Mitte unseres Jahrhunderts kennenzulernen, der konnte erfahren, wie das Leben auf den Almen auf das Einfachste reduziert vor sich ging. Das Tagwerk orientierte sich an der Natur und die Weidetiere waren ein Teil davon, der wichtigste. Die Verrichtungen erfolgten nach uralten Kenntnissen. Jeder Handgriff diente der Selbsterhaltung und damit den anvertrauten Herden. Viehhalten, Milch pflegen, Käskochen auf offenem Feuer mit simplen Geräten, davon viele aus Holz. Den Quirl aus Fichtenwipfel gab es schon in der Urzeit, genauso wie einfache Tonseiher und Rahmschüsseln. Das vorherrschende Lebensgefühl, das Aufsichselbst-Gestellt-Sein, blieb aus der Situation heraus relativ unverändert. Was es zu erzeugen und herzurichten gab, mußte mit dem Material der Umgebung und mit den eigenen Händen geschaffen sein. Der Sennenruf der Ötzileute mag sich in einigen Vokalen unterscheiden, die Lust über die Berge hinüberzurufen zu anderen Leuten, könnte eine Art Jodeln gewesen sein. All das darf man annehmen, auch durch den Vergleich mit ähnlichen existenten Kulturen, auch wenn uns kein Laut, keine Silbe aus Ötzis Tagen überliefert ist.

Die Menschen der Urzeit führten Krieg, sie waren keine sanften Wilden. Das beweist der Anger vor einem Siedlungsplatz, gefunden in Crickley Hill, Gloucestershire in England. Der Hang ist mit Feuerstein-Pfeilspitzen gespickt. Ihr Einschlagswinkel verrät einen massiven Angriff.

Im Falle unseres Zeugen stellt sich aber die Frage nach dem Krieger kaum. Art und Zustand der Ausrüstung, ganz zu schweigen vom Fundort und seiner weiteren Umgebung, schließen das aus.

Vielmehr geistert die Vermutung, Ötzi könnte Schamane gewesen sein, durch viele Diskussionen. Aber der Vergleich mit lebenden Zeugnissen widerlegt das Szenario, wonach Ötzi einen Kultplatz am Tisenjoch aufgesucht haben könnte. Im Osten Nepals beispielsweise pflegt ein bäuerliches Bergvolk seine Schamanentradition. Eine Ausrüstung wie Amulette aus Fellen und Federn, Hörnern und Knochen, Zähnen und Krallen verschiedener Totemtiere. Man mag einwenden, daß ein Schamane nicht immer in kultgerechter Ausstattung unterwegs sein wird. Dann ist aber die Frage nach dem Beweis anders zu stellen. Ein König, der ohne Krone, ohne Insignien angetroffen wird, muß irgendwie anders den Nachweis seiner Würde erbringen. Waren vielleicht das Kupferbeil oder der Fellmantel solche Zeichen?

Wer heute ins Hochgebirge aufstiege, würde vielleicht gar nicht so anders handeln, wenn ihn Schlechtwetter überrascht oder Erschöpfung überfällt. Würde jemand nicht auch seine Habe, Eispickel, Rucksack, sorgfältig an einen Felsen lehnen, um dann ein kleines Feuer zu entfachen? Die Szene läßt sich leicht weiterspielen. Wie würde er die Knochen von etwas Gebratenem von sich werfen, bevor er sich zu einem kurzen Erholungsschlaf hinreißen läßt, ohne zu ahnen, daß dies seine letzte Ruhe bedeutet: Hatte der Mann vom Tisenjoch so etwas wie Todesangst?

Geht man vom psychologischen Hintergrund aus, können wir mit dem französischen Soziologen und Todesforscher Philippe Ariès annehmen, daß unsere Art von Todesangst und ihr ganzer Verdrängungsmechanismus eine Entwicklung der Neuzeit darstellt.

Welchem Kult, welcher Religion die Menschen früherer Perioden auch gehuldigt haben – sie hatten wohl kaum das Endgefühl eines (heutigen) Individuums, das sich für absolut einmalig hält. Auf der Suche nach Ähnlichkeiten mit dem Menschen am Tisenjoch, die sich nachvollziehen lassen, stoßen wir auch auf Schönheit und Formgefühl. Beim Betrachten der Fundgegenstände fällt ihre Gestaltung auf, besonders das »Design« des Kupferbeils. Dieses Metall kam am Beginn des 7. Jahrtausends vor unserer Zeitrechnung im Vorderen Orient auf, erscheint um 4500 in Südosteuropa und bald danach rings um den Alpenraum. Wenn auch der Stein das entscheidende Rohmaterial blieb, so galt das rötliche Metall als das wertvollere, auch im Sinne eines Statussymbols.

Bemerkenswert ist das hohe Gestaltungsniveau der Steinwerkzeuge, deren handliche und vollendete Eleganz im Metallguß vorerst imitiert wurde. Viele Wissenschaftler waren von der Existenz dieses Kupferbeils verblüfft: Eigentlich hätte Ötzi ein derart »modernes« Werkzeug gar nicht mit sich führen dürfen.

All diese Details verknoten sich zu Fäden, die zu den einzelnen Kulturen und ihren Fundstücken führen: ins heutige Südtirol und ins Trentino, südwärts bis Verona und in die Poebene, westwärts bis ins Piemont, zu den Gestaden des Zürich- und des Bodensees. Eingeschlossen sind das Inntal, die Ufer des Mond- und des Attersees, berücksichtigt sind letzten Endes die Siedlungen im Donauraum bis hinaus ins südliche Deutschland und ins nördliche Niederösterreich.

Überall dort lebten vermutlich Zeitgenossen (gemessen an urzeitlichen Maßstäben) unseres Zeugen. Sie rodeten Wald, um Ackerland zu gewinnen – und dachten in keiner Weise daran, ihre Umwelt zu schonen. Sie errichteten hölzerne Langhäuser, hatten Hunde, hüteten – je nach Lebensraum – Rinder, Schafe, Schweine, spannten Ochsen ins Joch, pflügten. Sie verfolgten mit ihren tödlichen Waffen Auerochsen, Bären, Elche, Steinböcke und andere Wildtiere, aber auch ihresgleichen. Sie liebten weiche Felle, auch wenn sie schon leinengefertigte Kleidung trugen. Sie verstanden es, sich zu schmücken, trugen Reifen und Ringe aus Metall, Ketten aus Muscheln aus dem fernen Mittelmeer.

Sie hatten Freude am Tauschen, am Handeln und polierte Steinkugeln mögen die erste Währung gewesen sein. Sie machten einander Geschenke, auch von Gruppe zu Gruppe, die Motive werden kaum andere gewesen sein als jene, die heutigen Präsenten zukommen.

Die Zeitgenossen Ötzis lebten in Familienverbänden, auch in Stämmen, eine soziale Rangordnung bildete sich erst allmählich heraus. Ihre Kultur war auf Kommunikation aufgebaut, Nachrichten und Wissen fanden bis in die entlegensten Täler.

Der Zeuge vom Tisenjoch ist in situ gefunden worden, in der Position, in die ihn sein Schicksal gefügt hat. Von den Schuhen bis zur Kopfbedeckung, von der Trage bis zum Bogen hat der Zufall Regie geführt, und dieses Szenario wurde nunmehr wissenschaftlich erfaßt und protokolliert. Die Erkenntnisse ergeben ein geschlossenes Bild jener Zeit, die jetzt neu in das öffentliche Bewußtsein gebracht und mit Leben gefüllt wurde.

Andreas Lippert

Zeitzeuge aus ferner Vergangenheit

Ein Mann in Fellbekleidung stapft langsam die Schutthalden zum Gebirgskamm hinauf. Der Weg vom Etschtal über das Schnals- und Tisental ist weit. Es ist ein kalter, düsterer Herbstnachmittag. In der vergangenen Woche hat es Neuschnee gegeben, und die jüngeren Tiere unter seinen Schafherden, die auf der anderen Seite der Berge auf hochgelegenen Almen weiden, können kaum Gras unter dem Schnee freischarren. Das ist der Grund, warum der Mann mit einem Traggestell und einem Sack auf seinem Rücken, der mit Laubfutter gefüllt ist, über den Paß am oberen Ende des Tisentales steigen will, um wenigstens etwas Nachschub für seine Tiere zu bringen. Er wird den Schafhirten sagen, daß es nun Zeit für den Abtrieb der Herden ist: wahrscheinlich steht dieses Jahr ein früher Wintereinbruch bevor.

Der Mann ist schon sehr müde, und der Weg ist noch weit. Er sucht sich daher gleich jenseits des Joches einen windgeschützten und einigermaßen trockenen Platz zwischen den Felsen. Seine umfangreiche Ausrüstung, zu der auch Pfeil und Bogen gehören, legt er sorgfältig am Rand der Felsvertiefung nieder. Die Waffen sind notwendig, weil er sich unterwegs vielleicht durch Jagd mit Fleisch versorgen muß. Auch seine Schafe und Ziegen müssen wiederholt gegen Raubtiere wie Wölfe, Bären und Adler geschützt werden. Das in einer Eibenholzschäftung steckende kleine Kupferbeil ist sein kostbarster Besitz. Und, obwohl sich das neuartige Kupferbeil – verglichen mit einem herkömmlichen Steinbeil – nicht so gut als Werkzeug oder Waffe eignet, trägt der Mann es immer stolz bei sich. Er hat es vor nicht allzu langer Zeit gegen etliche fette Schafe aus dem großen Viehbestand seines Bauernhofes durch Tausch erworben. Das Beil stellt er nun aufrecht in eine der Felsnischen am Rande der Felsrinne.

Dann entfacht er am Boden der Felsmulde aus trockenem Holz und Reisig, das er während seines Aufstiegs gesammelt hat, ein kleines Lagerfeuer. Er brät nun die mitgebrachten Fleischstücke, dann legt er sich erschöpft vor dem Feuer am Boden der Mulde zum Schlafen hin. Den Kopf bettet er auf eine etwas höhere Steinplatte und benützt dabei seinen Schulterkragen aus Grasgeflecht als Unterlage. Die Nacht wird bitter kalt. Doch das merkt der Bergwanderer nicht mehr. Im Gegenteil, im Halbdämmer des Schlafes wird ihm sogar noch täuschend warm. Bei der rasch zunehmenden Nachtkälte erfriert er. Am nächsten Tag ist die Leiche bedeckt von frischgefallenem Schnee.

Als der Herr des großen Bauernhofes im Tal von seinen Angehörigen vermißt und entlang des Gebirgspfades gesucht wird, ist keine Spur mehr von ihm zu finden. Mehr als 5000 Jahre später, an einem warmen, föhnigen Septembertag, geben Eis und Schnee den Leichnam wieder frei.

So könnte die Geschichte eines Urmenschen der späten Jungsteinzeit beginnen, der in den Bergen den Tod gefunden hat, und dann mit der Schilderung seines ereignisreichen Lebens fortfahren. Die Geschichte könnte auch dem »Zeugen aus dem Gletscher« gelten. Aber das ist natürlich nur ein mögliches Szenario. Es wird kaum gelingen, ein Einzelschicksal dieser weit zurückliegenden Menschheitsepoche wirklich zu vergegenwärtigen. Über die Lebensumstände und die Umwelt dieser frühen Zeit kann man schon eher Angaben machen. Auch über die Stellung des Mannes in seiner Gemeinschaft lassen sich Vermutungen anstellen.

Seine Ausrüstung scheint mit Bedacht und Erfahrung zusammengestellt zu sein. Eine Rückentrage gehört dazu und eine Jagdbewaffnung, darunter ein besonders schön gearbeiteter Köcher. In diesem Fellköcher und in einer weiteren Tasche aus Leder befinden sich kleine Stein- und Knochenwerkzeuge, aber auch Reservematerial für die Ausbesserung der Gerätschaften und Waffen. Ein Feuerzeug aus Zunder und Pyrit war ebenfalls vorhanden.

Einen konkreten Hinweis auf den Grund für die Wanderung in das Hochgebirge gibt das Futterlaub aus Ahornblättern, das der Mann aus dem Bereich der unteren Talflanken mitgenommen hat: damit sollte möglicherweise während des Abtriebs das Jungvieh gefüttert werden, das sich wegen Neuschnees nicht mehr ausreichend selbst versorgen konnte.

Der Besitz eines wohlgeformten Kupferbeiles läßt den Wohlstand und das Ansehen dieses Mannes in seiner Siedlung erkennen. Mit großen sozialen Unterschieden darf man jedoch im Jungneolithikum, am Ende der jüngeren Steinzeit, noch nicht rechnen. Die einzelnen Stämme sind vermutlich von einem Häuptling beherrscht worden, und auch in den Siedlungen kann man Dorfobere annehmen. Das waren nicht unbedingt Personen etwa in einer dynastischen Generationenreihe, sondern eher erfolgreiche und wohlhabende Großbauern, die eine führende Rolle in der Gemeinschaft einnahmen. Solche Stellungen waren meist mit größerem Besitz und Ansehen verbunden. Aber auch andere Familien konnten es zu Wohlstand bringen. Die noch wenig ausgeprägte gesellschaftliche Gliederung ist vor allem an den Bestattungen dieser Zeit zu erkennen. Die Gräber südlich der Alpen zum Beispiel weisen untereinander keine besonders krassen Unterschiede im Grabbau oder in der Art der Beigaben auf. Manche Verstorbene sind mit kupfernen Waffen und Geräten ausgestattet, während andere nur solche aus Stein und Knochen besitzen. Vieles spricht dafür, daß Kupfer ein recht wertvolles Material war und man Gegenstände aus Stein daraus nachbildete.

Natürlich kann man noch weitere Überlegungen anstellen, wer der Mann im Eis zu Lebzeiten gewesen sein mag und warum er sich überhaupt im Gebirge aufhielt. So gibt es unter anderem die Vorstellung von einem Priester, einem Schamanen oder einem Mann, der kultische Rituale in den Bergen, nahe dem Sitz der Götter, vollzog. Allerdings ist es schwer, für diese Deutung überzeugende Argumente zu finden. Die Kleidung, die aus Dutzenden Fellstreifen zusammengenäht ist, mag beispielsweise tatsächlich an das Gewand eines nomadischen Schamanen in Nordasien erinnern. Andererseits kennen wir die Kleidung der jungsteinzeitlichen Menschen nicht in ihrer ganzen Vielfalt. Pelz- oder Ledergewand hat sich nicht einmal in den Feuchtbodensiedlungen der Alpen erhalten. Ein Vergleich der Kleidung des Gletschermannes mit einer zeitgenössischen ist also nicht gut möglich. Vielleicht war die Kleidung in der kalten Jahreszeit oder für den Aufenthalt von Jägern und Hirten in den Bergen immer so ähnlich beschaffen, aber das wissen wir leider nicht.

Für Kulthandlungen müßte man überdies entsprechende zugehörige Zeremonialgeräte voraussetzen. Berufsspezifisch für einen Schamanen wären eine Maske oder eine Trommel. Selbst, wenn die mit einem Stein geschmückte Lederquaste des Mannes aus dem Eis so etwas wie ein

Amulett dargestellt hätte, würde dies für eine Priesterfunktion sicher nicht ausreichen.

Manchmal bringt man den Gletschermann auch mit der Suche nach Erz in Verbindung. Er hätte also nach Kupfererzvorkommen in den Bergen Ausschau gehalten. Dagegen ist einzuwenden, daß an der Fundstelle bisher kein dafür geeignetes Gerät aufgetaucht ist. Das heißt, der Mann müßte einen Steinschlegel, eine Art Archetyp des Geologenhammers, bei sich getragen haben. Denn nur mit einem solchen Steinpickel oder -hammer war es möglich, Gestein aufzuschlagen, um Erzadern aufzuspüren.

Naheliegend wäre eine andere Theorie: Der Mann war Jäger oder wollte in erster Linie im Hochgebirge jagen. Schließlich war er mit Pfeil und Bogen ausgerüstet. Jagdwild oberhalb der Waldgrenze gab es sicher in Fülle, ganz abgesehen davon, daß im waldfreien Gebiet die Jagd viel leichter fiel. Zu diesem Gebirgswild gehörten damals sicher noch Hirsch, Gemse, Steinbock, Murmeltier und Adler, aber auch andere Tiere, wie Schneehuhn und -hase. Teile der Kleidung und Ausrüstung sowie die Befiederung der Pfeile stammen ja von alpinem Wild. Ein Problem bei dieser Deutung ist die Unvollständigkeit seines Jagdzubehörs. Es ist zwar schwer zu beurteilen, ob der Bogen des Gletschermannes tatsächlich noch im Herstellungsstadium und damit nicht verwendungsfähig war. Aber selbst wenn er einsatzbereit war, fällt auf, daß unter den 14 Pfeilen nur zwei Stücke schußfertig sind.

Eines ist auf jeden Fall sicher: Almweiden und Hochweidenutzung gab es seit dem 4. Jahrtausend v. Chr. in weiten Teilen der Alpen. Hirtentum und Almbewirtschaftung sind seit einiger Zeit gerade für das Gebiet der Ötztaler Alpen auf botanischem Wege belegt. Schon vor dem Fund der Gletschermumie hat die Botanikergruppe der Universität Innsbruck um Professor Dr. Sigmar Bortenschlager erstaunliche Ergebnisse erzielen können, die die alte Theorie beenden, daß die regelmäßige Nutzung der Almweiden im Hochgebirge erst im Mittelalter einsetzte. Den Innsbrucker Forschern gelang die Feststellung von Spuren neolithischer Brandrodung. Außerdem konnten die entsprechenden kulturbegleitenden Pflanzen, die als Weidezeiger gelten, mit Hilfe von Pollenanalysen nachgewiesen werden.

Ablagerungen von Blütenstaub in Moorproben von der Gurgler

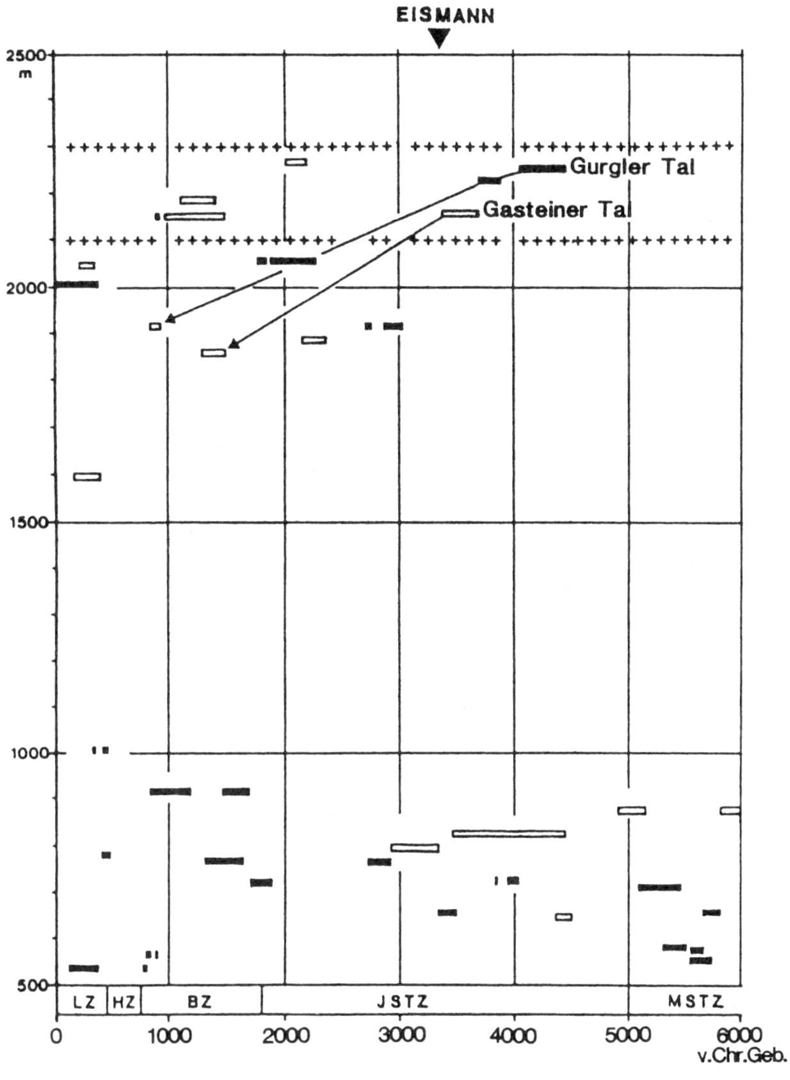

Brandrodungen sowie *Weidezeiger (insbesondere in der Zone um 2000 m Seehöhe) und* *Anbau von Kulturpflanzen im Ostalpenraum im Spiegel der Pollenanalysen. ++++++ Schwankungsbereich der Waldgrenze. MSTZ = Mittelsteinzeit, JSTZ = Jungsteinzeit, BZ = Bronzezeit, HZ = Hallstattzeit, LZ = La-Tène-Zeit. Die Graphik zeigt recht deutlich die beiden Wirtschaftszonen der Urzeit im Alpenraum: die Tallandschaften bis etwa 1000 m Seehöhe und die Almen oberhalb der Waldgrenze. (nach Patzelt)*

Alm im hinteren Ötztal zeigten, daß damals – wie heute – in höheren Lagen Weidewirtschaft bestand. Im Pollenbild scheinen sogar schon für die Zeit vor 4000 v. Chr. Frauenmantel, Alpenampfer und die Kratzdistel als typische Weidezeiger auf. Sie gedeihen nur bei Weidewirtschaft auf gut durch Viehmist gedüngten Wiesen. Die Moorproben auf 2200 Metern Seehöhe brachten darüber hinaus Spuren von Brandrodungen in Form von Holzkohlepartikeln, die auf die Zeit knapp nach 4000 v. Chr. datieren. Sie sind Belege für die künstliche, durch den Menschen herbeigeführte Senkung der Waldgrenze und damit der Erweiterung der Almböden nach unten hin, um größere Weideflächen zu bekommen. Nach oben reichen die Almen auch heute noch bis auf 2900 Meter Seehöhe.

Eine andere Untersuchung in der Nähe unserer Fundstelle ist ebenfalls von großem Interesse. Am hinteren Rofenberg, zu dem man von Vent über das Rofental gelangt, befindet sich auf 2760 Metern Seehöhe das höchstgelegene Moor der Alpen. Von diesem Moor wurde im Jahr 1973 ein Pollenprofil erstellt. Es zeigte erwartungsgemäß, daß die Umgebung immer waldfrei war. Der Anteil der Nicht-Baumpollen beträgt mehr als 25 Prozent, was kennzeichnend für ein waldloses Gebiet ist. Bemerkenswert ist nun, daß etwa um die Mitte des 4. Jahrtausends v. Chr. die Weidezeiger markant ansteigen. Alle typischen Weidepflanzen, wie etwa der kleine Doldenblütler Madaun, nehmen in dieser Zeit zahlenmäßig stark zu. Gleichzeitig sinkt aber die Zahl der Zwergsträucher. Das bedeutet, daß diese oberhalb der Waldgrenze wachsenden Hölzer zugunsten der Weidefläche abgeschlagen oder abgebrannt worden sind. Das sind deutliche Hinweise auf eine Weidewirtschaft in der Nähe des Tisenjoches.

Ein Nebenresultat aus diesem Diagramm vom Rofenmoor ist der Nachweis von einigen Getreidepollen. Natürlich wurde kein Getreide im Hochgebirge angebaut. Es handelt sich vielmehr um Getreidepollen, die im Fernflug aus dem Tal hierher gelangt sind. Immerhin zeigen diese Funde aber, daß in den Nachbartälern Ackerbau betrieben worden ist. Die Viehzucht war also nur ein Teil der damaligen Landwirtschaft in diesem Bereich der Alpen. Wahrscheinlich muß man in erster Linie an die Existenz von Bauern in den Tälern beiderseits des Alpenhauptkammes denken, die ihr Vieh im Sommer auf die Hochweiden trieben. Das Klima im 4. Jahrtausend war dem heutigen sehr ähnlich, daher konnten Almen auch auf längere Sicht durch Rodung geschaffen und mit Vieh beschickt werden. Vor allem der Schaftrieb spielt in der späteren Jungsteinzeit eine Rolle.

Das Gebiet zwischen Tal und Hochgebirge sollte man sich allerdings eher dicht bewaldet und unwirtlich vorstellen. Allmählich hat man die bewirtschaftete Zone von unten, aber auch die Almweiden von oben her, in die Mittelzone zwischen etwa 1000 und 2000 Meter ausgedehnt. Schon im 3. Jahrtausend gab es in den Ostalpen Almen, die bis auf 1800 Meter Seehöhe herabreichten. Im 2. Jahrtausend sind wiederholte Maßnahmen, den Waldgürtel vom Tal her bis auf 1000 Meter Seehöhe zurückzudrängen, festzustellen. Auch im Mittelalter zeigen sich intensive Bemühungen, die Waldlandschaft zwischen dem Tal und der natürlichen oberen Waldgrenze aufzulockern, um neue Weidegebiete zu gewinnen.

Von welcher Seite mag der Gletschermann zum Tisenjoch gekommen sein, um sich nahe dem Übergang niederzulassen? Vor allem interessiert die Frage, wo er zu Hause war. Hinweise dazu sind wahrscheinlich aus seiner Ausrüstung zu erhalten. Das Beil und das Feuersteinmaterial, aus dem die Steingeräte hergestellt worden sind, können darüber Aufschluß geben. Das Beil jedenfalls ist mit ähnlichen kupfernen Randleistenbeilen der Remedello-Kultur in Norditalien vergleichbar, deren Verbreitungs- und kulturelles Einflußgebiet sich auf die Poebene, das Trentino und auf Südtirol erstrecken.

Allerdings muß man noch vorsichtig sein, Form und metallurgischen Charakter des Tisenjoch-Beiles ausschließlich dem oberitalienischen Gebiet zuzuschreiben. Bisher war die Datierung der Kupferbeile mit leichten Randleisten sehr unsicher, und sie wurden in die frühe Mitte des 3. Jahrtausends v. Chr. datiert. Der neue Fund zeigt ein wesentlich höheres Alter; das führt zu einem Überdenken der frühen Metallverarbeitung in Oberitalien. Es ist nämlich auch nicht auszuschließen, daß die Herkunft oder zumindest die Anregung für die Produktion des Kupferbeiles vom Tisenjoch im Nordalpenbereich zu suchen ist. Es käme dabei die Altheim-Mondsee-Kultur als frühe metallurgische Ausgangszone gut in Betracht, um so mehr, als eine sehr alte Gewinnung und Verarbeitung von Kupfer dort nachgewiesen ist. Kleine trapezförmige Kupferbeile wurden in den Seeufersiedlungen im Salzkammergut jedenfalls schon um die Mitte des 4. Jahrtausends v. Chr. erzeugt. Aber auch im Bodensee-Raum wurden etliche Kupferbeile gefunden, die dem des Zeugen aus dem Gletscher gleichen. Besondere Ähnlichkeit hat ein Beil aus der Pfahlbau-Station 2 in Unteruhldingen.

Für die Frage nach der Herkunft des Mannes selbst könnte eine Holzart, die unter den Funden vorkommt, recht aussagekräftig sein: Pfeil Nr. 12 seiner Ausrüstung besteht zum Teil aus dem Zweig eines Hartriegels. Das ist eine Strauchart, die heute nur südlich des Alpenhauptkammes und nicht in den inneren Alpentälern wild wächst.

Dies sind vorläufige, teilweise vage Anhaltspunkte, woher der Mann stammen könnte oder von welcher Seite er in die Berge aufgestiegen ist. Wie sah aber die Besiedlung in den Tälern zwischen Etsch und Inn aus? Aus dem Ötztal sind einige Steinbeile der Jungsteinzeit bekannt, die sich ursprünglich in der geologischen Sammlung der Universität Innsbruck befanden und nun für die prähistorische Forschung an Bedeutung gewonnen haben. Es ist schwierig, sie zeitlich genauer zu bestimmen. Die Fundplätze dieser Steinartefakte aus dem Ötztal sind zwar unbekannt, doch ist mit diesen Funden immerhin eine Besiedlung des Haupttales oder sogar seiner Nebentäler in der Jungsteinzeit erwiesen.

Am Südrand der Alpen – in Südtirol und im Trentino – sind wesentlich mehr archäologische Einzelfunde, aber auch Siedlungsplätze und sogar Grabfunde aus der jüngeren Phase des Neolithikums bekannt als aus dem Inneren der Alpen. Sie übertreffen zahlenmäßig auch jene des mittleren Neolithikums, was auf ein Ansteigen der Bevölkerung besonders im Eisack- und Etschtal hindeutet. Es handelt sich um bäuerliche Siedlungen, die an den Talrändern und bevorzugt auf den Kuppen von Hügeln lagen. Vielleicht spielte das Sicherheitsbedürfnis in dieser Zeit eine größere Rolle als zuvor. Solche Siedlungsfunde gibt es vom Tartscherbühel bei Mals, im oberen Vinschgau, aber auch von steil aufragenden Felsköpfen, wie auf dem Burgfelsen vom Schloß Juval am Ausgang des Schnalstales.

Das Schnalstal war im übrigen seit alters her von Bergbauern bewohnt, die sich weitgehend selbst versorgen mußten. Der Taleingang war nämlich früher eine völlig unzugängliche Schlucht, die nicht einmal auf Fußsteigen passiert werden konnte. Man mußte über die Höhen weit oberhalb des Taleinschnittes ausweichen und wesentlich längere Strecken in Kauf nehmen. Erst 1875 wurde ein Weg durch die Schlucht gebaut, der dann auch für Wagen befahrbar war.

Die Naturnser erreichten aber ursprünglich das mittlere Schnalstal

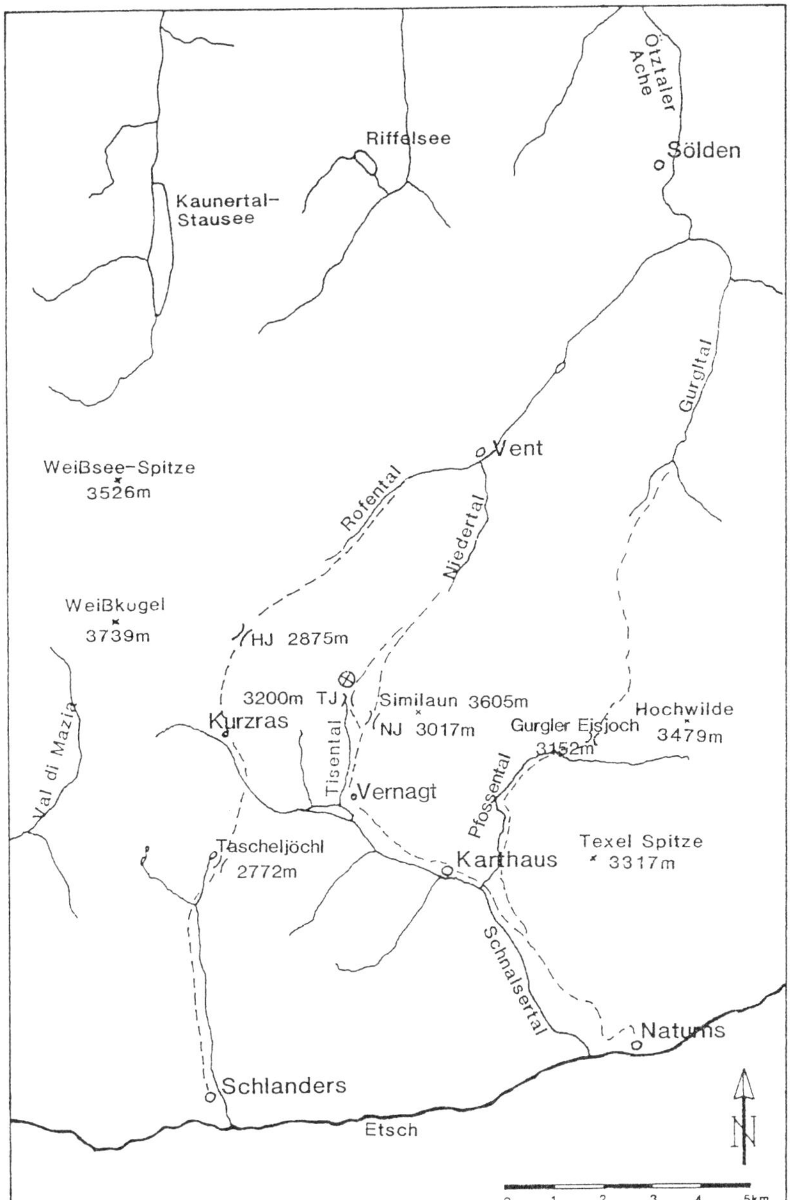

Gewässernetz im Bereich der Ötztaler Alpen beiderseits des Alpenhauptkammes. ⊗ *Fundstelle.* ----- *Überlieferte Viehtriebwege von Süden zu den Ötztaler Almen. Entwurf: A. Lippert, gezeichnet von B. Lethmayer*

nur über das Patleider-Eck am Sonnenberg und über den heutigen Katharinaberg. Von dort gelangten sie zum Pfossental, das in das Schnalstal einmündet. Die Hirten trieben ihr Vieh dann weiter entlang dieses Seitentales und von dort über die Berge in das Gurgltal. Ein anderer Viehtrieb verlief über Vernagt und das Tisental, von wo aus aber zwei Pässe zur Überquerung des Alpenhauptkammes in Frage kamen: das bei hoher Schneelage gefährlichere Niederjoch oder das zwar höher gelegene, aber ohne Steiganlage benutzbare Tisenjoch. Über diese beiden Joche konnte man die Weidegründe im Niedertal in der Gegend von Vent erreichen.

Auf einer ganz anderen Route mußten die Almen im Talgrund des Tisentales erreicht werden. Man beging sie über das Schlandrauntal und über das Tascheljöchl. Das waren die Almen der Kortscher, die bei Kurzras (wahrscheinlich ursprünglich »Kurzgras«) auf etwa 2000 Metern Seehöhe ihr Vieh weiden ließen. Wegen dieses Zuganges gehörte Kurzras noch bis 1582 zur Pfarre Göflan bei Schlanders. Über Kurzras konnten aber die Weidegründe im Ötztaler Gebiet erreicht werden. Man gelangte nämlich über das Hochjoch hinüber in das Rofental.

Diese Beschreibung der Verbindungen in das Schnalstal und darüber hinweg in die Ötztaler Alpen zeigt, daß die Almauftriebe oft einige Tage in Anspruch nahmen. Wenn der Viehtrieb von Naturns oder von Schlanders aus erfolgte, war man zwei oder drei Tage unterwegs. Die Viehtreiber, die von Schlanders und Kortsch kamen, übernachteten früher im Kurzhof in Kurzras, um dann über das Hochjoch in das Rofental weiterzuziehen.

Wenn also der spätneolithische Mann, der am Tisenjoch verunglückte, etwa aus der Gegend von Schloß Juval bei Naturns stammte, so dauerte seine Wanderung – mit oder ohne Viehherde – sicher länger als einen Tag.

Auffällig sind auch die vielen Einzelfunde im Gebirge, die ab einer Höhe von 1600 Metern in den Dolomiten, im Nonsberg und auf dem Monte Baldo nördlich von Verona entdeckt wurden. In unserem Zusammenhang ist auch ein Kupferbeil von Interesse, das 1982 am Hirzelsteig im Rosengarten bei Bozen auf rund 2000 Metern Seehöhe gefunden wurde.

Diese Funde zeigen deutlich eine seit der Mittelsteinzeit (8. bis 6. Jahrtausend v. Chr.) nicht mehr dagewesene Präsenz des Menschen in den Bergen an. In der Mittelsteinzeit waren es aber Jäger, die das waldfreie Gebiet im Hochgebirge aufsuchten, um vor allem dem Hochwild nachzustellen. Jetzt, im letzten Abschnitt der Jungsteinzeit, bestimmten auch andere Motive die Begehung höherer Regionen.

Im östlichen Randgebiet von Südtirol-Trentino in den Dolomiten sind sogar zwei Aufenthaltsplätze unter Felsüberhängen bekannt, die Funde aus dem Jungneolithikum ergeben haben: Riparo Mandrizza auf 1600 Metern und Riparo Mondeval de Sora auf 2100 Metern Seehöhe. Andere Funde und Fundstellen reichen bis zu einer Seehöhe von über 2400 Meter hinauf. Der höchstgelegene Fundplatz ist Schlern-Roterd bei Bozen mit einer Seehöhe von 2485 Metern.

Die Hintergründe für alle diese Funde im Südalpenraum sind sicher vielfältig und können im Einzelfall auch nicht ohne weiteres auf eine bestimmte Tätigkeit des jungsteinzeitlichen Menschen zurückgeführt werden. Einer der Aspekte war sicher die Jagd, da sich unter den Funden immer wieder Pfeilspitzen befinden. Die Felsritzungen in Colbricon nahe dem Rolle-Paß in den Dolomiten bei San Martino di Castrozze (auf rund 1920 Metern Seehöhe), die Dolchdarstellungen wiedergeben, scheinen kultische Bedeutung zu haben. Vergleichbar sind sie mit Felsbildzeichnungen des Spätneolithikums am Monte Bego in Ligurien, wo derartige Ritzungen bis auf eine Höhe von 2600 Meter vorkommen.

Der wohl gewichtigste und häufigste Grund für den Aufenthalt in den Bergen war die Nutzung der Hochweiden. Mit dem Viehtrieb gelangte der Mensch in sehr hohe Alpenregionen. Damit kann wahrscheinlich auch der Fund des Gletschermannes auf dem extrem hohen Paß des Tisenjochs auf 3200 Metern Seehöhe erklärt werden.

Entdeckung und Bergung des Gletschermannes

Die Auffindung der Mumie und erste Bergungsversuche

Wieso der Mann aus dem Gletscher, die älteste Mumie der Welt, im extremen Hochgebirge entdeckt werden sollte, kann die Wissenschaft heute erklären. Doch viel schwieriger ist es, ein genaues Bild von den Vorgängen vor Ort zwischen dem Tag der Auffindung und dem Bergungstag zu gewinnen, also von dem Zeitraum zwischen Donnerstag, dem 19. September, und Montag, dem 23. September 1991. Das ist die Zeit, in der noch keine Fachleute an der Fundstelle waren und neben der Gendarmerie mindestens 30 Personen den Fundplatz aufsuchten. Dank der Recherchen einer Mitarbeiterin des Eismann-Forschungsprojektes, Mag. Elisabeth Zissernig, konnten jedoch viele Fundortbesucher befragt und zahlreiche private Fotos gesammelt werden. Besonders wertvoll sind darüber hinaus die Protokolle und Aussagen der Gendarmeriebeamten und des Flugretters, die sich an den Bergungsversuchen beteiligt und offizielle Niederschriften verfaßt haben.

Alles in allem hat die Fundgeschichte fast schon den Charakter eines archäologischen Kriminalstückes, da die in Erfahrung gebrachten puzzleartigen Einzelheiten mühsam gesichtet und zu einem realistischen Ganzen zusammengesetzt werden müssen.

Am Donnerstag, dem 19. September, stiegen Erika und Helmut Simon, ein Touristenehepaar aus Nürnberg von der Finailspitze über das Hauslabjoch zur Similaunhütte ab. An diesem Tag herrschte grandioses Bergwetter, aber auch schon in den vorangegangenen drei Wochen war es besonders warm und föhnig gewesen. Der restliche Schnee in den Bergen schmolz in dieser Zeit weitgehend ab. Um 13.30 Uhr überquerten sie ein Gletscherfeld auf der Höhe des Tisenjoches. Der Weg führte sie über eine lange und schmale Felsrinne, in der die Schneefüllung bis weit hinunter abgeschmolzen war. Am Grund der mit Eis und Schmelzwasser gefüllten Mulde entdeckten sie einen Leichnam, der bäuchlings im Eis steckte. Aus dem Eis ragten damals nur der Kopf und die Schultern hervor.

Herr Simon fertigte ein Farbfoto des Leichnams an. Es war übrigens die letzte Aufnahme in seiner Kamera. Dann stiegen die beiden weiter zur Similaunhütte ab und berichteten dem Hüttenwirt Markus Pirpamer über die Entdeckung des Gletschertoten (um 14.30 Uhr). Dieser meldete den Fund unverzüglich sowohl der Gendarmerie in Sölden als auch den Carabinieri in Schnals. Gegen 16 Uhr machte sich der Hüttenwirt selbst zur Fundstelle auf. Ihm fielen auch einige Ausrüstungsgegenstände bzw. deren Bestandteile auf. Dazu gehörten das Beil, Hölzer und Fellreste auf einem Felsabsatz in einigen Metern Entfernung von der Leiche. Schon diese Funde erschienen dem Hüttenwirt als alt und zumindest dem vorigen Jahrhundert zugehörig.

Inzwischen hatten sich Gendarmerie und Carabinieri miteinander in Verbindung gesetzt und die Zuständigkeit Österreichs festgestellt. Am Freitag, dem 20. September, begab sich Anton Koler, der Leiter der Gendarmerie-Einsatzstelle Imst, mit dem Hubschrauber zum Fundort. Es sollte festgestellt werden, ob Fremdverschulden am Todesfall vorliegen könnte. Außerdem mußte die Leiche geborgen werden. Auch Koler erkannte, daß der Tote mehr als 100 Jahre alt sein mußte und somit kein Fall für die Ermittlungsbehörden war. Der Versuch Kolers und seines Helfers, den Toten mit einem Preßluftgerät aus dem Eis zu schrämmen, scheiterte aber, weil nicht ausreichend Treibstoff vorhanden war und sich in der Felssenke bereits zuviel Schmelzwasser angesammelt hatte. Bei diesem Freilegungsversuch wurden Haut und Gewebe der linken Hüfte angeschnitten, der Oberschenkelknochen lag frei und war aus dem Gelenk gesprungen. Der Alpingendarm nahm jedoch das Beil mit und verwahrte es am Gendarmerieposten in Sölden. Pirpamer, der bei dem Bergungsversuch ebenfalls dabei war, fand unweit vom Kopf der Leiche entfernt die Reste eines Birkenrindengefäßes.

Die Staatsanwaltschaft in Innsbruck wurde nun vorsichtshalber von dem Fund der Gletscherleiche in Kenntnis gesetzt. Dunkle Striche am Rücken, die sich später als Tätowierungszeichen herausstellten, wurden von Koler nämlich als Brandmale gedeutet. Die Staatsanwaltschaft ihrerseits beauftragte das Gerichtsmedizinische Institut der Universität Innsbruck mit der endgültigen Bergung der Leiche. Wegen des Wochenendes, aber auch wegen einer Wetterverschlechterung wurde die Bergung auf Montag, den 23. September, angesetzt.

Wegen dieser Verschiebung der Bergung ging der Hüttenwirt Pir-

Hans Kammerlander und Reinhold Messner an der Fundstelle.

pamer am Samstag, dem 21. September, nochmals zur Fundstelle und deckte die Leiche mit einer Plastikfolie ab.

Am frühen Nachmittag dieses Tages trafen die Extrembergsteiger Reinhold Messner und Hans Kammerlander, die sich auf ihrer Südtirol-Umrundung befanden, auf der Similaunhütte ein. Mit drei anderen Bergsteigern stieg man zur Fundstelle auf, nachdem der Hüttenwirt von der Gletscherleiche erzählt hatte. Um die durch das Schmelzwasser und das Eis hindurch sichtbare Lederbekleidung am Unterkörper des Toten besser erkennen zu können, wurde das Eis leicht aufgepickelt. Messner erkannte durch das Wasser eine Art »Lederwicklung« der Beine und auch die Lederschuhe an den Füßen des Toten. Beim Hals hat er seiner Erinnerung nach ein »Schnurgeflecht« beobachtet, das möglicherweise mit dem später geborgenen Fransengeflecht aus Lederriemen mit einem Schmuckstein identisch sein könnte. Reinhold Messner hat noch Samstag in einer Fernsehaufnahme und einem Rundfunkinterview, die tags darauf und am Montag wiedergegeben wurden, auf das seiner Ansicht nach hohe Alter (»500 Jahre oder älter«) hingewiesen. Leider wurden zu diesem Zeitpunkt noch keine Fachleute, also Archäologen, eingeschaltet.

Die Bergung der Mumie durch den Gerichtsmediziner Rainer Henn.

Am Sonntag, dem 22. September, legten dann die Bergrettungsmänner Alois Pirpamer, der Vater des Hüttenwirtes, und Franz Gurschler die Leiche mit Pickeln für den Abtransport fast vollständig frei. Nur der rechte Arm und ein Fuß steckten noch fest im Eis, so daß der Tote nicht herausgehoben werden konnte. Danach deckte man die Leiche abermals mit einer Plane ab, die mit Schnee und Eis beschwert wurde. Diese Maßnahme war schon wegen vieler neugieriger Touristen notwendig geworden. Den noch etwas abseits vom Toten befindlichen, im Eis steckenden Bogen versuchte man herauszuziehen, wobei er leider abbrach.

Am folgenden Tag, am Montag, dem 23. September, flog Professor Dr. Rainer Henn, der Vorstand des Gerichtsmedizinischen Institutes der Universität Innsbruck, zusammen mit einer Bergrettungsmannschaft zur Fundstelle. Während der Bergungsarbeiten, bei denen rund um die Gletscherleiche das Eis aufgeschlagen wurde, entdeckte man ein Messer mit Holzgriff und Feuersteinklinge bei dem Toten. Der Leichnam wurde schließlich aus dem Eis gehoben, in eine Plastikhülle und schließlich in einen Transportsack gesteckt und dann mit dem Hubschrauber nach Vent geflogen. Von dort wurde er mit dem Leichenwagen des örtlichen Bestattungsunternehmens in das Institut für Gerichtsmedizin gebracht. Die bei dieser Gelegenheit und die schon früher aufgelesenen Kleidungsreste und Ausrüstungsgegenstände wurden ebenfalls mit nach Innsbruck transportiert.

Am Dienstag, dem 24. September, besichtigte Professor Dr. Konrad Spindler vom Innsbrucker Institut für Ur- und Frühgeschichte die in der Gerichtsmedizin lagernde Mumie und die dazugehörigen Beifunde. Er beurteilte den Fundkomplex zunächst als frühbronzezeitlich, da er das Beil als bronzenes Randleistenbeil dieser Epoche ansah. Damit war der Beginn wissenschaftlicher Arbeit gegeben. Gleichzeitig wurden Vorbereitungen zur Erhaltung der Mumie und zur Konservierung der Beifunde getroffen.

Offenbar war man nicht auf weitere Funde vom Tisenjoch gefaßt, da die in Innsbruck anwesenden Prähistoriker trotz Schönwetters nicht sofort die Fundstelle aufsuchten. Am Mittwoch, dem 25. September, wurde jedoch eines der interessantesten Stücke des Zubehörs gefunden: ein Köcher mit 14 Pfeilen und weiterem Inhalt. Der Fund gelang einer von Dozent Dr. Gernot Patzelt, dem Leiter des Institutes für Hochgebirgsforschung, angeführten Gruppe von Meteorologen und Glaziologen. Dr. Heralt Schneider, der mit den anderen Mitgliedern um 13.30 Uhr am Fundort eintraf, sah als erster die Pfeilenden und die Mündung des Köchers aus dem Eis ragen. Er lag am westlichen Ende der Felsrinne unmittelbar auf einer Felsplatte. Da die von Professor Spindler geleitete Prähistorikergruppe, die den Fundplatz mit einem Hubschrauber zur selben Zeit anflog, nicht landete, sondern wegen Hochnebels wieder umkehrte, wurde der Köcher von der zu Fuß aufgestiegenen Mannschaft aus Naturwissenschaftlern mit äußerster Sorgfalt und mit großem Zeitaufwand geborgen. Die Herauslösung aus dem Eis hätte auch von Fachleuten nicht besser besorgt werden können. Man goß Schmelzwasser (nahe 0 Grad Celsius) auf den eisumgebenen Köcher und legte ihn seitlich mit einem Schweizermesser frei. Der Köcher wurde mit keinem Werkzeug berührt und somit auch nicht beschädigt. Für den Transport wurde er in Plastiksäcken verpackt, zwischen zwei Skistöcken bruchsicher geschient und in einer Daunenjacke weich eingeschlagen in einem Rucksack stehend zu Tal getragen.

Nun erst war man sich über die Notwendigkeit von Nachforschungen an der Fundstelle im klaren. Es wurden daher zwei Mitarbeiter der

Archäologischen Abteilung des Tiroler Landesmuseums Ferdinandeum in Innsbruck am Donnerstag, dem 26. September, zur Fundstelle geschickt. Sie stellten im näheren Fundbereich der Mumie Gras- und Fellreste sowie Birkenrindenfragmente fest. Eine Schlehdornbeere wurde geborgen, alles andere konnte wegen des nun einsetzenden Schneefalls nicht eingesammelt werden.

Der Hüttenwirt der Similaunhütte, Markus Pirpamer, übergab aber den beiden Mitarbeitern des Museums das Bodenstück eines Birkenrindenbechers, das am Rand Ösen für die Naht aufweist. Er hatte das Stück, in offenbar windverwehter Lage, etwa 20 Meter südlich der Leiche in den Felsen gefunden. Wegen Schlechtwetters mußten die weiteren Nachforschungen am Tisenjoch zunächst eingestellt werden.

Bodenstück von einem der beiden Birkenrindenbecher.

Die Grenzvermessung

Schon kurz nach Bekanntwerden einer prähistorischen Mumie im Grenzgebiet zwischen Österreich und Italien tauchte die entscheidende Frage auf, auf welchem Territorium die Fundstelle nun wirklich lag. Der Alpenhauptkamm bildet in diesem Teil der Ötztaler Alpen gleichzeitig etwa die Landes- und Staatsgrenze. Besonders Italien war an einer Klärung der Eigentumsverhältnisse interessiert, da die Mumie bereits an der Innsbrucker Universität aufbewahrt und untersucht wurde.

Im Prinzip gibt der Staatsvertrag von St-Germain vom 10. September 1919 im Artikel 27 einen eindeutigen Hinweis für die Lokalisierung der Grenzziehung zwischen Österreich und Italien. In der Zone zwischen der Dreiherrenspitze und dem Engadin gilt demnach die Linie entlang der Wasserscheide zwischen dem Inntal im Norden und dem Etschtal im Süden als Grenze. Gemeinsame Grenzkommissionen hatten nach Unterfertigung des Friedensvertrages die Aufgabe, den Grenzverlauf entlang der Wasserscheidenlinie festzulegen, wobei gerade Linien zugunsten kleiner Gebietsausgleiche gezogen wurden. Aufgrund der damaligen Vergletscherung zahlreicher Stellen des Alpenhauptkammes, darunter auch des Tisenjoches, war eine Wasserscheidenbestimmung nicht einfach, sondern manchmal auch mit Fehlern belastet. Als man im Jahre 1974 neue Grenzmarken setzen konnte, weil aufgrund der Klimaentwicklung sich die Gletscher zurückgezogen hatten und Felspartien neu zum Vorschein kamen, hielt man sich im Bereich des Tisenjoches an das mit Irrtümern behaftete, im Jahr 1924 erstellte Grenzurkundenwerk. Die nunmehr neuerlich markierte Grenze entspricht nicht der wirklichen Wasserscheide, wonach die Fundstelle nördlich der Wasserscheide im Einzugsgebiet der Ötztaler Aache und somit innerhalb österreichischen Gebietes liegt. Jedoch ist die Grenze gewohnheitsrechtlich fixiert.

Am 2. Oktober 1991 wurde die Staatsgrenze im Gebiet der Fundstelle nachgemessen. Als Voraussetzung für eine zweifelsfreie Vermessung der Fundstelle wurde die Lage der Grenzzeichen b-34, b-35 und b-36 geodätisch überprüft und in Ordnung befunden. Der Verlauf der Staatsgrenze ist gemäß der Grenzurkunden im Bereich der Fundstelle die geradlinige Verbindung der Grenzzeichen b-35 und b-36. Aufgrund dieser Messungen ergab sich der Fundplatz eindeutig auf italienischem Staatsgebiet, nämlich 92,55 Meter von der Staatsgrenze entfernt. Die österreichisch-italienische Grenzkommission bestätigte noch am selben Abend diese geodätische Sachlage, die auf den früheren, wenn auch fehlerhaften Vermessungen und Grenzfestlegungen beruht.

Topographie der Fundstelle und die weiteren Forschungen

Das Fundgebiet und die Fundstelle

Die Ötztaler Alpen bilden in ihren höchsten Erhebungen einen Teil des etwa von Osten nach Westen ziehenden Alpenhauptkammes. Diese bis über 3700 Meter Seehöhe aufragende Gebirgskette (höchster Gipfel in der Nähe der Fundstelle: Weißkugel mit 3739 Metern Seehöhe) ist über weite Strecken vergletschert und schneebedeckt. Einer dieser hohen vergletscherten Berge ist der Similaun mit einer Seehöhe von 3599 Metern. Der Westfuß des Similaun ist vom Niederjochferner, einem mächtigen Gletscher, bedeckt. Er reicht fast bis zum Niederjoch, das eine schmale Einsattelung im Verlauf des Alpenhauptkammes darstellt. Am Niederjoch, auf 3019 Metern Seehöhe, steht die Similaunhütte, die für die Touristen einen wichtigen Stützpunkt zwischen den Tälern in Südtirol und Nordtirol bedeutet.

Der Weg über das Niederjoch ist vom südlich gelegenen Tisental nur auf einem steil über Felsgelände und Schutthalden heraufführenden Weg zu erreichen. Der Pfad wurde zwar durch Aussprengungen und Steinplattenlagen in den letzten Jahrzehnten verbessert, ist aber dennoch ein mühsamer und anstrengender Aufstieg zum Niederjochferner. Der Abstieg auf der Nordseite des Niederjoches ist weniger problematisch.

Nun ist bekannt, daß schon seit Jahrhunderten und wahrscheinlich noch länger ein Almauftrieb vom Schnalstal im Süden – dem Tisental folgend – herüber in das Nordtiroler Vent stattgefunden hat. Viele Weidegründe im unteren Niedertal und im Ventertal wurden und werden heute noch nach einem uralten Nutzungsrecht von den Südtiroler Bauern alljährlich in Anspruch genommen. Bis zur Grenzziehung nach dem Ersten Weltkrieg gehörte das Nordtiroler Vent kirchlich sogar noch zu Schnals. Jedesmal im Juni werden die Schafe aus dem Schnalstal zu den Weidegründen im Venter- und Ötztal hinübergetrieben. Der Übergang am Niederjoch wurde aber früher von den Hirten, die hauptsächlich Schafe, aber auch Rinder zu den Almen im Norden auftrieben, nicht besonders häufig

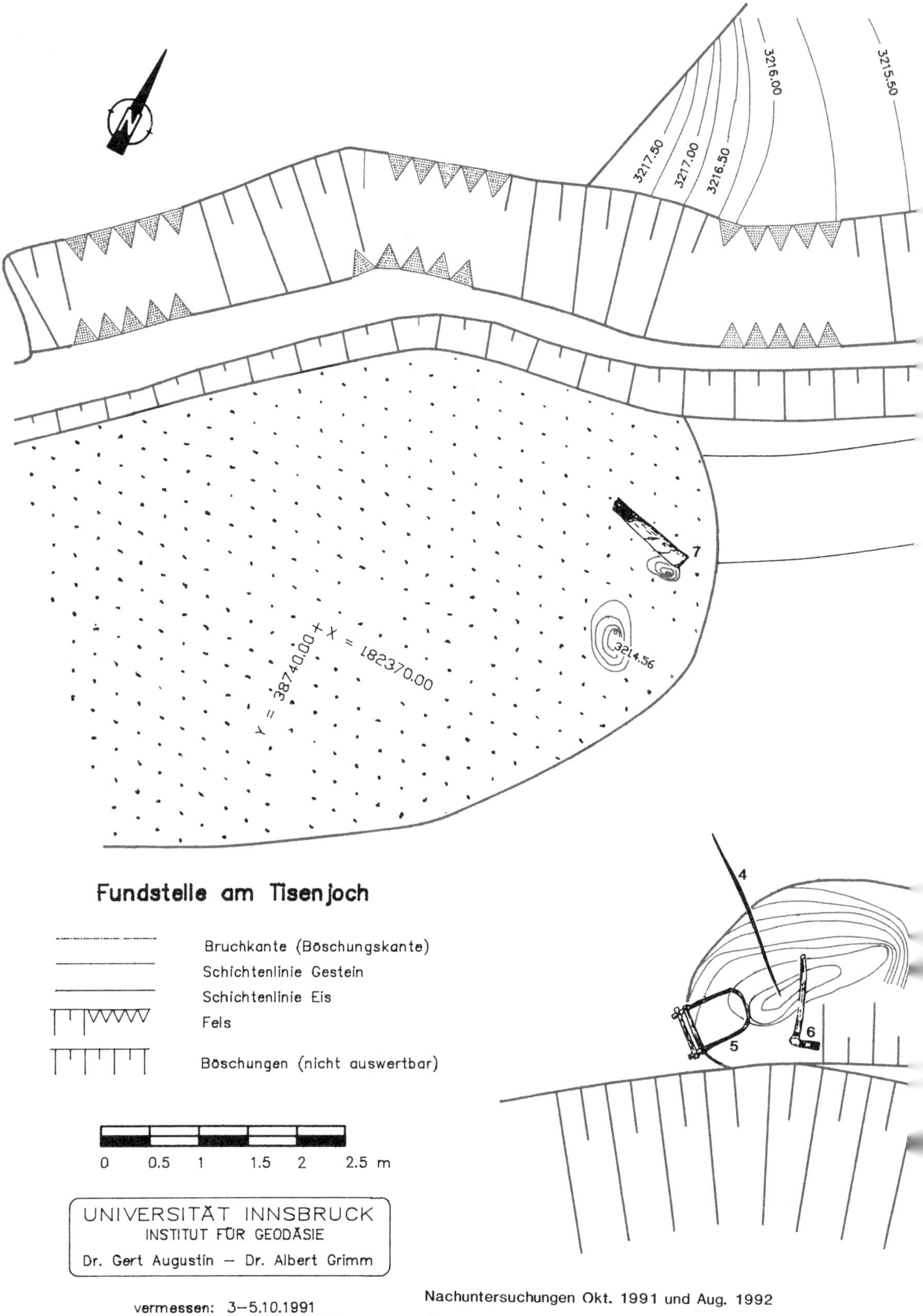

1 Mumie und Feuersteinmesser, 2 Schulterumhang (?) aus Grasgeflecht, 3 Birkenrindenbe

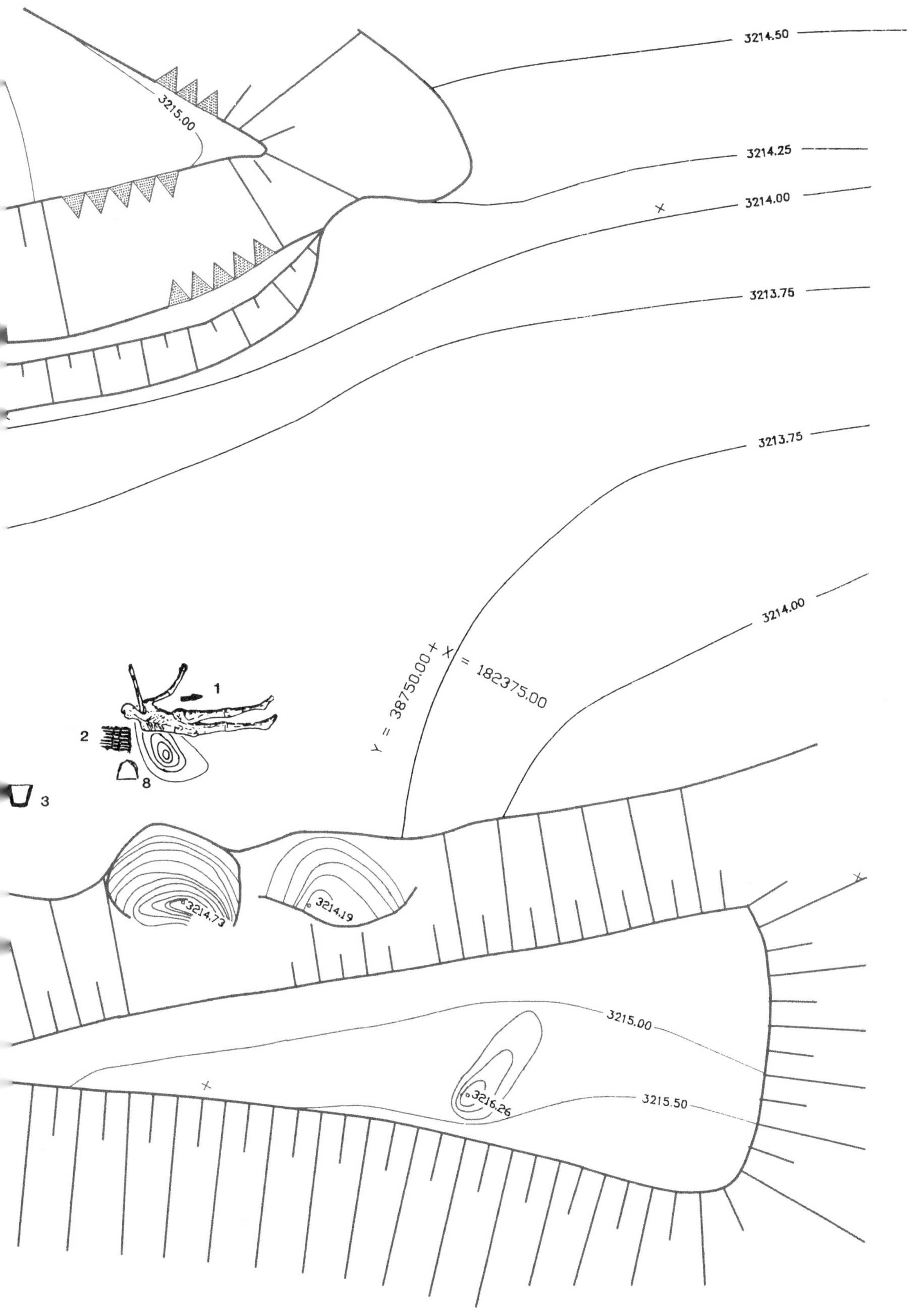

ogen, 5 Rückentrage, 6 Beil, 7 Köcher mit Pfeilen, 8 Fellmütze

begangen: Er war zu steil, und auch die Gletscherspalten am Niederjochferner jenseits des Passes konnten verhängnisvoll sein.

Statt dessen wich man auf das etwa 1000 Meter westlich davon gelegene Tisenjoch aus, das zwar um rund 200 Meter höher am Beginn des Tisentales liegt, aber dafür auf einer nicht so jähen Route leichter zu erreichen ist. Am Rande des früher bis hier in einer Nebenzunge heraufreichenden Niederjochferners war auch der Abstieg auf der nördlichen Seite nicht so gefährlich wie über das Niederjoch. Das Tisenjoch oder Tisenjöchl ist zwar auf der amtlichen Karte und auch auf der Alpenvereinskarte nicht eingetragen, wird aber von der einheimischen Bevölkerung so bezeichnet. Schon auf einer Karte der offiziellen Landesaufnahme aus dem Jahre 1871/72 ist neben dem Weg über das Niederjoch auch ein zweiter Steig über das Tisenjoch eingezeichnet. Die beiden Wege vereinigen sich einige hundert Höhenmeter nördlich unterhalb des Gebirgskammes.

Die Fundstelle liegt kaum 100 Meter vom Tisenjoch entfernt auf der nördlichen Seite des Alpenhauptkammes. Sie befindet sich auf der 1991 stark ausgeaperten Felsinsel im obersten Bereich der schon erwähnten Gletscherzunge, die heute stark verkleinert und vom Niederjochferner seit einigen Jahren völlig getrennt ist. Das frische Moränengelände unterhalb des Gletscherfeldes läßt diese kürzliche Entwicklung deutlich erkennen.

Der Fundplatz sollte wegen seiner Nähe und seines offenkundigen topographischen Bezugs zum Tisenjoch nach diesem Übergang bezeichnet werden. Das Hauslabjoch hingegen liegt in der Luftlinie zwar auch nur 300 Meter von der Fundstelle entfernt, aber um rund 80 Meter höher. Es ist ein rein touristischer Übergang, der zur Finailspitze und zur Gletscherbahn am Hochjoch führt. Da das Hauslabjoch aber auf den Karten eingetragen ist, galt es zunächst als die amtliche Bezeichnung, und es wurde aus diesem Grund vom »Mann vom Hauslabjoch« gesprochen.

Die Mulde, in der die Mumie und ihre Ausrüstung gefunden wurden, liegt in einer im Fels eingetieften und nahezu horizontal verlaufenden Rinne. Sie ist West-Ost orientiert und verliert sich an beiden Enden in schmäleren Spalten in den Felsschroffen.

Der Hauptteil der Felsvertiefung ist rund 30 Meter lang, 5 bis 10 Meter breit und zwischen 2,5 und 4 Meter tief. Genaue Tiefenmaße waren zur Zeit der ersten Nachgrabung noch nicht feststellbar, da die Eisschicht in der Mulde stellenweise beinahe einen Meter stark war.

In dem Felszug, der vom Tisenjoch nach Norden zieht, befinden sich mehrere Öffnungen und breite Klüfte. Die Vertiefung an der Fundstelle ist ein idealer Rastplatz, da sie in dieser extremen Höhe von 3200 Metern Schutz gegen Wind und Wetter bietet.

Die Nachuntersuchung im Oktober 1991

Neun Tage nach der Bergung der Mumie durch den Gerichtsmediziner Professor Rainer Henn begann ich mit einer Gruppe verschiedener Fachleute und Studenten die ersten Forschungen vor Ort. Rückblickend kann ich feststellen, daß es höchste Zeit für diese Nachuntersuchung gewesen war. Am Fundplatz, in der Felsmulde, lagen oberflächlich noch Fellreste und Schnüre verstreut, die zur Kleidung und Ausrüstung des jungsteinzeitlichen Mannes gehört hatten. Eine erste Vermessung und ein Lageplan der Fundstelle waren noch nicht erstellt worden. Außerdem besuchten, durch die weltweiten Medienmeldungen aufmerksam gemacht, täglich zahlreiche Touristen und Souvenirjäger den Fundplatz. Er mußte also abgesichert und bewacht werden, was während und auch nach der Geländearbeit durch Angehörige der italienischen Finanzwache und durch Carabinieri auf meine Anregung hin geschah.

Als der sensationelle Fund am 19. September gemacht wurde, war ich gerade mit einigen Studenten in den Hohen Tauern, wo wir antike Paßstraßen abgingen und kartierten. Die Nachricht im Fernsehen von einer im Eis der Ötztaler Alpen konservierten urzeitlichen Mumie und der dazugehörigen Ausrüstung war für uns mehr als aufregend. Wir bedauerten daher sehr, fern des Geschehens zu sein und Fundplatz und Fundstelle nicht sofort besichtigen zu können.

Wir unterbrachen aber so schnell wie möglich unsere Arbeit in Salzburg und fuhren nach Vent im Ötztal, um sogleich zur Similaunhütte und schließlich zur Fundstelle selbst aufzusteigen. Dort war inzwischen Neuschnee gefallen. Der Beschluß, eine Nachuntersuchung des Fundplatzes durchzuführen, war bald gefaßt. Als damaliger Vorstand des Institutes für Ur- und Frühgeschichte der Universität Innsbruck und Leiter der Abteilung für die Urgeschichte des Alpenraumes bedeutete es für mich zudem eine ernste Verpflichtung, diese Aufgabe unverzüglich zu übernehmen und auszuführen. Zunächst mußte in aller Eile eine Genehmigung der offiziellen Stellen Südtirols eingeholt werden, obwohl zu diesem Zeitpunkt noch keine endgültige Klarheit über die Gebietshoheit, in der sich die Fundstelle befindet, herrschte. Um Komplikationen zu vermeiden, wurde mit Hinweis auf die enorme Dringlichkeit einer Nachuntersuchung in mehreren Eilschreiben und Telefonaten um eine entsprechende Bewilligung aus Südtirol angesucht. Diese wurde noch zeitgerecht von den höchsten Stellen erteilt, nämlich vom Regierungskommissär für die Provinz Bozen, vom Landeshauptmann von Südtirol und vom Südtiroler Landeskonservator. Die Folge war, daß von dieser Seite auch die Grenzbehörden angewiesen wurden, die archäologische Aktion in vollem Umfang zu unterstützen.

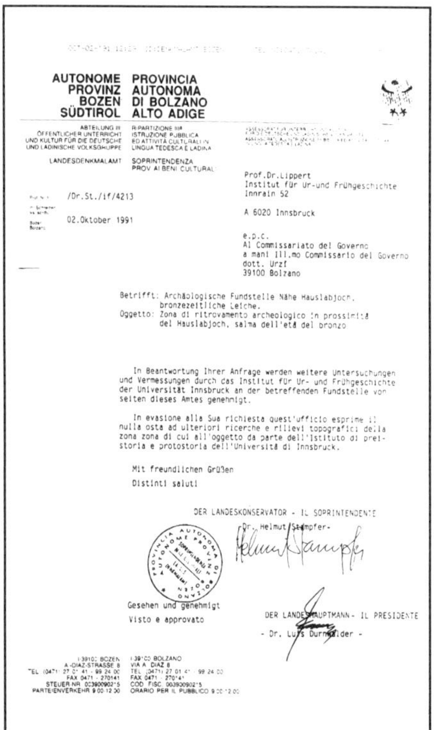

AUTONOME PROVINZ BOZEN SÜDTIROL — PROVINCIA AUTONOMA DI BOLZANO ALTO ADIGE

ABTEILUNG III ÖFFENTLICHER UNTERRICHT UND KULTUR FÜR DIE DEUTSCHE UND LADINISCHE VOLKSGRUPPE — RIPARTIZIONE III ISTRUZIONE PUBBLICA ED ATTIVITÀ CULTURALI IN LINGUA TEDESCA E LADINA

LANDESDENKMALAMT — SOPRINTENDENZA PROV. AI BENI CULTURALI

/Dr.St./if/4213

02.Oktober 1991

Prof.Dr.Lippert
Institut für Ur-und Frühgeschichte
Innrain 52

A 6020 Innsbruck

e.p.c.
Al Commissariato del Governo
a mani Ill.mo Commissario del Governo
dott. Urzì
39100 Bolzano

Betrifft: Archäologische Fundstelle Nähe Hauslabjoch, bronzezeitliche Leiche.
Oggetto: Zona di ritrovamento archeologico in prossimità del Hauslabjoch, salma dell'età del bronzo

In Beantwortung Ihrer Anfrage werden weitere Untersuchungen und Vermessungen durch das Institut für Ur- und Frühgeschichte der Universität Innsbruck an der betreffenden Fundstelle von seiten dieses Amtes genehmigt.

In evasione alla Sua richiesta quest'ufficio esprime il nulla osta ad ulteriori ricerche e rilievi topografici della zona zona di cui all'oggetto da parte dell'Istituto di preistoria e protostoria dell'Università di Innsbruck.

Mit freundlichen Grüßen
Distinti saluti

DER LANDESKONSERVATOR - IL SOPRINTENDENTE
-Dr. Helmut Stampfer-

Gesehen und genehmigt
Visto e approvato

DER LANDESHAUPTMANN - IL PRESIDENTE
- Dr. Luis Durnwalder -

I-39100 BOZEN, A.-DIAZ-STRASSE 8, TEL. (0471) 27 01 41 - 99 24 00, FAX 0471 - 270141, STEUER-NR. 00390090215, PARTEIENVERKEHR 9.00-12.00 — I-39100 BOLZANO, VIA A. DIAZ 8, TEL. (0471) 27 01 41 - 99 24 00, FAX 0471 - 270141, COD. FISC. 00390090215, ORARIO PER IL PUBBLICO 9.00-12.00

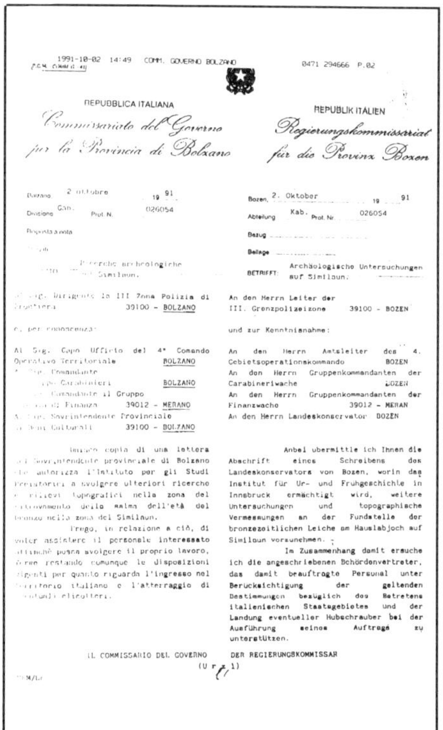

1991-10-02 14:49 COMM. GOVERNO BOLZANO 0471 294666 P.02

REPUBBLICA ITALIANA — REPUBLIK ITALIEN

Commissariato del Governo per la Provincia di Bolzano — Regierungskommissariat für die Provinz Bozen

Bolzano, 2 ottobre 1991 — Bozen, 2. Oktober 1991

Divisione Gab. Prot. N. 026054 — Abteilung Kab. Prot. Nr. 026054

Risposta a nota — Bezug

Allegati — Beilage

Oggetto: Ricerche archeologiche Similaun. — BETRIFFT: Archäologische Untersuchungen auf Similaun.

An den Herrn Leiter der III. Grenzpolizeizone 39100 - BOZEN

und zur Kenntnisnahme:

An den Herrn Amtsleiter des 4. Gebietsoperationskommando BOZEN
An den Herrn Gruppenkommandanten der Carabineriwache BOZEN
An den Herrn Gruppenkommandanten der Finanzwache 39012 - MERAN
An den Herrn Landeskonservator BOZEN

Anbei übermittle ich Ihnen die Abschrift eines Schreibens des Landeskonservators von Bozen, worin das Institut für Ur- und Frühgeschichte in Innsbruck ermächtigt wird, weitere Untersuchungen und topographische Vermessungen an der Fundstelle der bronzezeitlichen Leiche am Hauslabjoch auf Similaun vorzunehmen.

Im Zusammenhang damit ersuche ich die angeschriebenen Behördenvertreter, das damit beauftragte Personal unter Berücksichtigung der geltenden Bestimmungen bezüglich des Betretens italienischen Staatsgebietes und der Landung eventueller Hubschrauber bei der Ausführung seines Auftrags zu unterstützen.

IL COMMISSARIO DEL GOVERNO — DER REGIERUNGSKOMMISSAR
(Urzì)

Auch von österreichischer Seite erfolgte eine konkrete Hilfestellung. Das betraf vor allem die Finanzierung der Expedition durch das Bundesministerium für Wissenschaft und Forschung. Außerdem unterstützte das Bundesministerium für Landesverteidigung die Nachgrabung, indem Militärhubschrauber für den erforderlichen Personen- und Materialtransport eingesetzt wurden. Die Lande- und Abflugstelle für diese Flüge mußte sich allerdings nach der neugeregelten Grenzsituation richten und lag daher mehrere hundert Meter vom Fundplatz bergabwärts entfernt.

Nach einigen Tagen intensiver Vorbereitung konnte ich die Arbeiten in der Zeit vom 3. bis 5. Oktober aufnehmen. Es war von Anfang an klar, daß nur eine provisorische Aktion durchgeführt werden konnte, da die kurzfristig besorgte Ausrüstung für eine gründliche Nachuntersuchung nicht ausreichte und die Jahreszeit überdies zu fortgeschritten war. Mit weiteren und ergiebigeren Schneefällen mußte gerechnet werden.

An dieser dreitägigen Untersuchung nahmen Studenten der Urgeschichte und Archäologie, Geodäten und Mitarbeiter der Institute für Hochgebirgsforschung, Meteorologie und Geographie teil. Damit war ein fachlich vielseitiges Team für die geplanten Arbeiten gewonnen, das sich mit viel Idealismus an den Vorbereitungen und an der Untersuchung selbst beteiligte. Als Unterkunft der Mannschaft diente die Similaunhütte.

Die Nachuntersuchung fand bei strahlendem und warmem Wetter statt. Vorrangig waren bestimmte Ziele, da eine gänzliche Aufdeckung der Fundstelle aus technischen und zeitlichen Gründen in diesen Herbsttagen nicht mehr in Frage kam. Es sollten die Fundstelle selbst und ihre nähere Umgebung eingemessen und vermessen werden. Pläne im Maßstab von 1:100 und ein Detailplan im Maßstab von 1:50 waren für eine erste Auswertung der Befunde und für die späteren Forschungen an Ort und Stelle erforderlich. Gleichzeitig sollten alle im Eis eingeschlossenen Funde und Fundreste eingemessen und geborgen werden.

Das Geodätenteam (unter der Leitung von Dr. Albert Grimm und Dr. Gert Augustin) führte die Vermessungsarbeiten durch. Die Fundstelle und das unmittelbare Umfeld wurden mit einem elektronischen Theodolit vermessen, womit heute eine solide Vermessungsgrundlage zur Verfügung steht. Zur Vervollständigung und Verfeinerung der Daten wurden fotogrammetrisch auswertbare Fotoaufnahmen angefertigt. Ergebnis dieser Datengewinnung sind nun Höhenschichtenpläne und auch dreidimensional veranschaulichte Darstellungen der Fundstelle.

Die Aufdeckungsarbeiten auf der Sohle der eisbedeckten Felsgrube wurden mit Hilfe eines Dampfbohrers bewältigt. Mit diesem Gerät konnte das Eis punktuell und mit gebotener Vorsicht aufgeschmolzen werden. Diese Tätigkeit war zwar zeitraubend, schonte jedoch die freizulegenden Kleidungsreste und andere Fundobjekte in geeigneter Weise. Alle Fundstücke wurden genau eingemessen. Nach Loslösung aus dem Eis wurden durchwegs organische Reste unter sterilen Bedingungen geborgen und, in Eis verpackt, für den Abtransport aufbewahrt. Alle Stücke gelangten im Anschluß an die Nachgrabung sofort in das Römisch-Germanische Zentralmuseum nach Mainz.

Von einigen Fundgegenständen wie auch von der Mumie selbst ist die Fundlage durchaus rekonstruierbar. Sie geht einmal aus den Mitteilungen von Personen hervor, die vor der Nachuntersuchung Beobachtungen oder Fotos gemacht hatten. Andererseits wurden bei der Nachuntersuchung Reste von Kleidung und Zubehör des Mannes sowie weitere Ausrüstungsgegenstände aus dem Eis geschmolzen und ihre Lage festgehalten. Damit konnten bereits bekannte Fundpunkte und -flächen bestätigt und weitere dokumentiert werden.

Die Mumie lag über einer aufragenden Bodenplatte im Südteil der Felsvertiefung. Wie anthropologische Untersuchungen zeigen, hatte sich der Mann in linksseitiger Lage in der Längsrichtung der Felsrinne so am Boden ausgestreckt, daß sein Kopf auf der Felsplatte zu liegen kam, während seine Arme fast gerade zur Körpermitte gerichtet waren. Die linke Ohrmuschel des Toten ist nach vorne geklappt, und es ist eine gerade verlaufende Knicklinie deutlich zu erkennen. Das bedeutet, daß sich der Mann auf die linke Gesichtshälfte und das Ohr legte, aber offenbar aufgrund seiner völligen Erschöpfung nicht mehr gemerkt haben muß, daß sein Ohr eingeklappt war. Später war die Leiche vom Eisdruck in Bauchlage versetzt und geringfügig nach vorne gerückt worden. Druckstellen auf der linken Gesichtshälfte, die von der Felsoberfläche herrühren, und eine Faltlinie an der umgeklappten Ohrmuschel weisen auf die ursprüngliche Lagerung des Kopfes am Felsen hin. Verformungen an der Oberlippe und der Nase hingegen lassen das nachträgliche Geschehen, also die Verschiebung des Körpers durch das Eis, erkennen.

Das Messer mit Holzgriff und Feuersteinklinge soll unmittelbar beim Toten zum Vorschein gekommen sein. Ein Fellgürtel war an der Hüfte des Toten angefroren.

Bei der Nachuntersuchung wurde an der nördlichen Spitze des Auflagesteines der Mumie eine größere Zahl handtellergroßer Fellstücke der Bekleidung gefunden. Sie lagen ebenso wie Reste von Gras, Ahornblättern und Holzkohlepartikeln in gestörtem Zusammenhang. Offenbar von den Bergungsaktivitäten unberührt oder unverändert war noch ein Teil einer Grasmatte, die aus Sumpfgräsern gebündelt und geflochten war, auf der senkrecht abfallenden Kante der großen Steinplatte, also unterhalb des Kopfes, angefroren. Diese Fundlage entspricht dem Hals- und Schulterbereich des Mannes. Schon früher waren andere Teile der Matte, allerdings nicht mehr lokalisierbar, eingesammelt worden. Nach der Lage und Form der nun aufgefundenen Matte könnte es sich um einen Schulterkragen als Schutz gegen Nässe und Kälte oder um eine Kopfunterlage (sonst auch Sitzunterlage) gehandelt haben.

Interessant sind ferner mehrere Fragmente eines grobmaschigen Netzes aus unterschiedlich starken, gedrehten Grasschnüren. Sie kamen knapp westlich der Felsplatte, die dem Gletschermann als letzte Ruhestätte gedient hatte, am Boden zum Vorschein. Wahrscheinlich waren sie aber bereits vom Schmelzwasser aus ihrer ursprünglichen Lage vertragen worden.

Fundstelle während der ersten Nachgrabung.

Aufgrund von Fotoaufnahmen und mündlichen Hinweisen ist bekannt, wo der zylindrische Becher aus Birkenrinde gelegen hatte. Er befand sich etwa 1,5 Meter hinter dem Kopf des Toten an der Eisoberfläche. Er wurde offenbar spätestens vom Schmelzwasser der vergangenen Wochen verlagert und ist dann gewissermaßen schwimmend wieder eingefroren.

Anders verhält es sich mit jenen Ausrüstungsgegenständen, die in rund 4,5 Metern Entfernung am südwestlichen Rand der Felsvertiefung lagen. Die Berichte der Gendarmerie und des Hüttenwirtes sowie erste Fotoaufnahmen lassen annehmen, daß diese Beifunde dort ursprünglich deponiert worden waren: auf einem Felsabsatz, etwa 0,5 Meter oberhalb der Eisoberfläche, befanden sich Teile eines U-förmigen Gestells, möglicherweise eine Rückentrage, und ein geschäftetes Kupferbeil, letzteres schräg an den Felsen – mit der Klinge nach oben links – gelehnt. Davor steckte in schräger Lage ein Holzbogen im Eis, der wohl an die Felswand gelehnt worden sein dürfte. Er wurde bedauerlicherweise während einer der früheren Bergungen beim Herausziehen abgebrochen, so daß das untere Ende nun fehlte. Am Felsabsatz lagerten Fellreste und dicke, gedrehte Grasschnüre.

Die oben geschilderte Fundlage läßt sich durch zahlreiche während der Nachuntersuchung an dieser Stelle aufgelesene weitere Fellstücke, winzige Holzstücke und Schnüre bestätigen. Unmittelbar am Felsen in Höhe der Eisoberfläche wurden größere Fellstücke, Teile eines Wirbels und einer Rippe von Gemse oder Ziege sowie ein Ahornblatt entdeckt.

Schließlich ist noch der Köcher mit 14 Pfeilen und anderem Inhalt anzuführen. Er war auf einer Steinplatte am Westende der Felsvertiefung angefroren. Die Entfernung zum Kopf des Toten betrug rund 5 Meter. Die Entdeckung und sorgfältige Bergung am 25. September 1991 ist, wie bereits erwähnt, Mitarbeitern des Institutes für Hochgebirgsforschung an der Universität Innsbruck zu verdanken. Die Lage und Freilegung des Köchers wurde präzise mit Fotos dokumentiert und protokollarisch beschrieben.

Es ist somit eine vorläufige Vorstellung von der Lage des Toten und seiner Ausrüstung innerhalb der Felsvertiefung zu gewinnen. Als der Mann die Felsgrube betrat, muß sie einigermaßen trocken und aper gewesen sein. Darauf läßt die Lagerung des am Rand der Mulde abgeleg-

Schnur- und Fellreste in der Felsnische, wo die Trage gefunden wurde.

ten Zubehörs schließen, da sämtliche noch in situ befindlichen Gegenstände direkt am Felsen angefroren waren. Schließlich hat sich der Mann am Boden der Felsgrube zur Ruhe ausgestreckt, wobei er den Kopf auf eine erhöhte Felsplatte legte. In dieser Stellung muß er wohl erfroren sein.

Als wir die Gewandreste und Schnüre des Tragkorbes bargen, fühlten wir uns in eine weit zurückliegende Vergangenheit versetzt. Es hat sich alles, nicht nur die Mumie selbst, unverändert frisch im Eis erhalten. In der eis- und schneebedeckten Felsmulde, aus der der Körper des Mannes herausgeschmolzen war, drängte sich manchem von uns die Vorstellung der berühmten Zeitmaschine auf: Wir waren einem Wanderer begegnet, der vor mehr als 5000 Jahren in die Berge aufgebrochen war.

Unsere Arbeit an diesem schönen Felsenplatz hoch in den Bergen, wo ein früher Ahne ums Leben gekommen war, hat uns nachdenklich gemacht. Ein Schicksal, das damals wie heute plötzlich eintreffen kann, vermutlich ein Bergunfall durch Erfrieren, ist etwas Verbindendes. Aber wieviel verbindet uns noch mit der Kultur und dem Denken dieser urzeitlichen Epoche? Das ist sicher eine Überlegung wert, und gerade solchen Fragen geht die Urgeschichte als wissenschaftliches Fachgebiet nach.

Blick über die Fundstelle zur Ortler-Gruppe.

Ebba Koller

Im Brennpunkt der Urgeschichte

Mittwoch, 3. Oktober 1991, nachmittags: Seit heute sind endlich Archäologen an der Ötzi-Fundstelle. Sie wohnen auf der Similaunhütte, und dort gibt es zum Glück ein Funktelefon. Die Hubschrauberfirma in Innsbruck ist vorgewarnt. Jeden Moment kann das Okay zum Flug auf den Niederjochferner kommen. Die Südtiroler Behörden haben bereits eine Landeerlaubnis erteilt. Ein Kamerateam des Landesstudios Tirol ist einsatzbereit.

Mittwoch, abends: Professor Lippert ist nach einem anstrengenden Arbeitstag und halbstündigen Fußmarsch vom Tisenjoch auf der Similaunhütte angekommen. Endlich funktioniert auch die Telefonverbindung. Und ich höre die Worte, die jedem Journalisten am liebsten sind: »Kommen Sie morgen. Wir haben noch wichtige Funde gemacht.«

Meine Bergausrüstung liegt griffbereit. Ich setze mich in mein Auto und bin um 3.00 Uhr früh in Innsbruck.

Donnerstag, 4. Oktober: Der Hubschrauberpilot ist informiert, daß wir fliegen. Um 8.00 Uhr früh treffe ich mich mit dem Kamerateam im Innsbrucker Funkhaus. Rainer Hölzl, Kollege und Redakteur des Aktuellen Dienstes des Landesstudios, wird mit mir fliegen, ebenso Dozent Walter Leitner vom Institut für Ur- und Frühgeschichte der Universität Innsbruck. Hölzl hat die aktuelle Berichterstattung über den Mumienfund gemacht.

Dozent Leitner, Spezialist für die Frühgeschichte Nord- und Südtirols, will die Gelegenheit zum persönlichen Augenschein nützen. Die beiden Herren fahren mit dem Auto nach Vent, wo sie der Hubschrauber bei einem zweiten Flug aufnehmen wird. Kameramann Erwin Janka sowie der Tonmeister und ich starten vom Flughafen Innsbruck aus.

Es ist ein strahlend schöner, warmer Herbsttag – und besonders wichtig: es ist fast windstill. Die schneebedeckten Gipfel der Ötztaler Alpen leuchten in der Sonne. Der Hubschrauber dreht eine Ehrenrunde über Vent, damit der Kameramann einen optimalen Blickwinkel hat. Dann schrauben wir uns hinauf zum ewigen Eis. Tief unter uns liegen das Niedertal im Norden und das Schnalstal mit dem Vernagt-Stausee im Süden. Dazwischen die Felsen des Tisenjochs, ausgeapert in den letzten 20 Jahren. Wie Ameisen sind die Wissenschaftler in der geschützten Felsmulde, dem letzten Rastplatz des Gletschermanns, unterwegs.

Wir landen einige Höhenmeter unterhalb auf einem Schneeplateau. Nach zehn Minuten Anmarsch – atem(be)raubend nicht nur wegen der Bergkulisse, sondern auch wegen der dünnen Luft in 3200 Metern Seehöhe und der fehlenden Akklimatisation – stehe ich an der Felsrinne. Zwei Carabinieri haben ein wachsames Auge auf das Treiben der Forscher, die hier den Jahrhundertfund vervollständigen. Hektisch und trotzdem vorsichtig wird dem Eis zu Leibe gerückt. Ein elektrischer Haarfön brummt, der Dampfbohrer zischt. Über allem liegt das Motorengeräusch des Aggregats. Während die Techniker einen Satelliten anpeilen, um den Fundort der Gletschermumie auf den Millimeter genau zu vermessen, bergen die Archäologen mit Hilfe der Gletscherforscher Fell- und Holzstücke, Reste von Grasnetzen und Matten. Alles wird sofort in Plastiksäcke und zwischen Lagen von Schnee in Alukisten verpackt.

So wichtig der Fund vom Tisenjoch für die Wissenschaft auch sein mag, wäre dem »Ötzi« die ewige Ruhe in einer grandiosen Berglandschaft nicht zuträglicher gewesen? – Solche Gedanken drängen sich unweigerlich auf, denn die Erinnerung an die Bergung und die anschließende Pressekonferenz ist noch frisch.

Doch der Drehtag am Tisenjoch verläuft so optimal, wie es sich ein Wissenschaftsredakteur nur wünschen kann. Um 16.00 Uhr holt uns der Hubschrauber wieder ab. Wir nehmen die Alu-Boxen mit den Fundgegenständen nach Innsbruck mit. So wird die Kühlkette nicht unterbrochen.

Die Forschungen an Mumie und Beifunden

Der Fund einer prähistorischen Leiche ist kein alltäglicher Fall. Aus dem nördlichen und westlichen Europa sind Moorleichen bekannt, die infolge völligen Luftabschlusses und der Einwirkung der Gerbsäure des Moores erhalten geblieben sind. Oft sind Körper und Gesichtszüge noch vorzüglich konserviert, und auch über die Kleidung des Toten sind wichtige Aufschlüsse zu erhalten. Diese Menschenfunde aus Mooren können verschieden gedeutet werden: Entweder sind die Toten Opfer von Unglücksfällen, oder aber sie sind als Strafe für ein Verbrechen im Moor versenkt worden. Die Datierung ist oft schwierig oder unmöglich. Die ältesten zeitlich bestimmbaren Moorleichen gehören noch in das 1. Jahrtausend v. Chr.

Auch Mumien gewähren Einblicke in das Aussehen, den Gesundheitszustand oder in mögliche Krankheiten längst verstorbener Menschen. Dabei handelt es sich um künstlich konservierte, meist einbalsamierte Tote. Wir kennen solche Mumien aus Ägypten schon aus dem 3. Jahrtausend v. Chr. oder aus skythischen Gräbern im Hochaltai in Zentralasien. Solche Hügelgräber in Pazyryk wurden vom 5. bis ins 3. Jahrhundert v. Chr. angelegt. Die präparierten Toten, die reiche Grabausstattung und die Beigaben, die aus Möbeln, Teppichen, Leder- und Fellteilen, Musikinstrumenten sowie Pferdezaumzeug und Wagen bestehen, sind dank des Permafrostes des Bodens bestens erhalten geblieben.

Zu einer anderen Art von Mumien gehören solche, die vor allem aufgrund von günstigen Witterungsbedingungen konserviert worden sind. 1972 wurden in Qilakitsoq an der Westküste Grönlands zwei Grabkammern entdeckt, in denen insgesamt acht Eskimos aus der Zeit um 1500 bestattet worden waren. Niedrige Temperaturen und Trockenheit hatten zur Mumifizierung der Leichen und ihrer Kleidung geführt.

Ebenso gut erhalten blieben auch Mitglieder der unseligen Polarexpedition Sir John Franklins in den Jahren 1845–1848. Die Engländer waren auf der Suche nach einer Nordwestpassage zwischen Nordamerika und Asien. Beide Expeditionsschiffe verschwanden, und kein einziger der 129 Teilnehmer kehrte zurück. Doch die tiefgefrorenen und mumifizierten Körper dreier viktorianischer Seeleute konnten nach 140 Jahren im Permafrost der kanadischen Arktis unversehrt exhumiert werden. Haaranaly-

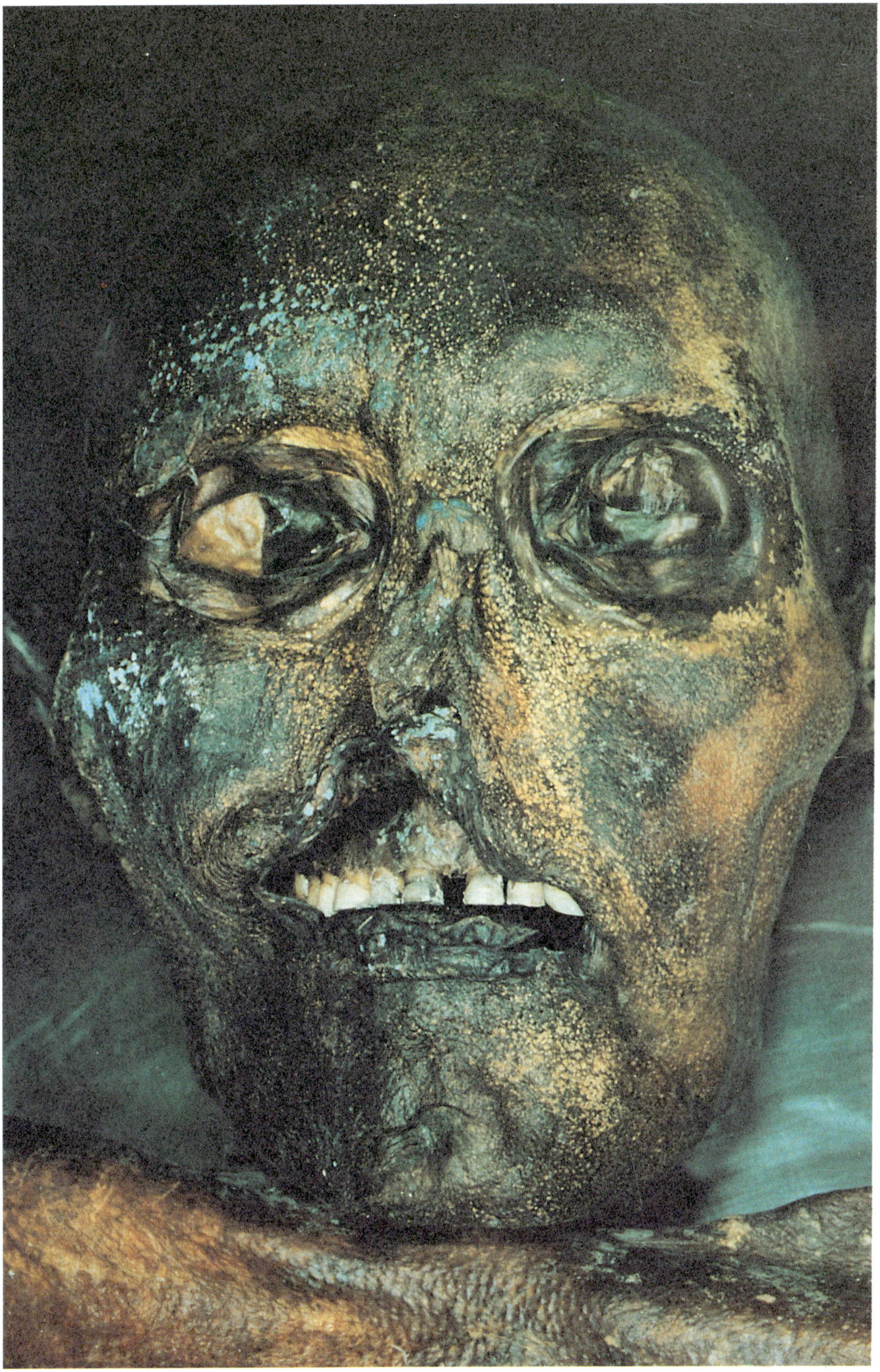

Der Mann vom Tisenjoch einen Tag nach der Entdeckung (oben).
Die Tätowierungen: drei Strichgruppen am Rücken und ein Kreuz am Knie (unten).

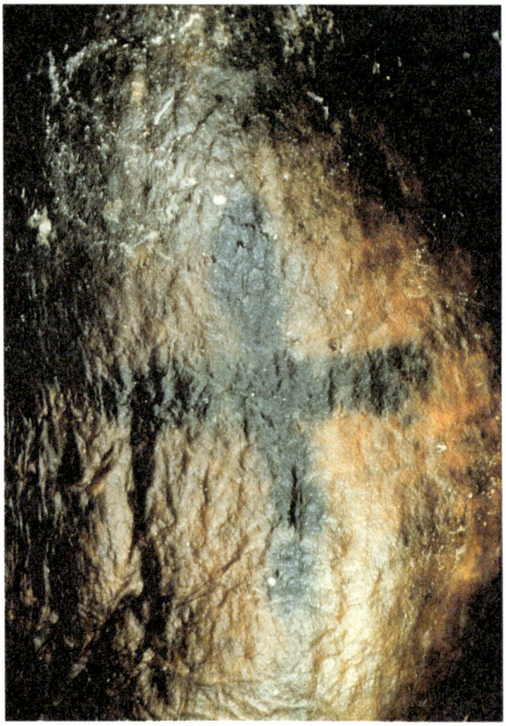

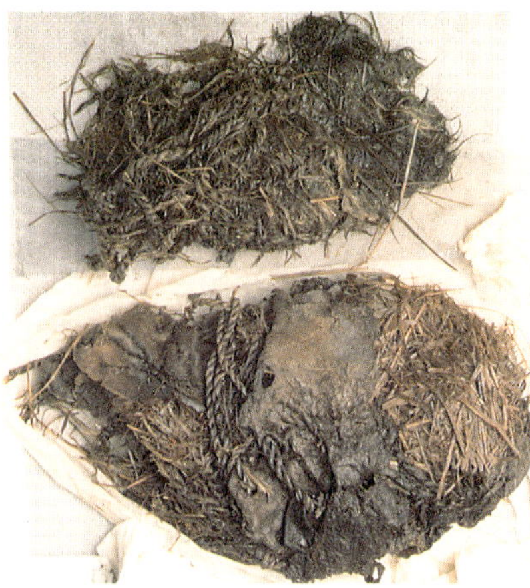

Reste der Fellbekleidung (oben). Die Pelzmütze mit Kinnriemen (Mitte links). Die beiden Schuhe (Mitte rechts). Der Grasumhang am »Mumienstein« bei der 1. Nachgrabung (unten).

Köcher mit Pfeilen in Fundlage (oben).
Die beiden schußfertigen Pfeile mit Feuersteinspitzen und Befiederung (unten).

Bogen, Beil, Fellreste und Traggestell in Originallage (oben).
Das Kupferbeil in der Knieholzschäftung (unten).

Messer mit grasgeflochtener Scheide und Retuschiergerät (von oben nach unten).

Gebündelte Knochenspitzen, Tiersehne, Schnur aus Rindenbast (von oben nach unten).

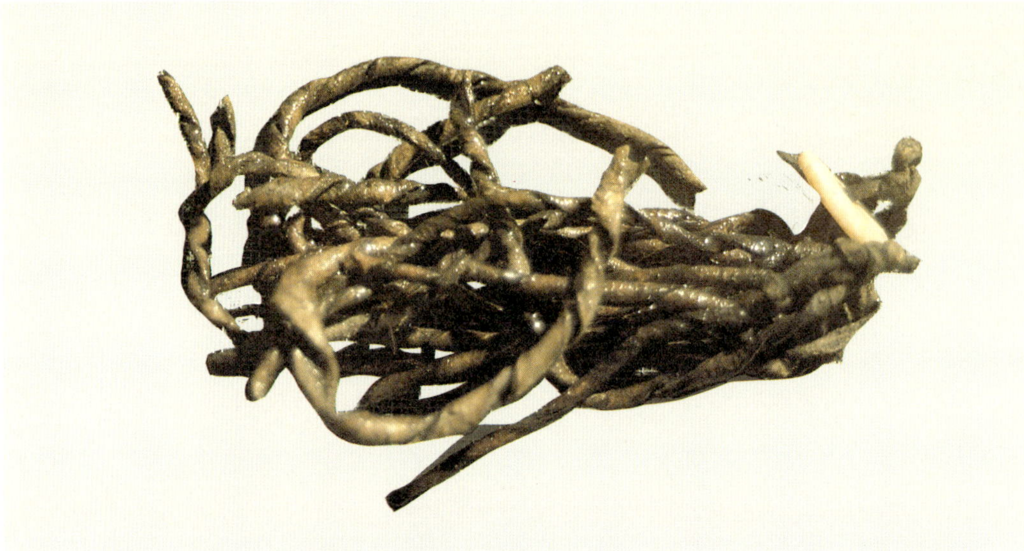

Verknotete Lederriemen mit Kalksteinscheibe (oben).
Zwei Weizenkörner vom Typ Einkorn mit Spelzen (unten).

sen verrieten die Ursache für das Scheitern der Expedition: Bleivergiftung aufgrund der Konservenkost.

Der Fund vom Tisenjoch stellt eine unter ähnlichen Bedingungen erfolgte Mumifizierung dar. Auch hier ist die Mumie eines Menschen in hervorragender Weise erhalten geblieben. Es ist dies aber ein Menschenfund, der viel älter als alle bisher bekannten ist: er gehört der zweiten Hälfte des 4. Jahrtausends v. Chr. an. Der Fund fällt keineswegs in die Kategorie einer Bestattung, sondern betrifft einen Menschen, der, aus welchen Gründen immer, im Hochgebirge unterwegs war und dort vom Tod überrascht wurde. Seine Kleidung und Ausrüstung sind mit seinem Körper im Eis konserviert worden. Es sind Geräte und Waffen, die der Mann nach eigener Wahl mit sich getragen hatte. Darin liegt auch der Unterschied zu Grabbeigaben, die wir sonst, meist nicht so gut erhalten, bei prähistorischen Bestattungen vorfinden. Die Gräber wurden von Angehörigen angelegt, die ihren Verstorbenen nach einem bestimmten Begräbnisritual Gegenstände mit ins Grab legten, die nicht unbedingt die alltägliche Habe der Verstorbenen darstellen.

Die Untersuchung des Mannes vom Tisenjoch, aber auch seiner Beifunde, zeigt somit andersartige Perspektiven auf und läßt neue Ergebnisse zu einem nicht vertrauten Kapitel europäischer Kulturgeschichte erwarten. Man hat sich daher von Anfang an entschlossen, ein umfangreiches Expertenteam einzuberufen, um in allen Einzelheiten Untersuchungen und Forschungen an Mumie und Zubehör durchführen zu können.

Prinzipiell sind anthropologische, medizinische, verschiedene naturwissenschaftliche und archäologisch-typologische Forschungen geplant und dafür einige Arbeitsgruppen eingesetzt. Diese Forscherteams können zum Teil schon beachtliche Resultate vorzeigen, obwohl noch einige Jahre für die endgültige Ausarbeitung der Untersuchungsergebnisse notwendig sein werden.

Mittels Radiokarbondaten, die vom Körpergewebe des Toten und von den organischen Resten seiner Ausrüstung gewonnen werden, kann der möglichst genaue Zeitpunkt des Ereignisses festgestellt werden. Zu den besonders wichtigen und dringlichen Projektzielen gehört die Untersuchung des Zeugen aus dem Gletscher selbst. Über Lebensalter, Ernährungsgewohnheiten und Gesundheitszustand des jungneolithischen Mannes geben seine Haare und Hautleisten, die inneren Organe, das Gehirn und seine Zähne Auskunft. Ein Hoffnungsgebiet, weil noch in den Anfängen methodischer Entwicklung, ist die DNA-Untersuchung, die sich mit der Erforschung genetischer Erbsubstanzen beschäftigt.

Auch Ekto- und Endoparasiten – am und im Körper der Mumie – werden untersucht. Um mögliche Parasiten festzustellen, wird es notwendig sein, den Magen-Darm-Trakt zu öffnen und Proben zu entnehmen. Natürlich kann bei dieser Gelegenheit auch die letzte Nahrung des Gletschermannes in Erfahrung gebracht werden.

Sehr viel Forschungsarbeit ist mit der Diagnose aller botanischen Teile des Fundkomplexes verbunden. Sie gilt nicht nur den Hölzern, sondern auch den Gräsern, Blättern und anderen makroskopischen Funden. Aber auch Pollenuntersuchungen an Eisproben werden von Botanikern durchgeführt.

Tierknochen und aus Bein hergestellte Objekte sind Gegenstand paläozoologischer Forschungsarbeit. Es gibt auch andere zoologisch relevante Funde, wie die Vogelfedern an den Pfeilschäften. Leder und Felle

Teil der geflochtenen Grasmatte, die wahrscheinlich einen Schulterumhang bildete.

müssen von Lederspezialisten untersucht werden, wobei die Haarbestimmung oft für die Frage entscheidend ist, von welchem Tier ein Fell stammt.

Die Steingeräte werden von Mineralogen unter die Lupe genommen, um der Herkunft des Rohmaterials nachzugehen. Das Beil wird metallurgisch untersucht, die für die Schäftungen verwendeten Klebestoffe vom Chemiker.

Natürlich müssen zahlreiche Gegenstände erst restauriert und in ihre ursprüngliche Form gebracht oder zusammengesetzt werden. Das betrifft beispielsweise Schuhwerk und Kleidung, aber auch Grasschnüre und Grasmattenreste. Diese Arbeit hängt eng mit der Konservierung im Römisch-Germanischen Zentralmuseum in Mainz zusammen. Von dort sind immer wieder neue Beobachtungen über die restauratorische Wiederherstellung der einzelnen Gegenstände zu erfahren.

Hand in Hand mit der archäologischen Forschung im Gelände gehen die glaziologisch-klimakundlichen Untersuchungen einher. Denn es sind sowohl die morphologischen als auch die klimatischen Bedingungen von heute denen der Zeit des Gletschermannes nicht unähnlich. Daher können die entsprechenden Gegebenheiten am besten im Fundgebiet selbst studiert und überprüft werden.

Eine wichtige, aber sehr umfangreiche und zeitraubende Arbeit besteht darin, das kulturelle Umfeld des jungneolithischen Bergsteigers zu erfassen. Zu diesem Zweck müssen die Nachbartäler abgegangen und nach möglichen Siedlungsfunden abgesucht werden. Zuzüglich helfen die schon vorhandenen Einzelfunde oder die Kenntnis von einigen Fundplätzen, die nun eventuell näher untersucht werden müssen. Diese Arbeiten im Gelände und in Sammlungen werden bereits unter der Leitung von Professor Dr. Bernardino Bagolini von der Universität Trient im Etsch- und Schnalstal mit Erfolg durchgeführt.

Beifunde des Gletschermannes sind auch großräumig mit anderen Fundensembles, vor allem aus Siedlungen und Gräbern zu vergleichen. So können sie letztlich zeitlich und kulturell weitgehend sicher und genau eingeordnet werden. Dazu sind ein umfassendes Literaturstudium und Besuche der einschlägigen Museen in Österreich, in der Schweiz, in Deutschland und insbesondere in Oberitalien notwendig.

Insgesamt arbeiten derzeit rund 60 Wissenschaftler aus verschiedenen Ländern Europas an den gestellten Fragen und Problemen.

Mumifizierung, alpine Umwelt und Klimaentwicklung

Das Alter des Fundes

Ein Brennpunkt der Forschungen, gewissermaßen der Bezug jeder archäologischen und kulturgeschichtlichen Betrachtung, ist die Zeitbestimmung des Ötztaler Mumienfundes. Erst wenn der zeitliche Rahmen möglichst eng festgelegt ist, können auch archäologische Überlegungen und Beurteilungen zum Tragen kommen. Erst dann ist die Einordnung des Fundes innerhalb der kulturellen Entwicklung der Urzeit möglich. Es ist auch interessant, in welcher Umwelt der Gletschermann lebte, aber auch dazu ist eine genaue Zeitbestimmung notwendig.

Unter den Fundstücken befindet sich nur ein einziger Gegenstand, der eine zeitliche Bestimmung, allerdings recht allgemein, zuläßt: es ist dies das Kupferbeil, das nach Material, Form und Herstellung aus dem Spätneolithikum stammt.

Doch gerade diese Waffe führte zunächst auf eine falsche Spur. Der Innsbrucker Urgeschichtler Professor Konrad Spindler hatte sie als bronzenes Randleistenbeil klassifiziert und deshalb das Alter der Mumie auf 4000 Jahre geschätzt. Man ordnete also den Gletschermann der frühen Bronzezeit zu, wenngleich seine Ausrüstung noch älter anmutete. Lederbekleidung aus dieser Zeit war der Wissenschaft bis dahin nicht bekannt gewesen.

Für die Botaniker der Universität Innsbruck wurde die Ausrüstung zur wahren Fundgrube: mit Heu ausgestopfte Schuhe, aus Gräsern gedrehte Schnüre, Matten aus Bast, Bogen, Pfeile, die Schäftungen von Beil, Messer und Retuschiergerät aus Holz. Professor Sigmar Bortenschlager ließ es aber nicht bei der Bestimmung der Arten bewenden, sondern gab den Auftrag für die Altersbestimmung nach der Radiokarbonmethode an Laboratorien in Uppsala und in Paris.

Anfang Dezember 1991 lag das Ergebnis vor. Es war sensationell: die Beifunde des Gletschermannes waren mehr als 5000 Jahre alt – somit mehr als 1000 Jahre älter als die frühe Bronzezeit. Ötzi – wie der

Gletschermann inzwischen liebevoll allgemein genannt wurde – war ein Mensch aus der Jungsteinzeit!

Nun wurde in aller Eile das sogenannte Bronzebeil im Römisch-Germanischen Zentralmuseum in Mainz spektralanalytisch untersucht. Denn das Beil war schon kurz nach der Bergung – so wie die gesamte Ausrüstung und Bekleidung des Gletschermannes – von dieser Institution zur Restaurierung und Konservierung übernommen worden.

Es stellt sich nun heraus, daß dieser Fund aus fast reinem Kupfer besteht – mit geringen natürlichen Beimengungen von Arsen und Silber. Der Mann vom Tisenjoch war also ein Mensch aus der letzten Phase der Jüngeren Steinzeit, aus der Kupferzeit. Ende Januar 1992 waren auch die C_{14}-Untersuchungen an Gewebeteilen der Gletschermumie, mit denen man Laboratorien in Zürich und Oxford beauftragt hatte, abgeschlossen. Die Ergebnisse deckten sich durchaus mit den Altersdaten der botanischen Beifunde.

Eine Datierung über die Radiokarbonmethode ist die exakteste Möglichkeit, Angaben über das Alter des Zeugen aus dem Gletscher zu erhalten. Da die Daten von unterschiedlichem Probenmaterial und mehreren Labors im großen und ganzen übereinstimmen, eine gegenseitige Kontrolle also möglich war, ist an ihrer Richtigkeit nicht zu zweifeln.

Nun kurz zum Wesen dieser naturwissenschaftlichen, in den USA erstmals angewendeten Datierungsmethode. Sie ist in den letzten vierzig Jahren weiterentwickelt worden und besitzt eine hohe Verläßlichkeit. Radiokarbon ist ein radioaktiver Kohlenstoff mit der chemischen Formel C_{14}. Es ist dies ein Isotop, das sich durch kosmische Strahlung in sehr hohen Luftschichten bildet und das mit Kohlendioxyd in die unteren Luftlagen gelangt. Dort wird das Kohlenstoff-Isotop von Pflanzen assimiliert. Gleichzeitig nehmen alle Lebewesen aber auch das nicht radioaktive Kohlenstoff-Isotop C_{12} in einer bestimmten Relation zu C_{14} auf. Mit der pflanzlichen Nahrung gelangt C_{14} in Tiere, aber auch in Menschen, und wird in den Knochen gespeichert. Wenn nun Mensch, Tier oder Pflanze sterben, so wird C_{14} nicht mehr weiter in den Organismus aufgenommen.

Radiokarbon hat, wie alle radioaktiven Stoffe, die Eigenschaft, mit der Zeit zu zerfallen. Nach 5730 (plus/minus 40) Jahren gibt es nur noch die Hälfte davon und nach weiteren 5730 Jahren nur noch ein Viertel und so weiter. Die Kenntnis dieser Halbwertszeit erlaubt es, trotz einiger

Fehlerquellen, das absolute Alter von Knochen, Holz oder Körpergewebe zu errechnen. Denn die aufgenommene Menge des nichtradioaktiven C_{12}-Isotops bleibt gleich. Daher kann aus diesem Wert und seiner Relation zum zerfallenden Radiokarbon auf das Alter geschlossen werden.

Offenbar war die Konzentration von radioaktivem Kohlenstoff in der Atmosphäre nicht immer konstant. Diese Abweichungen können mit Hilfe der Jahresringchronologie von Eichenbäumen festgestellt und kontrolliert werden, da über diese Methode das Schlagalter von Bäumen und Hölzern absolut bestimmt werden kann. Holz, das mit der Jahresringchronologie zeitlich festgelegt werden kann, wurde mit der C_{14}-Methode gegendatiert. Die Abweichungen der C_{14}-Analyse können nunmehr durch eine korrigierende Kurve, die Kalibrationskurve, erkannt und auf ein absolutes Alter umgerechnet werden. Allerdings bleibt immer noch eine Unsicherheit, das sogenannte Sigma, wegen der veränderlichen Halbwertszeit und anderer unkonstanter Faktoren bei den Messungen bestehen.

Die bisher durchgeführten C_{14}-Messungen am Gletschermann und seinen Beifunden sind nach Probenart, Labor, Ergebnis und Sigma (Sigma = Wahrscheinlichkeit des errechneten Zeitrahmens) im folgenden aufgelistet:

Knochenproben der Leiche	Oxford, Research Laboratory for Archaeology and the History of Art, Dr. R. A. Housley	3350–3300/Sigma 56 Prozent
	ETH Zürich	3210–3160/Sigma 36 Prozent
	Paul-Scherrer-Institut Zürich, Dr. G. Bonani	3140–3120/Sigma 8 Prozent
Proben von Beifunden	Centre des Faibles Radioactivites	3365–3106/Sigma 68 Prozent
(botanische Proben)	Laboratoire mixte CNRS-CEA GIF Sur Yvette, Dr. M. Arnold	3497-3041/Sigma 95 Prozent
Proben von Beifunden (botanische Probe)	Uppsala Universität, The Svedberg Laboratoriet. Dr. G. Possnert	3053-2931/Sigma 68 Prozent

Nimmt man die Daten mit höherer Wahrscheinlichkeit von 56 bis 95 Prozent, so erhält man im statistischen Durchschnitt einen Zeitpunkt für den Tod des Gletschermannes etwa um 3200 v. Chr.

Alpine Umwelt und Klimaentwicklung

Die Fundstelle, eine lange und verhältnismäßig breite Felsmulde, ist in einem Band von Felsschroffen eingebettet, die sich vom Tisenjoch in Richtung Osten erstrecken. Es sind dies Felsen aus braunem, eisenhältigem Granit und Gneis mit Einsprengungen von Quarz. Sie ragen mehrere Meter über das Niveau des Fundplatzes hinaus. Diese anstehende Felsgruppe zeigt stellenweise starke Gletscherabschliffe, die auf mächtige Eislagerungen schließen lassen. Andererseits sind gerade auf diesen emporragenden Felsriffen deutlich kräftige Verwitterungsspuren zu erkennen. In den tiefer liegenden Felsspalten, auch in der Felsmulde, aus der die Mumie stammt, sind aber kaum Zeichen einer Erosion zu sehen: das Gestein und selbst die harten Quarzadern sind hier noch scharfkantig erhalten und die Schleifspuren des Gletschers kaum ausgeprägt.

Dies läßt den Schluß zu, daß Eis und Schnee über den grobkörnigen Felsköpfen, also den höheren Teilen der Felsfiguration, öfter und auf längere Zeit abgeschmolzen waren. Die Felsklüfte und die Felsvertiefung des Fundplatzes selbst waren dagegen immer vom Gletscher bedeckt und auf diese Weise der Verwitterung entzogen.

Diese Feststellungen führen zur Frage, mit der sich der Innsbrucker Hochgebirgsforscher und Gletscherkundler Dozent Dr. Gernot Patzelt intensiv auseinandergesetzt hat: Wie haben die klimatischen Verhältnisse damals und heute ausgesehen? In diesem Zusammenhang ist es aufschlußreich, einen Blick auf den Temperaturablauf im letzten Jahrzehnt, von 1982 bis 1991, zu werfen. Die Monatsmittelwerte für die Höhenlage, die uns hier interessiert, nämlich eine Seehöhe von 3200 Metern, sind bekannt. In diesen Jahren stieg die mittlere Temperatur in den Monaten Juli und August auf etwa plus 2 Grad Celsius an. Die durchschnittliche Jahrestemperatur betrug hingegen minus 5,6 Grad Celsius. Wenn man nun einen Vergleich mit dem kältesten Jahrzehnt unseres Jahrhunderts, der Zeit von 1907 bis 1916, durchführt, kommt man auf etwas andere Werte. Die Monatsmittel in diesem Zeitraum reichten nicht über 0 Grad Celsius, auch nicht in den Sommermonaten. Genau diese Temperaturverhältnisse waren wahrscheinlich für die Perioden der großen Gletscherstände und der kälteren Klimaphasen kennzeichnend.

Die erwähnten Bedingungen gelten wohl ebenso für die Zeit von

1816 bis 1822 und 1840 bis 1850, Jahre, für die sehr kalte und schneereiche Winter überliefert sind. Auch für die früheren, viel älteren Kalt- und Warmphasen dürfen wir einen ganz ähnlichen, geringen Schwankungsbereich der Mittelwerte der Monatstemperatur, wie hier aufgezeigt, also etwa zwischen 0 und 2 Grad Celsius, annehmen.

Die durchschnittliche Jahrestemperatur schwankte sogar noch geringer, nämlich nur um maximal 0,9 Grad Celsius. Es war demnach in den letzten 5000 Jahren im Jahresmittel nie mehr als etwa 1 Grad Celsius kühler als heute.

Nun ist aus weltweiten Beobachtungen bekannt, daß das Wintereis im Boden bei Jahresmitteltemperaturen von minus 1 bis minus 2 Grad Celsius nicht aufschmilzt. Man spricht von einem Klammerfrost, auch Dauer- oder Permafrost. Unser Fundort liegt ebenfalls im Bereich des Klammerfrostes.

Kürzliche Messungen vor Ort haben das bestätigt. Am 3. Mai 1992 wurden von Patzelt Temperatursonden in die mit 4 Meter Schnee bedeckte Felsrinne der Fundstelle gesteckt und die Basistemperatur der Schneedecke gemessen. Sie betrug minus 4,6 Grad Celsius. Wenn also nach dem Ende des Winters die Temperatur zwischen der Eis- und Schneedecke noch einige Grade unter 0 Grad Celsius aufweist, dann ist eindeutig mit Dauerfrost zu rechnen. In diesem Fall ist auch der Bodenwärmestrom, der aus dem Berginneren kommt, durch eine Eis- und Frostschicht im Boden blockiert. Somit bleibt die Temperatur an der Basis der Schneedecke etwa so niedrig wie zur Zeit des Einschneiens im Herbst.

Die praktischen Folgen dieses klimatischen Tatbestandes bestehen darin, daß Mumie und Fundgut am Boden angefroren blieben. Auf diese Weise gab es kaum ein Verrutschen oder eine Bewegung. Es ist, und das zeigt sich an einigen Druckstellen der Weichteile der Mumie, nur mit einer mäßigen, über Jahrtausende verteilten Verlagerung zu rechnen, die sich aber im Dezimeterbereich hält.

Die Natur selbst hat für den Gletschermann optimale Konservierungsbedingungen geschaffen. Die Temperaturverhältnisse waren ideal, und der mahlende Strom des Gletschereises driftete über die Felsrinne hinweg, ohne deren Grund zu erreichen.

Wie muß man sich nun am Tisenjoch die Eisbedeckung und die Schneeverhältnisse in den vergangenen Jahrhunderten vorstellen? Zunächst bieten die älteren Karten eine gewisse Hilfe. Schon aus dem Jahr 1763 gibt es eine grobe Gebirgsdarstellung in Aquarell von unserem Gebiet; dann eine Geländeaufnahme vom Jahr 1817 aus der Zeit Franz' I. Beide Karten zeigen, allerdings wenig spezifisch und kaum auswertbar, eine gleichmäßige Schnee- und Eisbedeckung im Fundgebiet. Die erste brauchbare Karte – sie wurde schon in einem früheren Kapitel erwähnt – ist die offizielle Landesaufnahme aus dem Jahr 1871/72. Sie zeigt das Gebiet um den Fundort mit einigen kleinen Seitengletschern und dem noch groß entwickelten Niederjochferner. Höhenschichtenlinien sind hier mit freier Hand eingetragen, aber es sind keine gemessenen Linien. Trotzdem hat der Kartograph beispielsweise das Niederjoch auf 3000 Metern Seehöhe verhältnismäßig genau eingetragen. Auch zwei Pfade, einer über das Niederjoch, der andere über das – allerdings nicht näher bezeichnete Tisenjoch – sind auf der Karte eingezeichnet.

Überaus interessant ist dann die Grenzvermessungskarte aus dem Jahr 1921/22. Auf ihr sind die Ausdehnungen der Gletscher ziemlich sorgfältig eingetragen. Aufgrund dieser Karte kann man annehmen, daß der hier nicht konturierte Felszug, in dem die Fundstelle liegt, damals noch von 20 Metern Schnee und Eis bedeckt war. Dies ist an dem gleitenden Verlauf der Höhenschichten im Bereich des oberen Niederjochferners gut zu erkennen.

Dieselbe Größenordnung der Gletscherstände ist wohl auch für das 18. und frühe 19. Jahrhundert anzunehmen. Das ist die Klimaphase, die auch als »Kleine Eiszeit« bekannt ist.

Nun noch ein Blick in die Gegenwart. Im Jahre 1938 wurde ein erstes Meßfoto gemacht, das das Fundortgebiet noch immer gänzlich von Schnee und Eis bedeckt ausweist. Dann folgt eine Luftaufnahme aus dem Jahr 1953, die die Felsinsel östlich vom Tisenjoch weitgehend ausgeapert zeigt. In den sechziger und siebziger Jahren ging, wie weitere Bilddokumente beweisen, dieser Auffirnungsprozeß wieder zurück, ja es kam wieder zu einer Verkleinerung der eisfreien Zone der Felsinsel, wie eine Aufnahme aus dem Jahr 1969 veranschaulicht. Die Schnee- und Eislage nahm in dieser Zeit, auch während der Sommermonate, wieder an Höhe zu.

Erst am Beginn der achtziger Jahre ist ein Gegentrend festzustellen. Eine Aufnahme von 1982 zeigt schon drastisch das starke Abschmelzen des ganzen Gletschersystems. Die obere Gletscherzunge des Niederjochferners zog sich damals bereits weit zurück. Gleichzeitig trat die Felsinsel am Tisenjoch wieder hervor, war aber damals erst in einer kleinen Fläche eisfrei.

Erst in den letzten Jahren aperten die Felsen, die die Fundstelle umgeben, endgültig aus. Das führte zum Aufschmelzen der Fundrinne selbst. Es kam dann zur bekannten Schmelzwasserbildung, wie sie im September 1991 mit der herausapernden Mumie und ihren Beifunden angetroffen wurde.

Es steht fest, daß die Felskuppen oft und lange eisfrei waren, die Mulde aber in den letzten 5000 Jahren nicht mehr eisfrei geworden ist. Heute befinden wir uns in einer deutlichen Warmphase, aber fast identische, kaum zu unterscheidende Entwicklungen dürfte es in der Vergangenheit mehrmals gegeben haben. Nur die Sohle der Fundstelle ist jeweils gerade nicht ausgeapert.

Die Leiche war sicher nie frei von Eis und Schnee bzw. im Trockenen: Die Luft, die UV-Strahlung sowie Raubvögel und Füchse hätten sie sonst zerstört. Nur ein paar Knochen wären in diesem Fall vom Gletscherman übriggeblieben. Auch die Temperaturunterschiede zwischen Tag und Nacht hätten zum Zerfall der Mumie geführt.

Man kann davon ausgehen, daß die Felsvertiefung das letzte Mal vor 5000 Jahren eis- und schneefrei gewesen ist, zum Zeitpunkt, als sich der jungneolithische Mann dort aufgehalten und sich schließlich am nackten Felsen bzw. Boden hingelegt hat. Auch seine Ausrüstung legte er auf trockenem Felsen ab, dort wo sie bis zur ihrer Auffindung angefroren war. Die Vergletscherung war damals mindestens so reduziert wie heute, vielleicht etwas kleiner.

Nun erhebt sich noch die Frage, ob es unter diesen Umständen, die wir aus der Fundsituation kennen, nicht wärmer als heute war. Gab es damals überhaupt einen Gletscher in der Umgebung?

Am ehesten kann man eine konkrete Antwort auf diese Fragen erhalten, wenn man auf die Untersuchungen der Waldgrenzen und der Waldentwicklung in den Höhenlagen während der Urzeit zurückgreift. In diesem Zusammenhang ist zunächst eine auffällige Entwicklung von Interesse, die in nächster Nachbarschaft unseres Fundgebietes beobachtet werden kann. Am Schönwieskopf bei Obergurgl, im hinteren Gurgltal, wachsen heute bis auf die Höhe von 2300 Metern junge Zirben. Sie beweisen, daß die Waldgrenze in diesem Jahrhundert merkbar angestiegen ist. Das dürfte klimatisch bedingt sein. Diese Waldgrenzenhöhe im Gurgltal entspricht auch der potentiellen Waldgrenze im Alpenraum.

Eine weitere wichtige Quelle für Informationen zur Geschichte der Vegetation sind Hochmoore. Sie enthalten Blütenstaub, also Pollen, in zeitlich geschichteten Ablagerungen. Dieser in feuchtem Grund und in Mooren gut erhaltene Blütenstaub kann mikroskopisch analysiert werden und zeigt den Anteil von Grasland, Buschwerk und Wald für verschiedene Zeiten in der Umgebung der Moore. Daraus kann man auch Aufschlüsse zum Klima gewinnen, da der Bewuchs, und insbesondere die Bewaldung, Ausdruck der Klimaverhältnisse darstellt.

Eine Tabelle von G. Patzelt gibt eine Rekonstruktion der Klimabedingungen in den Ostalpen seit dem Ende der letzten Eiszeit vor 10000 Jahren. Die Waldgrenze ist hier in den verschiedenen Epochen mit ihren Vorstößen und Rückzügen eingetragen, wobei die Schwankungen auf die heutigen Waldgrenzenverhältnisse bezogen sind. Das ist die Seehöhe um 2300 Meter. Die Mooranalysen zeigen, daß die Bewaldung im Lauf der Zeiten nur maximal 100–200 Meter tiefer und kaum höher lag. Schwankungen der Waldgrenze bewegten sich in einem eher schmalen Streifen von etwa 100–200 Höhenmetern.

Aus dieser Waldgrenzenentwicklung sind auch die Gletscherhochstände oder auch kleine Gletscherstände auszurechnen. Ablagerungen von Schutt und Geröll unterhalb der Gletscher und an den Talflanken lassen sich mit Phasen der Gletscherbildungen und dem Vorstoßen des Eises in Verbindung bringen, Erosionen in diesem Gebiet wiederum mit Gletscherrückzügen.

Aus den Werten der Gletscherstände und den Veränderungen der Waldgrenze sind andererseits die Temperaturverhältnisse abzuleiten. Sie geben Aufschluß über die Entwicklung der Schneegrenze. Hier, im Bereich der Schneegrenzlinie, läßt sich auch der Zeitpunkt des Gletschermann-Ereignisses eintragen. Er ist etwa in der Zeit um 3200 v. Chr. anzusetzen (auf der Tabelle ist das in konventionellen Daten vor heute angegeben). Es herrschte damals eine eher kurze, aber deutliche Warmphase. Es muß so warm oder nur geringfügig wärmer als heute im Jahres- und Sommermittel gewesen sein. Das Fundgebiet war deswegen aber nicht unbedingt völlig gletscherfrei. Gleich darauf ist eine Klimaverschlechterung mit Gletschervorstößen und Gletscherhochständen zu verzeichnen.

Später folgen wieder Warm- und Kaltphasen in unregelmäßigem Rhythmus. Klimagunstphasen waren die Bronzezeit im gesamten 2. Jahrtausend v. Chr., dann die späte Latènezeit kurz v. Chr., die römische Kaiserzeit etwa im 3. und 4. Jahrhundert n. Chr. und die Zeit um 1000 n. Chr., also das frühe Hochmittelalter, als beispielsweise Island und Grönland besiedelt wurden.

Alle diese Warmphasen führten aber nicht zu einer völligen Ausaperung der Felszone am Tisenjoch. Der Gletschermann ist in diesen wärmeren Zeiten sicher nie völlig ausgeschmolzen. Der Körper der Mumie kann niemals so weit aus dem Eis beziehungsweise aus dem Schmelzwasser geragt haben und trocken gefallen sein, wie das zum Zeitpunkt der Auffindung der Fall war. Der damit verbundene Wechsel zwischen Austrocknung und Wiederbefeuchtung bei Schlechtwetter mit Neuschnee, der tägliche Frost, die kräftige Höhenstrahlung, die zu deutlichen Erwärmungen der Mumie hätten führen müssen, das alles hätte Haut und Körper – wie erwähnt – sicher bald zerstört.

Das schließt aber nicht aus, daß der Fund mehrmals unter Schmelzbedingungen gekommen ist. Die Mumie oder die Beifunde lagen dann aber sicher nicht trocken. Ein Beweis für diese Warmphasen ist übrigens auch die sogenannte »Waschhaut« des Gletschermannes. Diese entsteht bei Leichen, die im Wasser oder eben im Firn liegen. Die Oberhaut verquillt, das Hautepithel geht ab. Ebenso fallen Haare und Nägel ab.

Veränderliche Faktoren in Klimaabhängigkeit in postglazialer Zeit. Von oben nach unten: T – durchschnittliches Temperaturmittel in der wärmeren Jahreszeit, SG – Schneegrenze, ▼ – Eismann-Ereignis, WG – Waldgrenze, Sed.Akk./E – Sedimentationstätigkeit und Erosion, Gletscher Hst. – Gletscherhochstände. Die 0-Werte sind auf heute bezogen. Die angegebenen C_{14}-Daten stellen die Jahrtausende vor heute dar, sind aber nicht auf Kalenderjahre korrigiert. (nach Patzelt 1991)

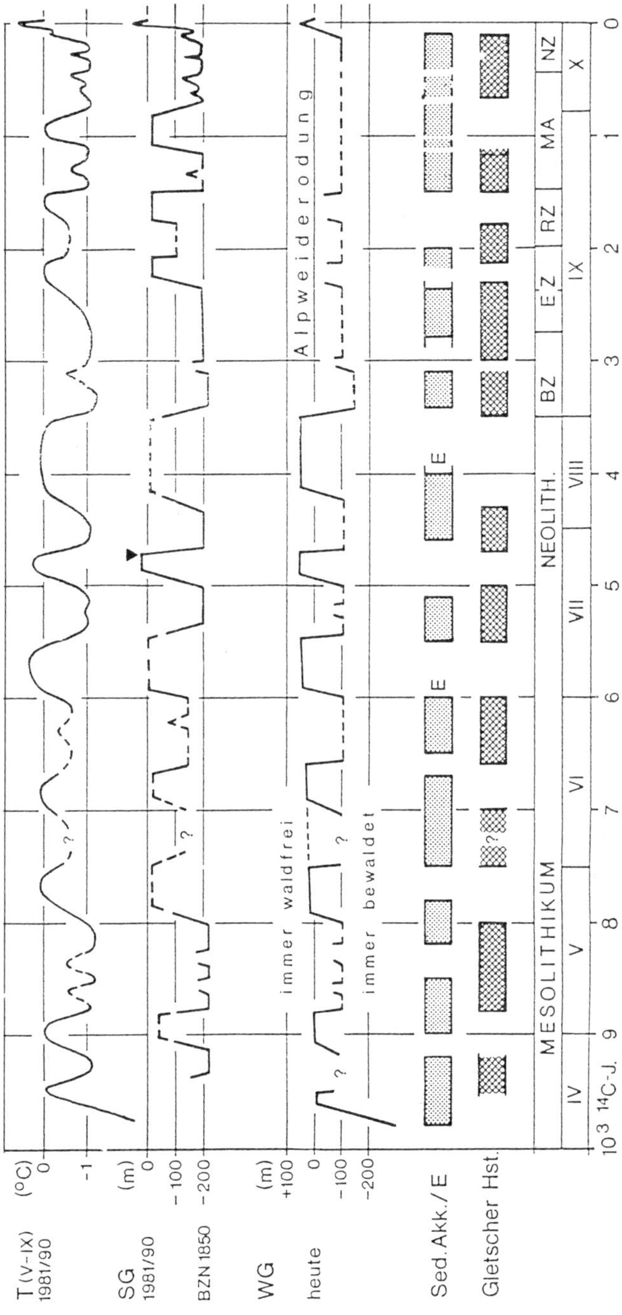
T (V-IX) 1981/90 (°C)
SG 1981/90 (m)
BZN 1850
WG heute (m)
Sed.Akk./E
Gletscher Hst.
immer waldfrei
immer bewaldet
Alpweiderodung
MESOLITHIKUM
NEOLITH.
BZ
EZ
RZ
MA
NZ
IV
V
VI
VII
VIII
IX
X
10³ ¹⁴C-J.

Mumifizierung und Erhaltungszustand der Mumie

Nach diesen Überlegungen zu den klimatischen Gegebenheiten zum Zeitpunkt des Gletschermann-Ereignisses stellt sich natürlich die Frage, warum der Körper des Toten und seine Ausrüstung nicht verfaulten oder zerfielen. Wie kam es zur Mumifizierung des Mannes? Im Vordergrund stehen vor allem zwei Detailfragen:

1. Wie waren die Wetterverhältnisse, die es erlaubt haben, daß der Leichnam zwar an der Luft trocknen konnte, aber offenbar von Aasfressern nicht angegriffen wurde?
2. Wie konnte der Leichnam über 5000 Jahre unbeschädigt im Eis eingeschlossen und erhalten bleiben? Die normale Gletscherbewegung beziehungsweise das Gletscherfließen hätte ihn spätestens in einigen hundert Jahren zum unteren Rand des Gletschers transportieren und dort freigeben müssen. Außerdem werden ein Toter und sein Zubehör im Gletscher gewöhnlich vom Eisdruck und den starken Scherkräften zwischen Eis und Felsuntergrund verformt und die Bestandteile sogar über weite Strecken verteilt.

Eine anschauliche Vorstellung und Rekonstruktion des damaligen Geschehens und der Erhaltung des spätneolithischen Toten hat Professor Dr. Michael Kuhn, Vorstand des Institutes für Meteorologie und Geophysik der Universität Innsbruck, entwickelt. Es ist klar, daß es sich bei dem Fund vom Tisenjoch nicht um eine typische Gletscherleiche, sondern um eine luftgetrocknete Mumie handelt. Der gesamte Körper ist völlig geschrumpft und dehydriert, er wiegt heute etwas unter 20 Kilogramm. Ein Gletschertoter, der sofort nach dem Tod von Schnee und Eis eingeschlossen wird, bildet sogenanntes Fettwachs und behält seine Form, ohne zusammenzuschrumpfen. Der Mann vom Tisenjoch war aber bereits mumifiziert und verdorrt, bevor er vom Eis bedeckt wurde.

Nach den Erfahrungen der Gerichtsmediziner kann der Körper eines Toten im hochgelegenen Gebiet bei tiefen Temperaturen, wenn er Wind und Sonne ausgesetzt ist, in wenigen Wochen ausgetrocknet, also mumifiziert sein. Aufgrund einer Schlehdornfrucht, die beim Gletschermann gefunden wurde, ist anzunehmen, daß er im Herbst, wahrscheinlich im September oder Oktober, ums Leben kam. Schlehen kann man nämlich nur verzehren, wenn sie durch den ersten Frost ihren gallig-herben Geschmack verlieren und somit für Menschen genießbar werden.

Wenn der Körper des toten Mannes aber im Freien lag, war er für Aasfresser, wie Raubvögel oder Füchse, sichtbar und konnte außerdem verrotten. Die Mumie zeigt aber weder Spuren von Wildverbiß (die Läsion am Hinterkopf ist wahrscheinlich auf ein Trockenfallen der höchstgelegenen Stelle des Körpers zurückzuführen) noch Zerfallserscheinungen. Auch Löcher in der Haut oder den Augäpfeln, die durch Insekten, die ihre Eier dort gerne ablegen, entstehen, sind nicht festzustellen. Der Leichnam muß schon bald von Schnee bedeckt worden sein, so daß er nicht erodieren, aber auch von Raubtieren nicht entdeckt werden konnte.

Die Schneedecke war sichtlich nicht sehr hoch, sondern trocken und kalt und daher luftdurchlässig. Es kam zu einer Gefriertrocknung. Die Mumifizierung des Körpers erfolgte durch eine dünne Schneedecke hindurch. Im darauffolgenden Winter ist sicher noch mehr Schnee gefallen. Es sollte ein Leichentuch fast für die Ewigkeit sein. Spätestens im 3. Jahrtausend v. Chr. waren der Tote und seine Ausrüstung außerdem vom Gletschereis bedeckt und eingeschlossen.

Die Mumie zeigt, wie schon gesagt, keinerlei Spuren mechanischer Beanspruchung. Die Leiche blieb fast unbewegt über Jahrtausende am Grund der Felsrinne liegen. Es gab kaum einen Druck des Eises auf den Körper und die Beifunde, wie er durch horizontale Eisbewegung oder durch das Gewicht des hoch auflastenden Gletschers hätte entstehen können.

Erwähnt wurde schon die Form der Felswanne, die quer zur Fließrichtung des Gletschers orientiert und im Bereich der Fundstelle der Mumie über drei Meter tief ist. Daher wurden Mumie und Beifunde nicht durch die Eisbewegung deformiert. In dieser Senke lag das Eis außerdem bei höherer Überdeckung und bei der vorhin berechneten mittleren Jahreslufttemperatur von minus 5 Grad Celsius wahrscheinlich bewegungslos.

Zur Konservierung der Mumie und Restaurierung der Beifunde

Die Konservierung der Mumie

Nach der Bergung taute die Mumie teilweise auf. Sie wurde zur gerichtsmedizinischen Begutachtung nach Innsbruck gebracht, eine entsprechende Konservierung wurde zunächst nicht in die Wege geleitet. Allerdings herrschte schon während der Bergung und dann am Seziertisch im Institut für Gerichtsmedizin, als die zugehörigen Ausrüstungsgegenstände dabeilagen, kein Zweifel mehr an einer »sehr alten Leiche«.

Es handelt sich aber nicht um eine der uns bekannten Gletscherleichen, erkennbar an der weißlichen Farbe, wie sie seit dem Rückgang der Gletscher alljährlich geborgen werden. Die Mediziner nennen sie normalerweise Fettwachsleichen. Bei ihnen hat sich das Fettgewebe des Körpers zu Fettwachs entwickelt, und die Zellen sind zerstört. Der Zeuge aus dem Eis ist mumifiziert. Seine Haut ist lederartig, läßt sich aber bewegen: man spricht von einer Feuchtmumie, der Körperflüssigkeit und -fette entzogen sind. Die Zellen sind noch erhalten, und somit sind medizinisch-anthropologische Untersuchungen weitgehend möglich.

Die Bergung hatte am Montag nachmittag, dem 23. September, stattgefunden. Am Dienstag, dem 24. September, um acht Uhr, nahm der beigezogene Prähistoriker Professor Dr. Konrad Spindler Mumie und Beifunde in Augenschein. Er stellte das urzeitliche Alter des gesamten Fundes fest. Damit war es für alle Beteiligten klar, daß die Mumie erhalten werden mußte, wobei beeinträchtigende chemische Mittel wegen späterer Untersuchungsvorhaben nicht oder nur sparsam eingesetzt werden sollten. Außerdem sah man sich schon deswegen zur besonderen Eile angetrieben, weil sich an der Oberfläche der Leiche bereits Veränderungen zeigten, die zunächst wie ein Schimmelpilzbefall aussahen.

Noch am gleichen Tag wurde die Leiche in das Anatomische Institut der Universität Innsbruck überstellt und im feuchten Zustand bei minus 6 Grad Celsius eingefrostet. Über die Konservierungsmaßnahmen an der Mumie berichtete Oberarzt Dr. Othmar Gaber auf dem Innsbrucker »Eismann«-Symposium im Juni 1992.

Bei jeder Erhaltungsmethode mußte davon ausgegangen werden, daß der Körper der Urmenschen durch verschiedene Zufälle über Jahrtausende im Eis konserviert gewesen war. Nun sollte dieser auf natürliche Weise erhalten gebliebene Körper weiterhin künstlich konserviert werden. Es erschien am besten, die Bedingungen im Eis möglichst naturgetreu wiederherzustellen bzw. zu simulieren: Die Luftfeuchtigkeit beträgt im Eis immer 100 Prozent. Außerdem weiß man aus gletscherkundlichen Erfahrungen, daß die Temperatur des Eises in dem hochalpinen Bereich, in dem

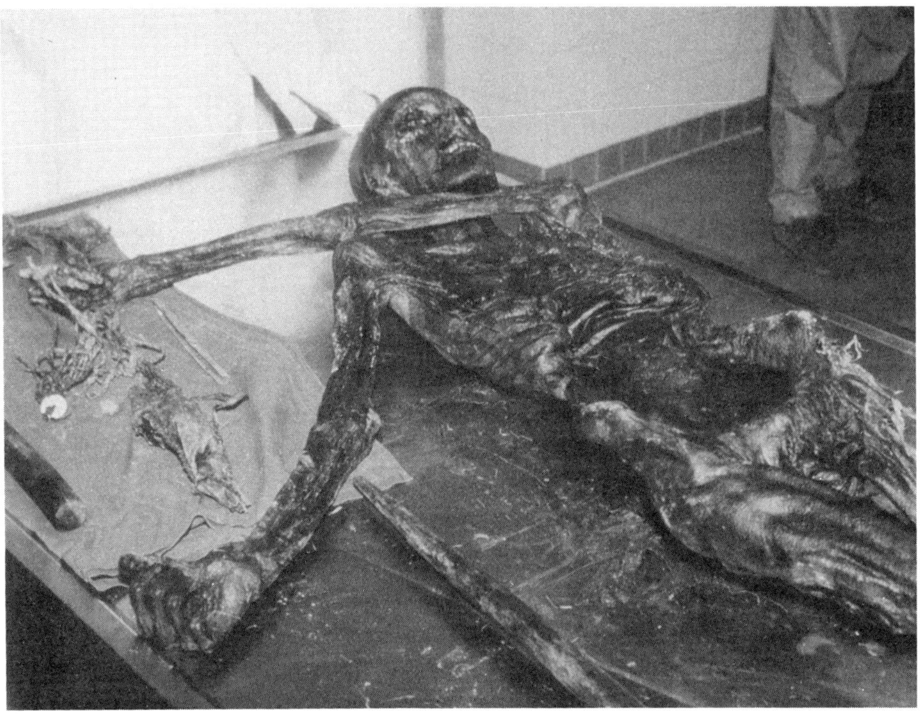

Die Mumie und Teile der Ausrüstung in der Gerichtsmedizin in Innsbruck.

der Gletschermann gefunden worden war, zwischen 0 Grad Celsius im Sommer und minus 10 Grad Celsius im Winter schwankt. Daher wurde als Richtwert eine Kühlung von minus 6 Grad Celsius angestrebt.

Im Innsbrucker Anatomischen Institut gab es glücklicherweise entsprechende Einrichtungen, um die Mumie bei den erforderlichen Bedingungen zu konservieren. Die Leiche wurde in eine Kühlzelle gebracht, deren Aggregate auf eine ständige Temperatur von minus 6 Grad Celsius eingestellt wurde. Eine zweite Kühlzelle läuft immer leer mit, für den Fall, daß sie bei Ausfallen der anderen Zelle benützt werden muß. Beide Kühlzellen sind mit Hochleistungsaggregaten ausgerüstet, die durch das Personal des Institutes laufend kontrolliert und gewartet werden. In jeder dieser Zellen befinden sich insgesamt vier Temperaturfühler und zwei Luftfeuchtigkeitsfühler. Einer dieser Temperaturfühler ist direkt mit einer elektronisch gesteuerten Alarmanlage gekoppelt, die bei Temperaturabweichungen, also einem möglichen Versagen des Kühlsystems, akustische und optische Alarmsignale auslöst.

Die erforderliche Feuchtigkeit in der Kühlzelle ist nicht ohne weiteres zu erreichen. Gehacktes Eis, sogenanntes Quetscheis, sowie Eiswürfel, die aus eigenen Eismaschinen des Institutes stammen, werden flächenhaft in der Kühlzelle ausgelegt. Damit erzielt man eine Luftfeuchtigkeit von allerdings nur maximal 75 Prozent. Das ist noch zuwenig, um die wahre Feuchtigkeit von 100 Prozent im Gletscher zu erreichen. Deshalb mußte zu einer zusätzlichen Maßnahme gegriffen werden, wodurch die Leiche in einer Art »feuchten Kammer« aufbewahrt wird. Die Mumie wird in ein steriles Tuch eingewickelt. Rund um die so verpackte Leiche wird Quetscheis aufgelegt, dann folgt eine weiche Plastikfolie, auf die zwecks weiterer Temperaturdämmung Eispackungen gelegt werden. Darüber kommt eine weitere Plastikfolie, an der einer der beiden Feuchtigkeitsfühler angebracht ist. Der andere ist an der Wand der Kühlzelle befestigt. So kann auch die Feuchtigkeit der Luft ständig überprüft und notfalls korrigiert werden.

Wenn die Mumie zu Untersuchungszwecken aus der Kühlzelle genommen wird, muß sie Schicht für Schicht abgedeckt werden. Dann wird sie in eine sogenannte Microflowbox gelegt. Diese stellt einen gläsernen Behälter dar, der über einen Filter keimfreie Luft erhält und während der Arbeit steril gehalten wird. Auch in dieser Box wird Quetscheis deponiert, um die Luftfeuchtigkeit möglichst hoch zu halten. Wegen des Luftstroms von außen kann die Feuchtigkeit nur auf höchstens 60–65 Prozent gebracht werden. Dazu kommt eine allmähliche Temperaturerhöhung, die sich außerhalb der Kühlzelle nicht vermeiden läßt. Aus diesem Grund darf keine Untersuchung länger als 30 Minuten dauern. Außerdem muß die Mumie dann mindestens 48 Stunden wieder in der Kühlzelle ruhen.

Die Oberfläche der Mumie zeigte in den ersten Tagen nach der Auffindung weiße und blaugrüne Verfärbungen. Man nahm an, es handelte sich um zwei verschiedene Schimmelpilzarten, die sich aufgrund der Erwärmung der Leiche gebildet hätten. Ein Mitarbeiter des Institutes für Ur- und Frühgeschichte behandelte daher diese Stellen mit einem Fungizid. Außerdem nahm sich Professor Dr. Friedrich Tiefenbrunner vom Institut für Hygiene dieses Problems an. Er führte Abstriche an den betroffenen Hautstellen der Leiche durch, konnte aber keinerlei Pilze, weder Hefepilze noch sonstige Pilze nachweisen. Allerdings durften an der Mumie aus Erhaltungsgründen keine Abschabungen, um eventuelle Mikroorganismen abzulösen, gemacht werden. Die weißlichen Stellen auf der Haut des Leichnams, die in der ersten Zeit sichtbar wurden, sind nun zu erklären: es sind dies kleine Flüssigkeitstropfen des aufgetauten, erwärmten Mumienkörpers. Die übrigen dunklen Verfärbungen könnten auf ähnliche Ursachen zurückgehen und mit Ausblühungen des Körpers zusammenhängen.

Die Restaurierung der Beifunde

Von Anfang an war allen Verantwortlichen die Notwendigkeit einer umfassenden und möglichst perfekten Restaurierung der Begleitfunde des einmaligen Zeugen aus dem Gletscher bewußt. Eine Präparation in einem der österreichischen Labors hätte derzeit die Möglichkeiten – schon aus Personalgründen – völlig überfordert, da neben Gegenständen aus Metall und Stein vorwiegend Funde aus Fell, Leder und Gras anfielen. Glücklicherweise erklärte sich das Römisch-Germanische Zentralmuseum in Mainz, eines der renommiertesten Forschungs- und Restaurierungsinstitute der Welt, sofort bereit, alle Restaurierungsarbeiten des Tisenjocher

Fundkomplexes zu übernehmen. Die Beifunde wurden schon wenige Tage nach ihrer Auffindung in die Werkstätten dieses Museums, das von den Direktoren Dr. Ulrich Schaaf und Dr. Konrad Weidemann geleitet wird, gebracht.

Die Restaurierung wird in diesem Museum unter der Hauptaufsicht von Dozent Dr. Markus Egg, einem gebürtigen Tiroler, in mehreren Phasen durchgeführt. Zunächst wurden alle Fundstücke katalogisiert und beschrieben. Darauf erfolgte eine einschlägige Dokumentation des gesamten Inventars, indem Fotos, Röntgenbilder und computertomographische Aufnahmen durchgeführt wurden. Erst dann durften Proben durch einzelne Wissenschaftler entnommen werden.

Die Materialien wurden hierauf mit destilliertem Wasser gereinigt. Natürlich muß das abfließende Wasser bei dieser Arbeit mit feinmaschigen Sieben und Papierfiltern gefiltert werden, um keine Bestandteile oder kleinere organische Funde, wie zum Beispiel Blütenstaubkörner (Pollen), zu verlieren.

Die Hölzer müssen einem langwierigen Reinigungsverfahren unterzogen werden, da die Fäulnisstoffe nur langsam aus den Kapillargefäßen ausgewaschen werden können. Es handelt sich um die sogenannte Neofix-Methode. Das Holz muß dabei in destillierten Wasserbädern etwa ein halbes Jahr angesetzt werden. Danach wird es in mehreren abgestuften Tauchtränkbädern mit Neofix, einem Kunstharz, behandelt. Anschließend werden die Holzfunde zur Auspolarisation in den Wärmeschrank gelegt. In einem weiteren Arbeitsgang werden sie im Vakuumgefriertrockenschrank getrocknet.

Die Gräser, von denen es am Tisenjoch mannigfache Funde in Form von Heu, Schnüren, einer Tasche und einer Matte gibt, werden ebenfalls gefriergetrocknet, wobei zwei spezielle Chemikalien, die die Zellstruktur erhalten, zur Anwendung kommen.

Aus Leder oder Fell bestehen neben der Kleidung und den Schuhen noch weitere Gegenstände. So der Köcher oder der Riemen, mit dem das Kupferbeil an der Schäftungsgabel festgebunden ist. Alle diese Leder- oder Fellfunde wurden rückgefettet und ebenfalls mit der Gefriertrocknungsmethode behandelt.

Wie funktioniert nun das Gefriertrocknen? Das Fundmaterial wird zu diesem Zweck in den Gefriertrocknungsschrank gelegt. Hier wird den

Gegenständen langsam die Flüssigkeit entzogen, so daß das Material härter und dadurch beständiger wird. Bei den Lederfunden muß der Vorgang etwas langsamer durchgeführt werden, da sie sonst spröde werden. Solche Fundstücke werden daher mehrmals aus dem Schrank genommen und mit destilliertem Wasser besprüht.

Ebba Koller

Ein Schloß am Rhein

Die roten Steinmauern des kurfürstlichen Schlosses bergen nicht nur beachtliche Schausammlungen. Das 1852 gegründete Römisch-Germanische Zentralmuseum ist ein überregionales Forschungsinstitut für die Vor- und Frühgeschichte der Alten Welt. In einem modernen Seitentrakt des Museums arbeiten die Restauratoren und Konservatoren, wahre Künstler ihres Faches. Die eigentlichen Schätze sind aber im Keller untergebracht. Hier liegt der Tresorraum, in dem alle Stücke, sei es ein Goldschatz der Skythen oder aus Peru, über Nacht hermetisch verschlossen sind. Und hier sind auch die Laboratorien, in denen mit Akribie archäologische Funde von meist unschätzbarem Wert manchmal nur aufpoliert, meist aber für die Nachwelt gerettet werden. In diesen Kellerräumen ist auch die Ausrüstung des Gletschermanns untergebracht. In großen Wannen voll destillierten Wassers liegen alle Gegenstände aus Holz, in einer Kühltruhe mit Kaufhausmaßen ruhen auf Styroporplatten die Gras- und Lederutensilien. Eine Spezialistin reinigt mit feinem Wasserstrahl und Pinzette die Fellstücke vom Schmutz der Jahrtausende. Roswitha Goedecker-Ciolek war es auch, die inmitten der Tierhaarbüschel und Grasreste menschliche Haare entdeckte. Am Bundeskriminalamt Wiesbaden bestätigte dann Dr. Manfred Wittig diese Vermutung. Er, der sonst mit den Opfern von Verbrechen und deren Identifizierung beschäftigt ist, wurde nun zum Spezialisten für mehr als 5000 Jahre alte Hirsch- und Menschenhaare.

Aussehen, Lebensalter und Gesundheitszustand des Mannes vom Tisenjoch

Die Untersuchungsmethoden

Die Mumie konnte bisher nach zweierlei Methoden untersucht werden, die von einer umfangreichen Arbeitsgruppe von Anthropologen und Medizinern durchgeführt wurden. Eine invasive Vorgangsweise, das heißt eine Öffnung des Körpers, muß erst sorgfältig geplant werden und kommt zunächst noch nicht in Frage. Durch teilweise sehr starke Schrumpfung des Körpers sowie durch die vielfach druckbedingte Verlagerung und Verschiebung der Muskeln, Gewebe und der inneren Organe muß erst durch andere Methoden, die den Körper nicht verändern oder beschädigen, eine metrische Gesamtaufnahme erfolgen. Auf diese Weise können innere Körperteile überhaupt erst richtig lokalisiert werden, was die Voraussetzung für spätere Eingriffe im Körper selbst bildet.

Man kann die Mumie morphologisch durch äußere Messungen untersuchen, um zu bestimmten Feststellungen und Schlüssen über das ursprüngliche Aussehen und den Gesundheitszustand des Mannes zu kommen. Eine andere Methode besteht in Röntgenaufnahmen und in der Computertomographie (CT). Die zuletzt genannte Methode ist erst vor wenigen Jahren entwickelt worden und kann inzwischen auch in Innsbruck eingesetzt werden. In der radiologischen Abteilung der Universitätsklinik für Innere Medizin (Leiter: Professor Dr. Dieter zur Nedden) gibt es seit zwei Jahren das zur Zeit modernste computertomographische Gerät. Es ist dies ein sogenannter Spiral-Computertomograph, der bei kontinuierlicher Strahlung der Röhre den gesamten Körper eines Patienten bzw. der Mumie im aktuellen Fall datenmäßig erfassen kann. In Verbindung damit ist vor kurzem ein Gerät für die Auswertung entwickelt worden, das in sehr kurzer Zeit dreidimensionale Rekonstruktionen aus den Rohdaten zu erstellen vermag. Jedenfalls ist es nun möglich, mit der CT eine Vielzahl an inneren Untersuchungen, auch der inneren Organe und des Knochenapparates, durchzuführen und sie dann jeweils einzeln für sich zu simulieren. Das heißt, es können lithographische Rekonstruktionen als Foto, aber auch als plastische Kunststoffausführung hergestellt werden. Der Schädel des Gletschermannes wurde bereits auf diese Weise in Polyacrylacetat dreidimensional rekonstruiert.

Bereits am Mittwoch, dem 25. September, zwei Tage nach der Bergung der Mumie, wurden CT-Untersuchungen und Röntgenaufnahmen an ihr durchgeführt. Es war dies sicher eine berechtigte Vorsichtsmaßnahme, da man damals nicht absehen konnte, wieweit die gewählten Konservierungsmaßnahmen wirksam waren und wieweit sich der Körper erhalten lassen würde. Der Einsatz der Computertomographie erübrigt bis zu einem bestimmten Ausmaß eine operative Arbeit an der Mumie. Denn natürlich wird es eines Tages notwendig sein, Proben aus dem Körper, unter anderem aus dem Magen-Darm-Trakt, zu entnehmen, um zur Ernährung oder auch zu einem möglichen Parasitenbefall des neolithischen Mannes nähere Hinweise zu gewinnen.

Die Anwendung der CT ist einerseits eine vollkommen schonende Methode und hat andererseits schon heute eine hervorragende Bildqualität. Auch stellen sie und die Röntgen-Technologie keinerlei Beeinträchtigung für die Radiokarbonuntersuchung an menschlichem Gewebe zur Altersbestimmung dar.

Beide Methoden lassen sich vorteilhaft kombinieren. Anthropologische Messungen machen auf Besonderheiten aufmerksam, und man kann mit Röntgen und CT darauf noch näher eingehen. Umgekehrt gibt das dreidimensional auswertbare Bildmaterial der CT dem Anthropologen gewissermaßen authentische Modelle in die Hand, an denen exakte Messungen durchgeführt werden können. Man kann den Körper oder das Knochengerüst auch fiktiv in verschiedenen Richtungen zerschneiden und innere Maße abnehmen. Das gilt beispielsweise für die wichtigen Innenmaße des Schädels. Damit lassen sich räumliche Zusammenhänge am Skelett eines Menschen optimal erfassen.

Aussehen und Lebensalter des Mannes

Der Gletschermann ist etwa 1,60 Meter groß. Seit seinem Tod ist er vermutlich 1 bis 4 Zentimeter geschrumpft. Er hatte einen zarten, fast grazilen Körperbau. Es fällt die mäßige Langschädelform mit rund 187

Millimetern Länge auf, während die größte Schädelbreite parietal (von Schläfe zu Schläfe) gemessen 142 Millimeter beträgt. Der Mann hatte ein eher schmales und, wie die übrigen Maße zeigen, fast hohes Gesicht. Eine Geschlechtsbestimmung ist eindeutig möglich, da der Hodensack des Toten erhalten geblieben ist.

Das Lebensalter ist vorläufig nur schwer abzuschätzen. Einiges spricht für ein Alter über 30 Jahre. Entscheidend sind die Verwachsungen von Schädelnähten, um das Lebensalter eines Erwachsenen näher zu bestimmen. Das Verstreichen, also Verwachsen, bestimmter Schädelnähte, zum Beispiel eines Teiles der Pfeilnaht, gibt einen Hinweis auf ein mittel- oder sogar spätadultes Sterbealter, das heißt ein Alter zwischen 30 und 40 Jahren.

Zu einer ähnlichen Feststellung führt auch die Beobachtung, daß die Zähne sehr stark abgekaut sind und fast überall der Schmelz auf den Beißflächen der Zähne fehlt. Allerdings kann auch die labiodonte Gebißform des Mannes, der angeborene Aufeinanderbiß der Zähne des Ober- und Unterkiefers, zu einer starken Abnützung der Zähne geführt haben. Das gilt zumindest für die vorderen Zähne.

Zwei Besonderheiten am Gebiß sind noch zu erwähnen: ein starkes Trema, das heißt Auseinanderklaffen der vorderen oberen Schneidezähne, und die Tatsache, daß von vier Weisheitszähnen (3. Molaren) nur ein einziger überhaupt angelegt ist. Das sind gar nicht so seltene Ausnahmen, die auch heute auftreten. Auffallend ist immerhin, daß die Zähne zwar stark abgenützt erscheinen, aber keine weiteren Schäden, wie zum Beispiel Karies, aufweisen.

Die Oberhaut, die Haare und die Nägel an Händen und Füßen sind vom Körper der Mumie abgefallen. Erhalten ist nur die Lederhaut. Das mag mit der ein- oder mehrmaligen Lage im Schmelzwasser zusammenhängen, da ein Aufschmelzen der Eisschichte um die Mumie schon früher vorgekommen sein könnte. Der Mann war keineswegs kahlköpfig. Das beweist die Entdeckung von Haarbüscheln im Bereich des näheren Mumienfundplatzes. Vor allem in den Mattenfragmenten, die während der Nachuntersuchung geborgen wurden, waren menschliche Haare zu finden. Dr. Manfred Wittig vom deutschen Bundeskriminalamt in Wiesbaden hat Menschen- und Tierhaare vom Fundort untersucht. Er stellte unter anderem eine Haarsträhne von bis zu 9 Zentimetern Länge fest, die vom Kopf des Mannes stammt. Daraus läßt sich schließen, daß er das Haupthaar geschnitten trug. Der Beurteilung Wittigs nach war sein Haar gewellt. Einige dicke Haare scheinen Barthaare gewesen zu sein, was auch durch Aminosäurenanalysen bestätigt wird. Die Haarproben zeigen heute eine dunkelbraune Farbe, die nicht unbedingt die ursprüngliche gewesen sein muß.

Hinweise auf den Gesundheitszustand

Die bisherigen Messungen und Daten haben keinen Anhaltspunkt für schwere Erkrankungen des Tisenjoch-Mannes ergeben. Allerdings steht die Auswertung der Befunde in pathologischer Hinsicht noch am Anfang. Bis auf eine Oberarmfraktur, die auf die ersten Bergungsversuche der Mumie zurückzuführen sein dürfte, sind aber bisher keinerlei Anzeichen von Verletzungen oder auch verheilten Brüchen an der Leiche gefunden worden.

Die Röntgen- und CT-Aufnahmen zeigen, daß die inneren Organe zum Teil stark durch den Mumifizierungsprozeß verkleinert sind. Das Gehirn ist zwar auf diesen Aufnahmen gut sichtbar, aber bis auf hohe Dichtewerte geschrumpft. Auch das Herz und die Lunge, die keine Luft mehr enthält, sind völlig zusammengeschrumpft. Sehr gut erhalten sind der Wirbelkanal und das Rückenmark. Die Bandscheiben der Wirbelsäule sind so stark dehydriert, daß sie ganz schmal erscheinen.

Einige Wirbel, vor allem die Halswirbel, weisen gewisse degenerative Veränderungen und Anzeichen einer beginnenden Osteoporose auf. Die Kniegelenke ebenso wie die Sprunggelenke des Mannes zeigen und starke Abnützungserscheinungen. So sind die Konturen der Knochen der Sprunggelenke sichtbar verändert. Der Gletschermann litt also an beginnender Arthrose.

Möglicherweise lassen diese Verschleißspuren an Wirbeln und Gelenken die Annahme zu, daß der Mann nicht mehr ganz jung war. Das würde auch mit den anderen Skelettmerkmalen, die schon früher erwähnt wurden, übereinstimmen. In einem niedrigeren, also frühadulten Alter, wären solche Abnützungserscheinungen jedenfalls nicht so einfach zu erklären.

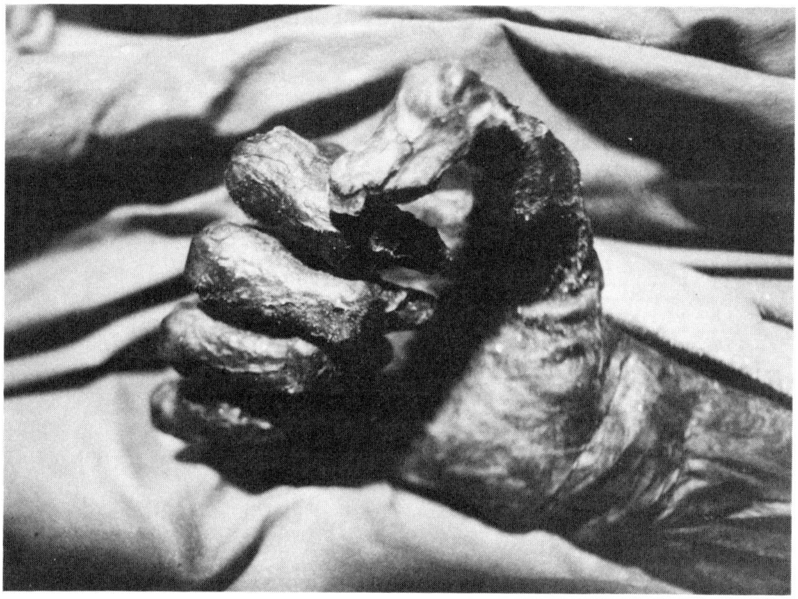

Die rechte Hand der Mumie.

Die Tätowierung

Auf der linken Rückenhälfte des Mannes sind deutliche Tätowierungszeichen zu erkennen. Es handelt sich um drei übereinander stehende Gruppen von senkrechten, zueinander parallelen Strichen, wobei ganz oben vier, in den unteren Reihen je drei Striche zu sehen sind. Die oberste Strichgruppe befindet sich unmittelbar neben und auf der Höhe des ersten und zweiten Dornfortsatzes der Lendenwirbelsäule, die unterste liegt auf der Höhe des dritten und vierten Dornfortsatzes.

Auch im rechten Lendenwirbelbereich, ungefähr in der Höhe des vierten und fünften Dornfortsatzes und eine Handbreit von ihnen entfernt, sind zwei Gruppen aus je 4 beziehungsweise 3 senkrechten, kurzen Linien angebracht. Auch auf der linken Wade sind ähnliche dunkelblaue Zeichen von Tätowierungen zu erkennen: oben eine Gruppe von sechs, in der Mitte von drei senkrechten Strichen und darunter eine einzelne vertikale Linie. Am Außenknöchel des rechten Fußes kommt eine weitere Strichgruppe mit vier senkrechten Linien vor. Schließlich weist auch die linke Kniekehle ein Zeichen auf, das in diesem Fall kreuzförmig gebildet ist.

Diese Tätowierungszeichen wurden höchstwahrscheinlich in Stichen durchgeführt, wofür der blauschwarze Farbton und die hohe Resistenz, also der ausgezeichnete Erhaltungsgrad, sprechen. Professor Dr. Johann Szilvássy (Leiter der Anthropologischen Abteilung des Naturhistorischen Museums in Wien) weist darauf hin, daß die Farbe des Tätowierungsmittels, die in diesem Fall wahrscheinlich aus zerriebener Holzkohle bestand, in der Lederhaut zellulär gespeichert wurde. Farbe und Gewebepigment ergeben zusammen den typisch blauschwarzen Farbton.

Ein- und doppelspitzige schmale Pfrieme aus Kupfer treten in manchen Gräbern während des Spätneolithikums auf. Oft wurden sie als Tätowiernadeln gedeutet. Die nun auf dem Menschenfund vom Tisenjoch aufscheinende Tätowierung belegt somit jedenfalls den Brauch selbst, wenn auch das Gerät dafür nicht sicher feststeht.

Eine Deutung der Tätowierungszeichen ist schwierig, wahrscheinlich sogar unmöglich. Es kann nur spekulative Vermutungen geben, da die Gründe für das Tätowieren beispielsweise bei den rezenten Naturvölkern sehr vielfältig sein können. Im Fall des Gletschermannes werden sie kaum reine Dekoration gewesen sein, da es sich um sehr einfache und abstrakte Muster handelt. Die Strichgruppen sind überdies an Stellen angebracht, die wohl von der Kleidung ehemals verdeckt waren. Man könnte annehmen, daß es sich um symbolisch-magische Zeichen im Sinne von Unheilabwehr oder um Glücksmotive handelte, die nur für den Mann selbst von Bedeutung waren. Andererseits stehen natürlich auch andere Möglichkeiten offen, wie sie Professor Szilvássy aufzählt: Stammeszugehörigkeit, Rang, Funktion, Notieren von Zeitabläufen oder anderer Daten sowie Spuren von besonderen therapeutischen Maßnahmen kommen in Betracht.

Bekleidung und Ausrüstung

Zur Bekleidung

Über Form und Zuschnitt der Kleidung kann bisher nicht viel ausgesagt werden. Die Art der Anfertigung und die Form der verwendeten Fellteile lassen aber mindestens auf drei verschiedene Kleidungsstücke schließen. Es fehlen aber ganze Partien. Es kann derzeit nicht festgestellt werden, ob der Mann ein rockartiges Gewand oder Hosen trug. Während der Bergungsversuche sah man durch das Schmelzwasser und das Eis hindurch angeblich Teile einer Beinkleidung oder Beinwicklung. Die Behaarung, also der Pelz, auf den Kleidungsresten ist großteils verlorengegangen. Das hängt mit dem Zersetzungsprozeß, vor allem im Schmelzwasser, zusammen. Trotzdem sind an manchen Stellen durchaus noch anhaftende Haarbüschel oder abgebrochene Haare, deren Wurzeln noch in der Haut stecken, zu erkennen. Auch eine große Menge abgefallener Tierhaare ist geborgen worden. Sie stammen, wie die Untersuchungen des Bundeskriminalamtes in Wiesbaden ergeben haben, hauptsächlich von Hirsch und Ziege.

Tatsächlich ist das Gewand nicht aus wenigen großen Fellstücken zusammengenäht worden. Größere Bruchstücke zeigen deutlich, daß die Bekleidung aus zahlreichen schmalen rechteckigen Fellstreifen bestand. Die Kleidung war also in Patchwork-Technik hergestellt worden. Bisherige Beobachtungen und Untersuchungen zeigten außerdem, daß diese Fellpartien auf der Unterseite primitiv geglättet und auf der Oberseite mit Eichenlohe gegerbt worden waren. Auch eine Einfettung der Fellstücke konnte nachgewiesen werden. Ob das Fell nach außen oder innen getragen wurde, muß offen bleiben.

Als Nähmaterial wurden sehr feine Fäden und Garne aus Sehnen, Lederstreifen oder gezwirbelten Grashalmen verwendet. Ganz selten und vereinzelt kommt auch textiles, also versponnenes Fadenmaterial vor. Die einzelnen Stücke waren sorgfältig in engen, genauen Abständen im Überwendlingsstich vernäht. Man hat den Eindruck höchst professioneller Arbeit. Einige Stellen in der Fellkleidung sind gerissen, aber ebenso sorgfältig wie die Nähte der Erstanfertigung wieder vernäht worden. Es gibt aber auch Risse im Gewand, die nur sehr grob, fast flüchtig, repariert worden sind. Dann wurden seitlich der Risse Löcher gebohrt und einfach Grashalme als Bindematerial durchgezogen. Offensichtlich kam es im Gebirge zu den Gewandschäden, und der Mann hat sie notdürftig selbst geflickt. Das ist wahrscheinlich ein Hinweis darauf, daß er schon länger in den Bergen und abseits seiner Behausung, die sich wohl im Tal befunden hatte, gewesen war. Sonst wären diese Reparaturen in gefälligerer Weise erst vorgenommen worden, wenn er von seiner Bergwanderung wieder zurückgekehrt war.

Bei der Bergung der Mumie war angeblich ein langer Fellstreifen um die Hüfte angefroren. Wenn dies stimmt, könnte es sich vielleicht um einen Gürtel handeln, der das Gewand des Mannes zusammenhielt.

Eine in mehrere Teile zerfallene Matte, die aus Gräsern oder Binsen hergestellt war, wurde schon im Zusammenhang mit der ersten Nachgrabung erwähnt. Die Fundlage eines der größten Bruchstücke unter der Hals- und Brustregion des Toten läßt vermuten, daß es sich um eine Art Halskrause oder Schulterumhang gehandelt hat. Ähnliche Umhänge wurden von Hirten früher als Schutz gegen Regen und Kälte getragen.

Die Schuhe sind bedauerlicherweise in sehr schlechtem Zustand erhalten. Sie waren durch das Schmelzwasser stark aufgelöst und auseinandergefallen. Der rechte Schuh steckte noch am Fuß, als man die Leiche in die Gerichtsmedizin brachte. Die Schuhe bestanden hauptsächlich jeweils aus einem ovalen Sohlenleder, dessen Ränder hochgeschlagen wurden. Dieser hochgekrempelte Rand war mit je einem Lederriemen umfädelt. Die zu kleinen Schlaufen ausgezogenen Riemen umfaßten dicke, gedrehte Grasschnüre, mit denen der Schuh und das darauf gelegte Oberleder zusammengezogen wurden. Im Inneren der Sohlenstücke waren jeweils sockenförmige Netze aus Grasschnüren angenäht, in denen die Füße des Mannes steckten. Diese Netze waren mit Heu ausgestopft, was sicher eine Maßnahme gegen Kälte war. Die Sohlen der Schuhe zeigen an der Unterseite starke Abnützungsspuren. Auch Reparaturen an den Schuhen sind festzustellen.

Es ist schwierig zu sagen, wie die Hauptbekleidung des Mannes wirklich ausgesehen haben mag. Eine Fell- oder Lederbekleidung kennen wir von anderen neolithischen Fundplätzen bisher nicht. Auch in dem feuchten Boden der Seeufersiedlungen haben sich Kleider aus Leder, Fell oder Wolle nicht erhalten, weil sich diese tierischen Häute und Haare im Wasser gänzlich auflösten.

Vom Schnitt der neolithischen Männerkleidung wissen wir nur, daß kurze oder längere Röcke, die auch den Oberkörper bedeckten, üblich waren. Diese Kleidung bestand aus übereinander gelegten Stoffbahnen oder rundgewebtem Tuch. Es ist anzunehmen, daß auch umhangartige Mäntel, wie später in der Bronzezeit, getragen wurden. Wahrscheinlich wurden Kleidungsstücke aus Fell oder Leder in erster Linie in der kalten Jahreszeit oder im kühleren Hochgebirge getragen.

In einem der Fellfragmente wurden Flügel, Beine und andere Körperteile von Hirschlausfliegen gefunden (Untersuchung: Professor Dr. Rainer Gothe, Institut für Vergleichende Tropenmedizin und Parasitologie der Universität München). Es handelt sich um eine Parasitenart, die vor allem Rotwild befällt und dieses als Nahrungsquelle benützt.

Geflügelte Imagines von Hirschlausfliegen kommen nur im September und Oktober, gelegentlich sogar noch bis Dezember, vor. Diese Imagines verlieren nach der Wirtsfindung ihre Flügel und verbleiben lebenslänglich auf geeigneten Blutspendern. Die Puppen von Hirschlausfliegen benötigen zum Überleben feuchte, lockere Waldböden. Außerdem können geflügelte Imagines nur kurze Distanzen überwinden. Sie meiden

1 – Kupferbeil vom Tisenjoch mit gehämmerten Randleisten (ca. 1:2), 2 – Beilschäftung aus Stamm- und Astholz mit gegabelter Schäftung für Längsbeil, Horgen-Kultur (ca. 1:10), 3 – Eibenholzbogen aus Weier, Schweiz, Michelsberger Kultur (ca. 1:20), 4 – Zweiteiliger Becher aus dem Holz einer Weißtanne mit Rekonstruktion der Naht aus Fiavé-Carera, Trentino, mittlere Bronzezeit (ca. 1:6), 5 – Rahmen des »Traggestells« vom Tisenjoch aus Haselnuß- und Lärchenholz, Skizze von M. Egg, Römisch-Germanisches Zentralmuseum (ca. 1:14), 6 – Pfeilspitze mit Schäftungszunge, beidseitig retuschiert, aus Flint, aus Fiavé-Carera, Trentino, neolithische Phase (ca. 1:2), 7 – Feuersteindolch mit Schäftungszunge vom Typ Remedello aus Eppan-Gand, Südtirol (ca. 1:4), 8 – Flintklinge mit Seitenretuschen und Holzgriffschäftung aus Feldmeilen-Vorderfeld, Horgen-Kultur (ca. 1:2)

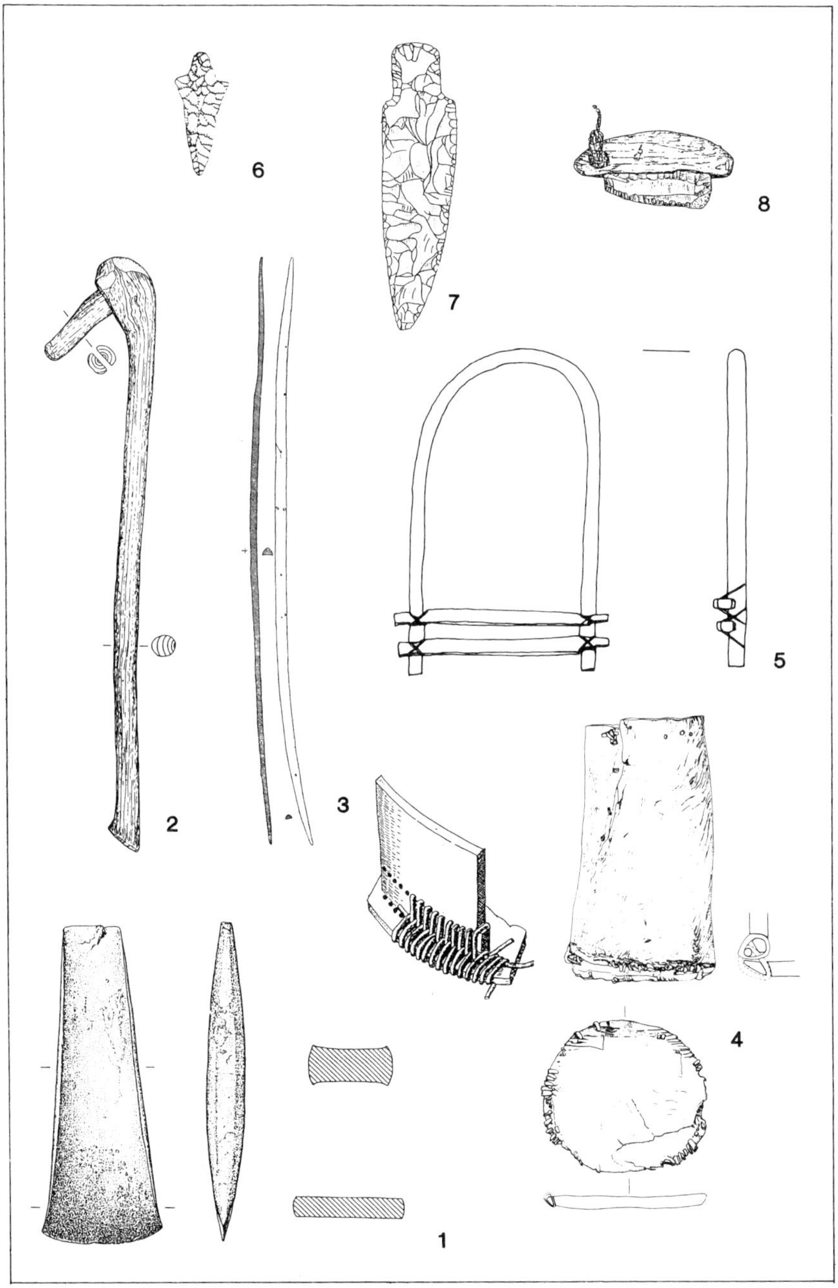
6
7
8
2
3
5
4
1

offene, vegetationsarme und baumlose Gebiete und sind auf Wald- und Buschlandschaften, also Talgebiet oder Talnähe, angewiesen. Der Fundplatz der Mumie im Hochgebirge schließt daher ein wirtsungebundenes Vorkommen der geflügelten Imagines unbedingt aus. Die Parasiten wurden in der Fellkleidung des Mannes mittransportiert und geben andererseits einen wichtigen Hinweis auf den üblichen Lebensraum des Mannes selbst. Auch für die Jahreszeit des Todesfalles läßt sich ein Anhaltspunkt gewinnen.

Bogen und Köcher

Das größte Ausrüstungsobjekt, das der Mann mit sich führte, war eine Jagdwaffe: der Bogen. Er steckte bei der Auffindung schräg im Eis, das den Boden der Felsvertiefung bedeckte. Beim mißglückten Versuch, ihn aus dem Eis herauszuziehen, brach das im Eis sitzende Ende. Das erhaltene Bogenfragment ist 1,42 Meter lang. Ursprünglich wird es über 1,80 Meter lang gewesen sein. Es war damit größer als der Mann selbst.

Der Bogen wurde aus Eibe, einer dafür vorzüglich geeigneten, elastischen Holzart hergestellt. Eibe ist das schon im Neolithikum klassische, also am meisten verwendete Bogenholz. Der Bogen zeigt eine geringfügige Krümmung und besitzt einen D-Querschnitt. An der Oberfläche ist er nur grob zugerichtet und nicht geglättet. Deutlich sind muschelartig nebeneinander gesetzte Schnitzspuren zu sehen, die wahrscheinlich von Beilschlägen herrühren und die nur eine Rohbearbeitung andeuten. Das steht im Gegensatz zu den sonst bekannten anderen neolithischen und bronzezeitlichen Bogenfunden im Alpenraum. Sie haben immer eine sorgfältig polierte Oberfläche. Außerdem wurde bei diesen Bögen meist ein abgeflachter oder kantiger Mittelteil als Griff für die Bogenhand herausgearbeitet.

An dem erhaltenen Ende ist keine Einkerbung für das Anbringen der Bogensehnen vorgesehen, wie das bei Bögen dieser Zeit im allgemeinen üblich war. Die Botaniker konnten bei der mikroskopischen Betrachtung des Bogens keinerlei Spuren von Abdrücken einer Sehne entdecken. Aus all dem schließt man vielfach, daß dieser Bogen nicht fertiggestellt wurde und daher auch nie gespannt worden ist. Man könnte sich aber gut

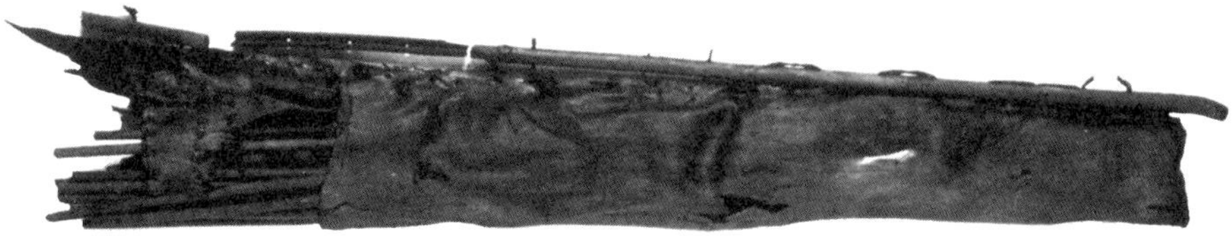

Der Fellköcher mit dem Verstrebungsholz und den Pfeilen.

vorstellen, daß der Bogen dennoch funktionstüchtig war. Aus sehr frühen kupferzeitlichen Fundkomplexen in Schweizer Moorsiedlungen von Egolzwil 4, Niederwil und Weier sind beispielsweise Bögen ganz ähnlicher Form wie jener vom Tisenjoch bekannt. Ihre Griffpartien sind auch hier nicht eigens abgesetzt oder abgehoben, und die Bogenquerschnitte sind durchgehend halbkreisförmig (D-förmig). Aber auch die fehlende Sehnenkerbung am Tisenjocher Stück muß nicht aus dem Rahmen fallen: in einer bronzezeitlichen Ufersiedlung von Fiavè im Trentino kommt ein sehr ähnlicher Bogen vor, dessen Enden keine Kerben aufweisen. Wahrscheinlich wurde über die Enden je eine Art kleine Kapuze aus Leder gestülpt oder eine Sehnenschlaufe gezogen.

Drei Eibenbögen von ähnlicher Form und Größe wie am Tisenjoch wurden 1944 am 2690 Meter hohen Lötschenpaß in der Ostschweiz gefunden. Sie konnten durch Radiokarbonbestimmungen in die Zeit um 2000 v. Chr. datiert werden. Diese Bögen wurden nachgebaut und experimentell auf ihre Schußtüchtigkeit geprüft. Es zeigte sich, daß (tödliche) Jagddistanzen von 30–50 Metern und maximale Schußweiten von 200 Metern erreicht werden konnten.

Ein geradezu aufregender und bisher einmaliger Fund für die Jungsteinzeit ist der Köcher. Neben den Pfeilen enthielt er Geräte und Materialien, die teilweise zur weiteren Ergänzung des Bogens und der Pfeile gedacht waren. Der Köcher selbst besteht aus einem länglichen, rechteckigen Fellsack, dessen Haare größtenteils ausgefallen sind. Unten und seitlich ist er mit Lederriemchen vernäht. An einer Längsseite wurde über diese Naht ein ausgehöhlter und mit Ösen versehener Haselnußstab geschoben und mit Lederriemen am Köcher festgebunden. Dieser Holzstock stellte eine Verstrebung dar und gab dem Köcher die notwendige Festigkeit. So konnten auch die enthaltenen Pfeile nicht so leicht brechen. Der Verschlußteil war kompliziert gestaltet: oben war eine Klappe angenäht, die mit mehreren quer durchgezogenen Lederriemen sowohl verstärkt als auch verziert ist. Die genaue Konstruktion des Köcherverschlusses ist noch nicht klar, weil der eigentliche Deckel der Klappe abgerissen und nicht mehr vorhanden ist. Auch der Tragriemen des Köchers ist bisher nicht gefunden oder identifiziert worden. Wie bereits erwähnt, war angeblich um die Hüfte der Mumie ein schmaler Fellstreifen angefroren, als man sie barg. Der Fellstreifen befindet sich jedenfalls unter den anderen Funden. Verhält es sich wirklich so, dann könnte dieser Fund, wie gesagt, ein Gürtel gewesen sein, der das Gewand zusammenhielt. Im anderen Fall könnte dieser Fellriemen aber auch den Traggurt des Köchers gebildet haben.

Sehr interessant sind auch die Pfeile, die mit der Spitze nach unten im Köcher steckten. Insgesamt sind es 14 Stück, die jeweils 70 Zentimeter lang und alle aus dem Holz vom wolligen Schneeballstrauch hergestellt worden sind. Die Triebe und Äste dieses Strauches wachsen besonders gerade und sind auch nicht zu schwer. Sie sind daher seit alters her für Pfeilholz sehr beliebt gewesen. Einer der Pfeile besteht im übrigen aus zwei Holzteilen: ein Stück ist aus Holz vom wolligen Schneeballstrauch, das andere aus dem Holz von Hartriegel angefertigt. Die beiden Stücke sind in der Weise zusammengesetzt, daß der vordere, kürzere eine V-förmige Kerbe aufweist, in die das zugespitzte hintere Stück eingeschoben und mit Grashalmen festgebunden ist. Es erhebt sich die Frage, ob es sich hier um eine Reparatur des Pfeilschaftes handelt oder ob diese Komposition aus zwei verschiedenen Hölzern einen besonderen Grund hatte. Man könnte sich nämlich vorstellen, daß man ein Abstreifen des Pfeiles durch das Beutetier insoferne verhindern wollte, als zumindest der kleinere vordere Teil im Körper steckenblieb. Übrigens ist das einer der beiden Pfeile, die schußfertig hergestellt worden sind. Die anderen Pfeilschäfte sind nur roh entrindet, aber nicht einmal geglättet. Sie sind vorne durchwegs nur glatt abgeschnitten, aber nicht für die Aufnahme einer Pfeilspitze präpariert. Auf der anderen, unteren Seite, sind diese Pfeilschäfte immerhin bereits aufgespalten, um die Bogensehne aufzunehmen.

Die beiden brauchbaren Pfeile hingegen weisen zunächst ebenfalls Kerben an der Basis für das Einsetzen der Bogensehne auf. Am unteren

Schaftteil, unmittelbar hinter den Einkerbungen, sind jeweils drei Reihen von zugestutzten dunklen Vogelfedern, offenbar von einem großen Vogel, vielleicht einem Rabenvogel oder Bartgeier, sorgfältig auf dort aufgestrichenem Birkenrindenpech geklebt. Außerdem wurden sie zusätzlich mit einem feinen Faden, wahrscheinlich aus Tiersehne, umwickelt. Diese Befiederung zeigt noch eine Überraschung: Die Federn waren nicht parallel zur Längsachse der Pfeile, sondern leicht versetzt dazu montiert worden. Man könnte sagen, die jeweiligen drei Federreihen bilden eine leichte Spirale um die Pfeilbasis. Schießt man also einen so befiederten Pfeil ab, so bekommt er einen Drall, das heißt, er bewegt sich während des Fluges um die eigene Längsachse und ist damit nicht nur wesentlich treffsicherer, sondern auch durchschlagskräftiger als ein gewöhnlicher Pfeil. Diese beiden befiederten Pfeile belegen somit erstaunliche ballistische Kenntnisse bereits im Neolithikum.

Bei einem der beiden schußfertigen Pfeile war die Spitze herausgefallen, befand sich aber noch im Köcher. Vom anderen Pfeil war die eigentliche Spitze abgebrochen und lag abseits der mit Birkenrindenteer als Klebestoff noch im Schaftende fixierten Pfeilspitzenzunge. Beide Pfeilspitzen sind aus Feuerstein hergestellt. Sie sind dreieckig zugerichtet, flächig retuschiert und besitzen kleine Schäftungszungen.

Im Köcher befand sich weiters eine zu einem Knäuel aufgewickelte Schnur. Sie ist aufgrund der botanischen Bestimmungen aus Rindenbast, wahrscheinlich von der Linde, hergestellt. Der Durchmesser dieser Schnur ist an verschiedenen Stellen unterschiedlich. Sie ist möglicherweise zu dick für eine Bogensehne, denn sie paßt nicht recht in die Kerben der Pfeile, wie ein Versuch gezeigt hat. Wahrscheinlich würde sie die Kerben auseinanderreißen, wenn man sie wirklich benutzen wollte.

Für die Herstellung einer Bogensehne kommt aber eine lange Vollsehne eines großen Tieres in Betracht, die zusammengebündelt ebenfalls im Köcher lag. Man konnte aus diesem Sehnenmaterial Fasern herauslösen und sie zu einer Schnur drehen. Damit entstand ein sehr haltbarer Faden. Bekanntlich wurde dieses Material für die Herstellung von Bogensehnen schon immer bevorzugt. Andererseits konnten Sehnen natürlich auch für Nähmaterial oder für Schlingen zum Fangen kleinerer Tiere verwendet werden.

Vier mit Gräsern zusammengebundene Geweihspitzen, die sich im

Köcher befanden, sind nicht eindeutig zu erklären. Vielleicht waren es Reservespitzen für die Pfeile. Ein längerer, etwas gekrümmter und vorne eigens noch zugespitzter Geweihsproß ist ein weiterer Gegenstand aus dem Köcher. Solche Spieße sind uns auch aus den Seeufersiedlungen dieser und späterer Zeit gut bekannt. Sie dienten vielleicht als Jagdgeräte, mit denen man die Felle erlegter Tiere abzog.

Das Beil

Eine in mancher Beziehung hohe Aussagekraft für die Zeitstellung des Gesamtfundes und für die Rolle des Gletschermannes besitzt das geschäftete Metallbeil. Die sorgfältig geglättete Knieholzschäftung wurde aus Eibenholz angefertigt, wobei man ein Aststück und das daran anschließende Stammholz in einem verwendete. Der Stiel der Schäftung ist aus dem Stamm der Eibe geschnitten, während der eigentliche abgewinkelte Schäftungsteil, in dem die Klinge sitzt, aus Astholz besteht. Zwischen der gegabelten Schäftung sitzt eine kleine, nur etwa 9 Zentimeter lange Beilklinge, die mit Birkenrindenteer festgeklebt und mit einem Leder- oder Hautriemen festgebunden ist.

Das Beil wurde einer Röntgenfluoreszenzanalyse unterzogen, um die genaue Metallzusammensetzung zu erfahren. Es besteht aus fast reinem Kupfer. 99,69 Prozent sind nämlich Kupfer, der Rest wird aus metallischen Spurenelementen gebildet (Arsen: 0,22 Prozent; Silber: 0,09 Prozent). Die Beilklinge hat einen schlank-trapezförmigen Umriß, die Schneide ist kaum geschweift. Der Nacken des Beiles ist schmal und verläuft gerade. An den Längsseiten finden sich niedrige Randleisten, die wie gehämmert wirken. Auch die Facettierung auf den Längskanten und die Schneide selbst sind wohl geschmiedet. Mit dieser Bearbeitung des Beiles durch Kalthämmern wurde zweierlei erreicht: Die Randleisten und die Facettierung ermöglichten eine bessere Fixierung der Klinge in der Holzschäftung. Andererseits kommt es zu einer Härtung des Kupfers, was insbesondere für die Schneide wichtig war. Am Nacken besitzt das Beil einen sogenannten Gußlunker. Dieser Hohlraum gibt die Stelle an, wo in die zugehörige senkrecht stehende doppelschalige Gußform Kupfer eingegossen wurde. Im Röntgenbild ist der Gußlunker deutlich sichtbar.

Beile dieser Form und mit zarten Randleisten treten während des Neolithikums bisher nachweislich erst mit der Schnurkeramischen Kultur, 2800 v. Chr., in Mitteleuropa und in der Kultur von Remedello südlich der Alpen auf. Vor allem in der Remedello-Kultur, die man bisher erst ab etwa 2700 v. Chr. ansetzte, sind sehr ähnliche Kupferbeile in mehreren Männergräbern gefunden worden.

Dem Kupferbeil, das der Gletschermann mit sich führte, dürfen zur weiteren metallurgischen Untersuchung erst dann Proben entnommen werden, wenn man sich über eine möglichst zerstörungsfreie Vorgangsweise im klaren ist. Außerdem will man rund 20 solcher oder ähnlicher Beile derselben Zeitstellung die in italienischen, schweizerischen, österreichischen und deutschen Museen liegen, untersuchen. Der Experte für metallurgische Fragen, Dozent Dr. Gerhard Sperl vom Institut für Festkörperphysik der Akademie der Wissenschaften an der Montanuniversität Leoben, vermutet, daß das Ausgangsmaterial für das Beil oxydisches Kupfererz, etwa Malachit, gewesen sein könnte. Dafür spricht der sehr geringe Arsengehalt.

Die geplanten Untersuchungen Sperls sollen Aufschluß über die Gußtechnik und die Bearbeitung des Beiles durch Hämmern geben. Auch Aussagen über das Material der Gußform – Stein, Ton oder Sand – sind aufgrund von Probenuntersuchungen möglich.

Das gegossene Kupferbeil mit aufgehämmerten Randleisten.

Auf jeden Fall ist ein Kupferbeil im Jungneolithikum keine alltägliche Waffe gewesen, auch wenn das vorzüglich hergestellte Stück vom Tisenjoch eine leichte Ausschartung der Schneide zeigt. Beile aus diesem Material, dessen Gewinnung und Verarbeitung ein noch damals junges und nur wenigen bekanntes Wissen darstellten, waren äußerst wertvoll. Die üblichen Werkzeuge und Waffen bestanden hingegen aus Stein. Steinbeile waren sowohl leichter herzustellen als auch im Gebrauch effizienter als weiche Kupferbeile.

Das Beil in der Originalschäftung aus Eibenholz.

Ebba Koller

Feuerzauber in Leoben

Eine Feuerstelle im Garten des österreichischen Gießerei-Institutes in Leoben. Die Dunkelheit ist schon hereingebrochen. Im Schein der flackernden Flammen arbeiten zwei moderne Wissenschaftler – allerdings nach Methoden, wie sie zu Lebzeiten des Gletschermanns üblich waren. Mit ledernen Blasbälgen, an deren Spitze eine Tondüse befestigt ist, blasen sie Luft und damit Sauerstoff in die Holzkohle. Denn inmitten der Glut steht ein tönerner Gußtiegel, in dem Rohkupfer geschmolzen werden soll. Dazu sind aber Temperaturen zwischen 1100 und 1200 Grad Celsius nötig.

Gerhard Sperl, Dozent am Erich-Schmid-Institut für Festkörperphysik der Österreichischen Akademie der Wissenschaften in Leoben, und Hannes Herdits, Spezialist für experimentelle Archäologie, vom Institut für Ur- und Frühgeschichte in Wien, sind vielleicht nicht so geschickt wie die Schmiede der ausgehenden Jungsteinzeit, aber sie erreichen die nötigen Temperaturen. Auch ihre Schmiedewerkzeuge haben die Wissenschaftler den Originalen der Urzeit nachgebaut. Mit einer hölzernen Greifzange, die aus einem gespaltenen Ast hergestellt wurde, holt Herdits den Gußtiegel aus der Glut. Eine Tonform, die den Maßen des Kupferbeils, das der Mann vom Tisenjoch bei sich hatte, genau entspricht, steht schon in einem Sandbett bereit.

Die Form besteht aus zwei Hälften. Oben – am Nacken des Beils – befindet sich eine kleine Öffnung. Mit der primitiven Zange und ohne Schutzhandschuhe balanciert Herdits den Gußtiegel vom Feuer zur Gußform. Mit Schwung gießt er ein Beil, das aufs Haar dem des Gletschermanns gleicht, denn die Zusammensetzung des Kupfers stimmt überein. Auch der Lunker, der Gußfehler an der Eingußstelle, wird es beim fertigen Beil tun. Die meisten stehend gegossenen Beile haben einen solchen Gußfehler in ihrem Inneren. Schon kurze Zeit später kann der Archäologe die Form auseinandernehmen. Der Guß ist gelungen.

Doch nun beginnt die eigentliche Schmiedearbeit. Die hölzerne Zange fängt Feuer, als Herdits das rotglühende Kupferbeil aufnimmt und mit einem Steinhammer bearbeitet. Er gibt ihm seitlich seine endgültige Form, wobei leichte Randleisten – wie sie das Beil des Gletschermanns

Kupferverhüttung wie in der Urzeit.

besitzt – entstehen. Besonders sorgfältig hämmert er die Schneide des Beils aus. Doch erst wenn sie erkaltet ist, wird sie durch nochmaliges Hämmern die nötige Härte und Schärfe erhalten.

Der Steinhammer ist der Beanspruchung aber nicht gewachsen. Er zerspringt – und Herdits wird einen neuen anfertigen müssen. Die steinernen Bruchstücke bleiben neben der Feuerstelle liegen. Vielleicht werden Archäologen in ferner Zukunft inmitten eines Gebäudekomplexes, der auf modernste Technologien schließen läßt, neben einem neolithischen Kupfergießplatz auch Reste eines Steinhammers aus dieser Zeit entdecken. Welche Schlüsse werden die Wissenschaftler dann ziehen?

Die Duplikate des Gletschermann-Beils werden von Dozent Sperl ohne Hemmungen »seziert«. Metallproben aus dem Schneidenbereich zeigen unter dem Mikroskop bizarr verzweigte Gebilde. Für den Fachmann sind es beispielsweise Oxid-Dendriten, die über den Sauerstoffgehalt und damit über die Sprödigkeit des Materials Aufschluß geben. Kupfer-Dendriten verraten die Abkühlungsgeschwindigkeit des Beils. Aussagen über das Material der Gußform – Stein, Ton oder Sand – sind so möglich. Längliche Strukturen entstehen durch Kalthämmern der Schneide, um sie schärfer zu machen.

Zum Vergleich hat man in Leoben auch Kupferflachbeile in liegenden Steinformen gegossen. Doch ihr Innenleben stimmt mit dem des Beils vom Tisenjoch und allen anderen stehend gegossenen Stücken nicht überein. Es fehlt vor allem der Lunker im Nackenbereich dieser Beile.

Der Dolch

Unter dem Toten wurde bei der Bergung ein kleiner Dolch aus grauem Feuerstein gefunden. Es handelt sich um eine schmale, dreieckige Klinge mit schulterartig abgesetzter, rechteckiger Griffzunge, die in einen Griff aus Eschenholz eingesetzt und mit einer Sehne festgebunden ist. Die Klinge ist auf beiden Seiten flächig sorgfältig retuschiert, ihre Spitze aber abgebrochen. Am Griffansatz ist eine Kerbe angebracht, um die eine Grasschnur festgemacht ist, die am anderen Ende eine Schlinge zum Aufhängen des Dolches bildet.

Vergleichsstücke zu diesem Dolch gibt es zum Beispiel aus der Remedello-Kultur Oberitaliens. Dort sind das meist viel größere und eleganter geformte Waffen aus Feuerstein, die offensichtlich frühe Kupferdolche in der Form nachahmen. Ein etwas weniger gleichmäßig gestalteter großer Dolch, der auf Remedello-Einfluß zurückgeht, wurde in einem Steinkistengrab in Eppan-Gand bei Bozen gefunden.

Unter den Funden befindet sich auch eine dreieckige, aus längs und quer geflochtenen Gräsern hergestellte kleine Tasche. Dieser Behälter könnte der Größe nach die Scheide des Dolches gewesen sein. Eine seitlich befestigte Lederöse erlaubt ein Anbringen am Gürtel.

Der Retuscheur

Ein schwer interpretierbares Gerät ist ein zylindrischer Schaft aus dem Astholz einer Linde, in dessen Markröhre ein länglicher, im Querschnitt runder nadelförmiger Gegenstand eingeschoben ist. Ursprünglich glaubte man, daß dieses Fundobjekt ein Feuerschläger gewesen sei, weil das eingesetzte Stück für einen Silex, einen Feuerstein, gehalten wurde. Die Nadel, die über 5 Zentimeter in den Schaft hineinragt, scheint aus Horn oder Knochen zu bestehen, nicht aber aus Stein. Die Funktion als Feuerzeug kommt daher nicht in Betracht, da man damit keinen Funken schlagen kann. Experimente mit nachgebildeten Geräten zeigten bald eine andere Erklärung: man kann mit einem solchen Gegenstand mit Knocheneinsatz Steinklingen bearbeiten. Die Ränder von Silexklingen lassen sich damit gut abdrücken und nachschärfen.

Natürlich bestand bei Abnutzung der Knochenspitze immer die Möglichkeit, sie etwas weiter herauszuziehen und anzuspitzen, so daß eine neue Arbeitskante entstand.

Übrigens wurden beim Filtern von Schlammproben der Grabung 1992 am Tisenjoch kleine Feuersteinsplitter gefunden. Sie beweisen, daß an Ort und Stelle Steingeräte zugerichtet oder bearbeitet worden waren.

Die Rückentrage

An der Fundstelle von Bogen und Beil wurden auch einige Hölzer geborgen. Es handelt sich um einen Haselnußstock, der U-förmig gebogen ist und Kerben an den Enden aufweist. Daneben wurden zwei schmale, grob zugeschlagene Brettchen aus Lärchenholz gefunden, die zungenförmige Endstücke besitzen. In die Kerben an den Enden des Haselnußholzstabes passen die beiden Brettchen als waagrechte Verbindungsstücke gut hinein, wobei ihre zapfenförmigen Enden wahrscheinlich mit einer kreuzweisen Verschnürung am Bogen festgemacht waren. Diese Bindungen sind leider verlorengegangen.

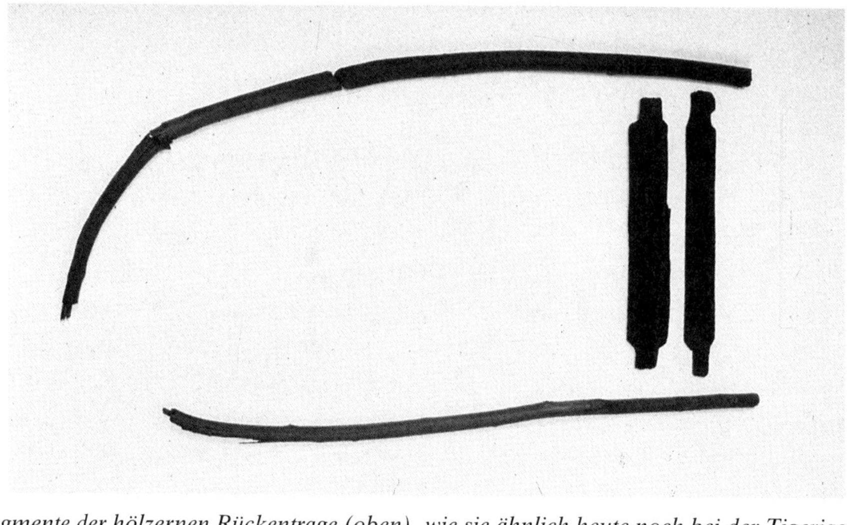

Fragmente der hölzernen Rückentrage (oben), wie sie ähnlich heute noch bei der Tigerjagd in Sibirien verwendet wird (rechts).

Interessant sind aber bei näherer Betrachtung der Oberfläche des Haselnußstockes Abdrücke einer einzelnen Wicklung. Von Anfang an hielt man das ingesamt bereits zerfallene Holzgerüst für den Bestandteil einer Kraxe, wie man eine Rückentrage in Tirol nennt. Die Vermutung erhärtete sich, als unmittelbar auf derselben Fundstelle zahlreiche, noch in erheblicher Länge erhaltene Reste von dicken Grasschnüren und viele Fellstücke einer Hirschdecke zum Vorschein kamen. Das alles könnte nun eine Rekonstruktion dieser Funde als Tragvorrichtung möglich erscheinen lassen: Das U-förmige Holzgestell war ein Tragrahmen für einen Fellsack, der mit Schnüren an diesem festgebunden werden konnte. Heute noch werden in der sibirischen Taiga gefangene Tiger, die für den Zoo bestimmt sind, in einem Leder- oder Fellsack verstaut und zwischen zwei Holzreifen gebunden, um sie abzutransportieren. Diese Holzrahmen haben dieselbe Form wie der vom Tisenjoch.

Der Lederbeutel

Bedeutend ist schließlich auch der Fund einer länglichen Tasche, die aus Leder vom Kalb angefertigt ist. Sie sieht, wie Markus Egg vom Römisch-Germanischen Zentralmuseum anschaulich bemerkt, wie eine moderne Gürteltasche aus. Grob gesprochen ist die Tasche so angefertigt worden, daß man ein oberes und ein unteres Leder miteinander vernähte. Dieser Beutel enthielt eine etwa 6 Zentimeter lange graue Feuersteinklinge, die seitlich und vorne wie ein Schaber retuschiert ist. Entlang der Längsschneide ist deutlich ein sogenannter Sichelglanz zu erkennen, der durch das Schneiden von kieselsäurehältigen Gräsern oder Getreide entstehen kann. Wenn schon der Mann das Gerät, das an anderen Fundplätzen auch mit einer Längsschäftung aus Holz vorkommt, nicht zur Getreideernte im Gebirge verwenden konnte, so diente ihm diese Klinge vielleicht beim Zurechtschneiden der mittransportierten Grasschnüre.

Außerdem wurde ein anderer Feuersteingegenstand in der Tasche gefunden, der eine breite Zunge und eine sehr schmale, längliche Spitze besitzt. Vielleicht ist dies eine Reservepfeilspitze, möglicherweise auch ein kleiner Bohrer, ein Werkzeug.

Ferner enthielt die Tasche ein Feuersteingerät, das nur einen

Zentimeter groß ist und eine rasiermesserscharfe Kante aufweist. Egg meint, es könnte sich um ein Gerät handeln, mit dem Kerben in die Pfeile geschnitten wurden.

Dann kam aus der Tasche noch eine doppelspitzige Ahle oder ein Pfriem zum Vorschein, der aus einem Röhrenknochen hergestellt wurde. Beide Spitzen des Gerätes sind abgeknickt. Möglicherweise geschah dies erst aufgrund des Eisdruckes des Gletschers in späterer Zeit.

Schließlich ist noch ein größerer Klumpen einer schwarzen Masse zu erwähnen. Es ist dies nicht Birkenrindenpech, der bekannte urzeitliche Klebestoff, wie man zuerst annahm. Eingehende Analysen wurden von Professor Dr. Fritz Sauter, dem Vorstand des Institutes für Organische Chemie an der Technischen Hochschule in Wien, durchgeführt. Sehr wahrscheinlich handelt es sich um den echten Zunderschwamm Fomes fomentarius, der aber auch blutstillende und heilende Wirkung besitzt. Am Schwamm hafteten noch winzige Pyritkristalle, also Reste eines Eisensulfid-Steines zur Feuerbereitung.

Die Tasche enthielt also neben einem »Feuerzeug« gewissermaßen ein Reparatur-Set, wenn man an die Steingeräte und den Knochenpfriem denkt. Mit diesen Werkzeugen war der Mann in der Lage, seine Pfeile fertigzustellen und Schnüre zu kürzen.

Vielleicht war die Tasche ein Bestandteil des Köchers. Jedenfalls besitzt sie einen langen Tragriemen, der ebenso an der größeren Köchertasche festgebunden gewesen sein könnte. Dies wird noch genau zu überprüfen sein.

Retuschierte Klinge aus Feuerstein.

Der Birkenrindenbecher

Neben dem Toten lag, offensichtlich etwas vom Schmelzwasser vertragen, ein stark zerfallenes Gefäß aus Birkenrinde. Der Boden ist oval, darauf war ursprünglich ein zylindrischer Wandteil festgenäht worden. Die Maximalbreite des Bechers betrug knapp 20 Zentimeter, die Höhe rund 30 Zentimeter. Am Rand des Bodenstückes und auch am Oberteil des Behälters sind Ösen gebohrt, durch die mit Gräsern die aufliegenden Kanten miteinander verbunden wurden. Einige Grasreste sind noch in den Nahtlöchern erhalten. Ähnliche, aber aus hölzernen Bestandteilen hergestellte Becher mit gleicher Vernähung sind auch in den Seeufersiedlungen der Schweiz, Süddeutschlands und Oberitaliens gefunden worden. Es wurden auch Reste eines zweiten Gefäßes aus Birkenrinde gefunden.

Die Lederquaste

Ein sonderbares Objekt ist ein Geflecht aus Lederriemen und einem kleinen Stein. Die weiße Steinscheibe, die aus Kalkstein besteht, besitzt eine kleine zentrale Bohrung. Durch diese Öffnung ist ein Lederriemen durchgezogen. Daran sind zahlreiche weitere Lederriemen geknotet, die wie eine Quaste anmuten. Ob dieser Gegenstand ein Schmuckobjekt oder gar Amulett gewesen ist, das an der Kleidung des Mannes befestigt war, ist nicht zu entscheiden. In Frage kommt noch ein ganz anderer profaner Verwendungszweck. Mitglieder des Vereines für Langbogenschützen in Deutschland weisen darauf hin, daß ihre Bogenschützen an der Hüfte eine ähnliche Quaste zu tragen pflegen. Die Quaste wird verwendet, wenn Pfeile ihr Ziel verfehlen und auf den schmutzigen Boden fallen. Solche Pfeile werden dann gereinigt, indem man sie durch die Quaste zieht. Mit einer einzelnen Schnur kann auch die Kerbe gereinigt werden.

Der Lederriemen und die Baumschwämme

Auf einem 14 Zentimeter langen Fellstreifen sind zwei ellipsenförmige, in der Mitte durchbohrte Baumschwammstücke aufgezogen. An manchen Stellen zeigt das Band noch anhaftende Büschel von schwarzen Tierhaaren. Der Streifen ist in bestimmten Abständen gelocht und weist einen groben Knoten auf. Wahrscheinlich konnten das Fellband und seine Anhänger am Gürtel oder sonstwo befestigt werden.

Zunächst dachte man an Zunderschwämme, die zum Entfachen eines Feuers verwendet werden konnten. Baumschwämme haben noch bis in die Neuzeit als zweckmäßiges Material gedient, um den von Stein auf Stein oder von Eisen auf Stein geschlagenen Funken aufzunehmen und durch Blasen zum Glimmen zu bringen. Daran gehaltenes Heu oder trockenes Laub konnte auf diese Weise zum Brennen gebracht werden.

Der Fellstreifen mit den beiden aufgezogenen Birkenschwämmen.

Bei den Schwämmen des Gletschermannes handelt es sich aber nicht um Zunder. Die eigentliche Funktion stellt eine wirkliche Überraschung dar. Dr. Reinhold Pöder vom Institut für Mikrobiologie der Universität Innsbruck, ein Fachmann auf dem Gebiet der großen Familie der Pilze, hat Schwämme eingehend untersucht und zunächst einen der beiden gleichaussehenden auch bestimmen können. Dazu waren Schnitte an Proben, Mikroaufnahmen und sorgfältige Vergleiche notwendig. Es gelang schließlich mit einwandfreier Sicherheit der Nachweis, daß der Schwamm aus einem Birkenporling herausgeschnitten worden war. Diese Baumschwammart (Piptoporus betulinus) wächst im Sommer auf umgestürzten, toten Birkenstämmen. Die Kruste springt oft von selbst ab. Mit Hilfe eines Birkenschwammes läßt sich kein Feuer machen, da er ein zu dichtes Gewebe besitzt, doch der Birkenporling enthält zwei interessante Substanzen: Polyporensäure C und Ugulinsäure. Die Polyporensäure hat antibaktierelle Wirkung. Die Schwammart kann als antibiotisches, also medizinisches Mittel, eingesetzt werden. Der Gletschermann führte also eine Art Notfall-Apotheke mit sich.

Grasschnüre, die bei der Rückentrage gefunden wurden.

Die botanischen Funde aus der Felsmulde

Die Masse der Beifunde des Gletschermannes wird durch botanische Funde gebildet. Ganz abgesehen von den verschiedenen Hölzern, die für Bogen und Beil, für die Pfeile, für die Köcherversteifung, den Retuscheur und den Dolch verwendet wurden, müssen zahlreiche Grasarten und Baste untersucht werden. Darüber hinaus gibt es auch andere vegetabile Funde, wie Blätter und Holzkohle, die hinsichtlich ihrer Herkunft und Art bestimmt werden.

Die botanischen Untersuchungen führt ein Team unter Professor Dr. Sigmar Bortenschlager, Vorstand des Botanischen Institutes an der Universität Innsbruck, durch. Dr. Klaus Oeggl an diesem Institut und der Schweizer Holzspezialist Dr. Werner Schoch sind wesentlich an den Bestimmungsarbeiten beteiligt.

Die Fragen, die Botaniker an ihr Material richten, sind sehr vielseitig und recht umfangreich. Primär geht es um die eigentliche Bestimmung der Pflanzenreste und ihres Vorkommens nach Landschaft und Höhenlage. Dann stellt sich die Frage, in welcher Form und wie die Pflanzenteile genutzt wurden. Funde von Samen und Früchte von Wildpflanzen geben Aufschluß über Nahrung oder gelegentlichen Proviant. Wichtige Ergebnisse können aus der Untersuchung von Pollenablagerungen gewonnen werden: aus ihrer Analyse kann die Pflanzenwelt in einer bestimmten Zeit rekonstruiert werden.

Aus dendrochronologischen Untersuchungen, die die Jahresringe eines Holzes betreffen, sind manchmal Aussagen über die Holzart und ihr Alter möglich. Schließlich führt das Botanische Institut in Innsbruck Forschungen durch, die eine Bestimmung der gegenwärtigen Flora und Vegetation in der Umgebung der Fundstelle und in den angrenzenden Tälern zum Ziel haben. Damit sind Vergleiche zur Umwelt der Zeit des Gletschermannes möglich. Die Vegetationsverhältnisse seiner Zeit und der unseren lassen sich so besser gegenüberstellen.

Prinzipiell muß man zwischen Mikro- und Makroresten im botanischen Fundgut unterscheiden. Die Mikroreste fallen in den mikroskopischen Bereich, und es handelt sich vorwiegend um Pollen, also um

Blütenstaub. Zu den Makroresten zählen große Holzstücke, wie zum Beispiel die Griffe oder andere hölzerne Bestandteile von Geräten und Waffen. Unter Makroresten kann man aber auch kleine, mit freiem Auge gerade noch sichtbare botanische Funde verstehen. Man erhält diese Makroreste durch Schwemmen des Probenmaterials. Aber auch kleinere botanische Funde, also Mikroreste, werden durch Schwemmen und Filtern in feinen Sieben und Papierfiltern gewonnen. Vom letzten Filterrest fallen meist noch die mikroskopisch auswertbaren Pollenfunde an.

Neben diesen botanischen Proben kommen gerade unter den Beifunden des Zeugen aus dem Gletscher viele andere vegetabile Reste vor. Dazu gehören Gegenstände, die aus Gräsern hergestellt sind, wie Matten, Geflechte, Schnüre und die Heureste von den Schuhpolsterungen. Dann folgen Früchte, Samen und ähnliches.

Schon bei der Nachuntersuchung im Oktober 1991 wurde am Fundplatz des Köchers Eis aus der Felsrinne entnommen. Es konnte auf seinen Pollengehalt untersucht werden. Um die Analysen dann richtig interpretieren zu können, muß man über den Pollenflug im Fundgebiet Bescheid wissen. Glücklicherweise steht in diesem Zusammenhang der Pollenflugkalender von Obergurgl, der im Rahmen des Pollenwarndienstes erstellt wird, zur Verfügung. Seit 1977 werden die Pollenwerte von Obergurgl ständig registriert, und es ist daher bekannt, wie weit und in welchem Monatsabschnitt die Gras- und Baumpollen fliegen und abgelagert werden. Die zwei Eisproben von der Fundstelle am Tisenjoch wurden nach diesen Erfahrungswerten analysiert und ausgewertet. Bei der ersten Probe sind verhältnismäßig hohe Werte der Zirbe und der Erle gefunden worden. Das andere Eisstück enthielt besonders Krautpollen, darunter von ganz charakteristischen Gräsern, die im Sommer blühen. Aufgrund dieser Probenanalyse kann man den Zeitraum der Eisbildung einengen und feststellen, daß der jungsteinzeitliche Mann höchstwahrscheinlich zwischen Juli und September gestorben ist.

Vielleicht werden neue Pollenuntersuchungen aus den Eisproben der zweiten Nachgrabung im August 1992 weitere Hinweise auf die Jahreszeit, in der der Gletschermann die Felsrinne am Tisenjoch aufgesucht hat, liefern.

Die Gräser werden derzeit näher untersucht, es ist schwierig, ohne Blüten und nur anhand der erhaltenen Halme eine exakte Bestimmung durchzuführen. Es kommen etwa 140 Arten in Frage. Aus dem Verlauf der welligen Zellgrenzen und der Verteilung der Spaltöffnungen in den Epidermen dieser Gräser können möglicherweise entsprechende Erkenntnisse erfolgen. Im Lauf der bisherigen Untersuchungen konnte das Spektrum immerhin schon auf rund 40 mögliche Arten eingeschränkt werden. Auf jeden Fall ist vorläufig sicher, daß sowohl Süß- als auch Sauergräser Verwendung gefunden haben.

Von einiger Bedeutung sind die beiden Weizenkörner, die bei den Waschprogrammen im Forschungsmuseum in Mainz aus den Fellresten der Kleidung zum Vorschein kamen. Sie gehören zum Typ Einkorn, das zu den häufigsten Getreidearten des Neolithikums in Mitteleuropa zählt. An ihnen befinden sich noch Spelzen, Hülsen und sogar Reste der Ährenhalme. Diese Getreidekörner beweisen deutlich, daß der Gletschermann mit dem Tal, mit den Ackerbauern, in Verbindung gestanden hat, sonst wären nicht ungedroschene Weizenkörner in seine Kleidung gekommen. Diese Funde könnten sogar andeuten, daß der Mann selbst Bauer war.

Soviel wir aus Seeufersiedlungen der späten Jungsteinzeit wissen, raufte man das Getreide nicht, riß aber auch nicht die Halme ganz aus. Das Getreide wurde unterhalb der Ähren abgesichelt, wie Funde vom Bodensee zeigen. In Wangen und Hornstaad wurden Getreidevorräte ungedroschen, also im Verband mit den Ähren, eingelagert. Wahrscheinlich wurden Körner nur in Tagesrationen entspelzt. Das Spelzgetreide, dazu gehört auch das Einkorn, läßt sich nur schwierig dreschen. Es wurde daher im Backofen vorgetrocknet. Diese Arbeit wurde am Bauernhof durchgeführt; ein reiner Hirte hätte sicher bereits gekörntes Getreide eingetauscht.

Ein weiterer interessanter Fund ist die Schlehe, die Frucht des im Alpenraum sehr verbreiteten Schlehdornbusches. Anhand des charakteristischen Kelchabdruckes am unteren Ende kann diese Frucht eindeutig als Schlehe bestimmt werden. Es wurden zur Sicherheit auch Röntgenaufnahmen davon gemacht. Diese lassen den Steinkern im Inneren der Frucht erkennen, was einen weiteren Beleg für Schlehdorn darstellt. Diese Schlehdornfrucht ist offensichtlich Rest einer Wegzehrung, die der Mann vom Tal auf die Wanderung ins Gebirge mitnahm. Vielleicht hat er einen kleinen Vorrat an Schlehen im Birkenrindenbecher transportiert.

Im Bereich der Mumie und an einer Stelle, die unterhalb des

Felsabsatzes liegt, wo der Gletschermann Holztrage und Beil deponierte, wurden mehrere gut erhaltene Baumblätter gefunden. Diese Blätter, die alle vom Spitzahorn stammen, sind in verschiedener Hinsicht aufschlußreich. Spitzahorn ist eine Baumart, die nur bis zu einer Seehöhe von rund 1500 Metern vorkommt. Es sind das also Blätter aus einer Tiefenlage, die auf keinen Fall ins Gebirge hinauf geweht worden sein können. Es konnte bei der näheren Untersuchung noch das Chlorophyl, das Blattgrün, extrahiert werden. Das weist darauf hin, daß diese Blätter während der Vegetationsperiode, das heißt spätestens im Sommer gepflückt oder, besser gesagt, geerntet worden sind.

Dann ist noch eine Beobachtung ganz entscheidend: die Stengel befinden sich nicht mehr an den Blättern, sie wurden abgestreift, so daß die Stiele nicht mehr an ihnen haften. Das sind genau jene Bestandteile, die so hart sind, daß sie vom Vieh nicht gefressen werden können. Es handelt sich mit großer Wahrscheinlichkeit um Laubfutter, das der Mann aus dem Tal für das Almvieh in die Berge getragen hat.

Übrigens sind mit den Ahornblättern auch Nadeln von Fichten und Wacholder gefunden worden. Aber das können zufällige, versehentliche Beimischungen im Laub sein, oder sie stammen vom eingesammelten Brennholz.

Das führt uns zu einer recht aufregenden Entdeckung, die bei der ersten Nachgrabung im Oktober 1991 gelungen ist: es handelt sich um kleine Holzkohlepartikel. Diese auf jedem anderen Fundplatz im Tal, vor allem im Siedlungsbereich, wenig überraschenden Funde bedeuten hier im Hochgebirge sehr viel. Die Fundstelle liegt immerhin mindestens 1000 Höhenmeter über der ehemaligen Waldgrenze. Bisher liegen kaum mehr als 3 Gramm Holzkohle mit einer Stückgröße bis zu einem halben Zentimeter vor. Vielleicht kann man mit einer Feuerstelle am Grunde der Felsmulde rechnen. Der einsame Wanderer über das Tisenjoch hatte während seiner letzten Rast wahrscheinlich ein kleines Feuer entfacht.

Die Botaniker haben mit der mühsamen Bestimmung der einzelnen Holzkohlenstücke eine wahre Meisterleistung vollbracht. Es ist ihnen gelungen, das ganze Spektrum der Holzkohlen zu analysieren. Die Zusammensetzung der Holzkohle aus verschiedensten Hölzern ist nun besonders aufschlußreich: Der relativ größte Anteil der Holzkohle wird aus Fichte, Lärche und Zirbe gebildet, er beträgt etwas mehr als 25 Prozent. Die

Föhre macht noch 15,7 Prozent aus. Die nicht weiter bestimmbaren Nadelhölzer kommen auf 20,5 Prozent. Mehr als 60 Prozent dieser Holzkohlenstücke gehören also den Koniferen an. Interessant ist, daß die Grünerle, wenn auch nur mit 4,7 Prozent, doch auch vertreten ist. Das ist Gehölz, das im Zentralalpengebiet an der Waldgrenze immer vorkommt.

Die Ulme ist mit 16,5 Prozent verhältnismäßig stark vertreten. Diese Baumart wächst aber nicht in höheren Lagen, sondern ausschließlich im Tal. Ähnliche Verhältnisse gelten auch für die Birne, die sich mit 4,7 Prozent ebenfalls unter den Holzkohlenfunden befindet. Wahrscheinlich handelt sich sich um die Felsenbirne, die ausgesprochen wärmeliebend ist und höhere Temperaturansprüche stellt. Sie wächst daher nicht auf größerer Meereshöhe. Andererseits tritt die Netzweide, deren Holz mit 0,8 Prozent nachgewiesen werden konnte, wieder weiter oben auf. Ihr Holz ist durch die engen Jahresringe, den starken Krümmungsradius, gekennzeichnet. Es eignet sich gewöhnlich sehr gut als Unterzündholz für ein Feuer. Schließlich wurde auch noch Borke, also Rinde, von nicht weiter bestimmbaren Baumarten gefunden. Auch sie kommen als lang brennendes oder glühendes Brennmaterial gut in Frage.

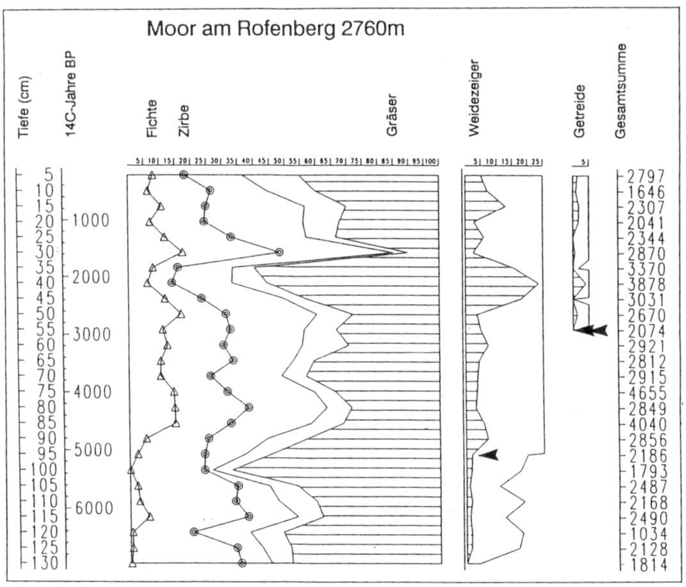

Pollenprofil. (Nach Bortenschlager, Kofler, Oeggl und Schoch 1992)

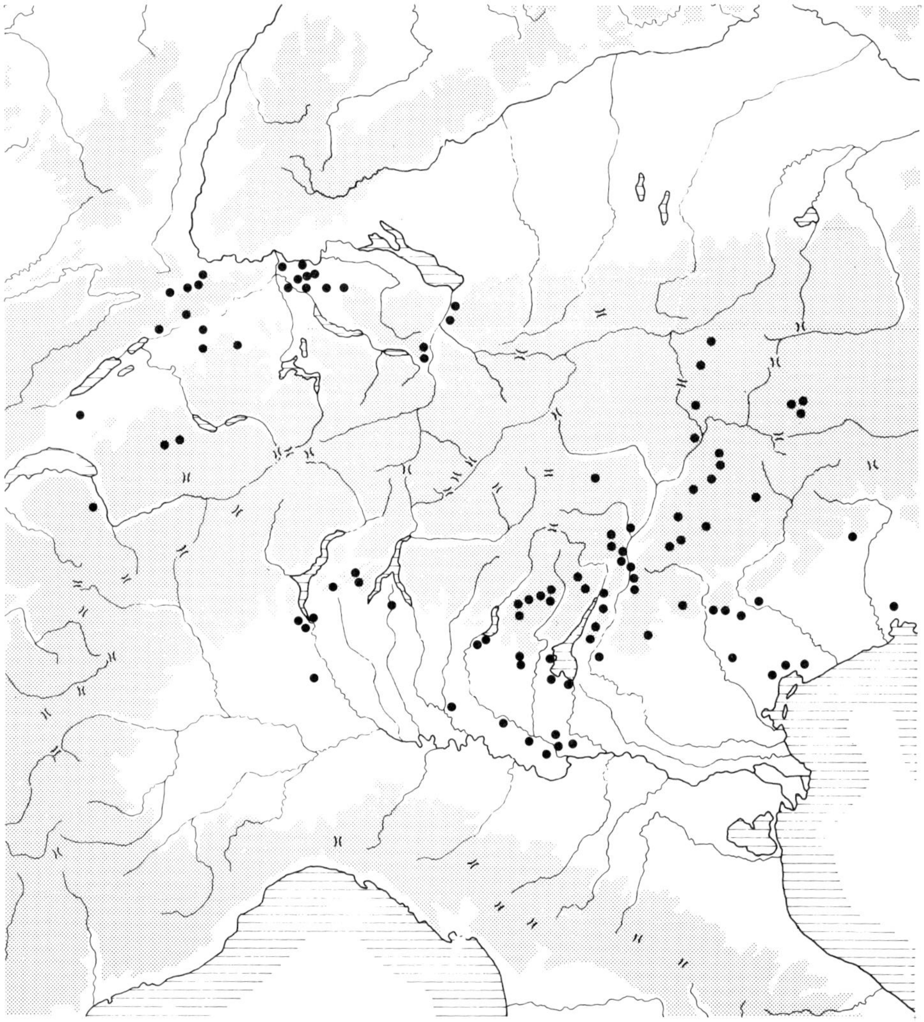

Mittelsteinzeitliche Fundplätze im Alpengebiet (schwarze Punkte): Am Nord- und Südrand der Alpen findet man bereits zahlreiche Jagdstationen und Dauersiedlungen. Im Ostalpenraum drangen die Menschen vor allem bei der Jagd auf Steinböcke weit ins Gebirge vor. Die höheren und unwirtlicheren Westalpen waren dagegen zu lebensfeindlich. Erst in der Endphase der Mittelsteinzeit erreichten die Menschen die Kernzonen der Alpen. Damals – im Atlantikum – war das Klima wärmer als heute. Über den Alpenhauptkamm hinweg entstanden nun weitreichende Kontakte zwischen dem Norden und dem Süden. (Entwurf Barfield, Kartengrundlage: Institut für Vor- und Frühgeschichte der Universität Tübingen)

Lawrence Barfield

Die Vorfahren des Mannes vom Tisenjoch – Die Alpen als früher Lebensraum

Seit seiner Auffindung machen wir uns Gedanken darüber, in welcher Zeit der Gletschermann lebte, wie die Siedlungen aussahen, wie die Wirtschaft, die Gesellschaft, die Rituale und der Glaube aufgebaut waren. Im nächsten Atemzug fragen wir uns, wie denn das Leben in den Alpen vor der Zeit des Mannes vom Tisenjoch ausgesehen hat. Denn aus diesen vorhergehenden Epochen der Menschheitsgeschichte gehen alle Errungenschaften hervor, die auch das Leben des Gletschermannes erleichtert haben. Im folgenden soll die Welt des Gletschermannes wiederauferstehen. Wir werden sehen, was es bereits vor seiner Zeit im Alpenraum an Kulturen gab, wir werden aber auch sein kulturelles Umfeld genauer betrachten.

Aus der Region der Alpen – und diese Tatsache erschwert die archäologischen Untersuchungen rund um den Gletschermann – kennen wir die Urgeschichte aus seiner Lebenszeit nur sehr lückenhaft. Dafür gibt es zwei Gründe, einer davon ist die Unwirtlichkeit der Alpen. Hier werden wenige Ausgrabungen durchgeführt, und Zufallsfunde macht man ebenfalls seltener. Der andere Grund dafür ist darin zu sehen, daß vor allem im weiteren Umfeld des Tisenjochs der Schnittpunkt dreier großer Kulturzonen liegt. Daraus ergibt sich, daß die Zuordnung zu einer dieser Zonen erschwert wird, da die Region außerhalb der jeweiligen Kerngebiete dieser Kulturen liegt. Über diese drei Kulturzonen werden wir später noch einiges hören. Soviel sei hier schon gesagt: Der Mann vom Tisenjoch hatte keinen Ausrüstungsgegenstand bei sich – seien es Dolch, Pfeile, Bogen oder Beil –, der eine eindeutige Zuordnung erlauben würde. Man geht davon aus, daß der Gletschermann wohl im Schnalstal, im Süden des Tisenjochs auf Südtiroler Gebiet zu Hause war. Aber welche Kultur herrschte damals im Vinschgau? Die zeitliche Einordnung der Funde des Mannes vom Tisenjoch hängt ja doch eng mit der Zuordnung zu einer bestimmten Kultur zusammen. Das Bild dieser Region zur Zeit des Gletschermannes soll möglichst klar gezeichnet werden.

Wir befinden uns in einem bedeutenden Zeitabschnitt der Menschheitsgeschichte, wenn wir die Zeit des Mannes vom Tisenjoch überblicken. Denn der Übergang von der mittleren zur späten Jungsteinzeit brachte weitreichende Veränderungen mit sich. Sehen wir von der Einführung des neuen Werkstoffes Kupfer ab, so erkennen wir, daß sich damals die Landwirtschaft in neuen Bahnen entwickelte. Neben der Sammeltätigkeit, die seit der Altsteinzeit praktiziert wurde, erfährt der Bodenbau eine Intensivierung. Gleichzeitig nimmt die Viehhaltung an Bedeutung zu; unter anderem ist für diese Zeit die erste Nutzung der Hochweideflächen in den Alpen durch Hirten nachgewiesen. Und das ist ein Detail, das uns besonders im Zusammenhang mit dem Gletschermann interessiert.

Wenn wir uns nun dem langen Zeitraum zuwenden, der vor der Lebenszeit des Mannes vom Tisenjoch liegt, steht dies in krassem Gegensatz zur kurzen Spanne seines Lebens und dem noch kürzeren Aufenthalt in der Felssenke am Tisenjoch. Durch diesen Ausflug in noch weiter zurückliegende Zeiten wird uns aber die Alpenregion als Lebensraum vertrauter werden. Spätere Entwicklungen, wie das Einsetzen der Jungsteinzeit und damit verbunden der Landwirtschaft, werden uns dann verständlicher erscheinen. Trotz der Unwirtlichkeit der Region birgt gerade dieses Gebiet enorme Ressourcen an Weide- und Feldflächen, an Lagerstätten von Feuerstein und Metall und an geeigneten Siedlungsplätzen in sich.

Paßgeher und Steinbockjäger: Eine Klimageschichte – 10000 bis 5700 v. Chr.

Schon in diesem Zeitraum hielten sich Menschen in den Alpentälern auf. Aber nicht nur die Täler wurden besiedelt, man stieg auch auf die Berge, sei es, um der Sammeltätigkeit nachzugehen, sei es der Jagd wegen. Die Paßübergänge wurden jedenfalls zu jener Zeit bereits häufig begangen. Gegen Ende der letzten Eiszeit, als sich die Gletscher aufgrund des allgemeinen Temperaturanstiegs zurückzogen, drangen altsteinzeitliche Jäger von der Poebene bis zum Vinschgau auf die Höhe des oberen Etschtals an den Rand der Alpen vor. Einen Beweis dafür findet man unweit des Tisenjochs im Ort Naturns im Vinschgau. Hier wurde ein Lager von Jägern, eine Art Rastplatz während der anstrengenden Jagd, aus der späten Altsteinzeit entdeckt. Im allgemeinen siedelten die Menschen damals in Talnähe auf geschützten Hängen oder Hügelkuppen. Die höchstgelegenen Fundstellen dieser Zeit liegen auf 1600 Metern Seehöhe. Direkte Kontakte zum Norden über den Alpenhauptkamm hinweg scheinen nicht bestanden zu haben.

Nach dieser Phase der Besiedlung von Gebieten am Südfuß der Alpen durch die Bevölkerung der späten Altsteinzeit drangen die darauffolgenden Generationen weiter in die Alpen vor. Die Jägergruppen der Mittelsteinzeit führten um 7000 v. Chr. Hochgebirgsjagd auf Steinböcke durch. Der Lebensraum dieser Tiere sind die Bergflanken oberhalb der Baumgrenze zwischen 1900 und 2300 Metern Seehöhe. Die Steinbockjagd war höchstwahrscheinlich auf die Sommermonate beschränkt. Die Jäger schlugen ihre Lager an Pässen und Senken in der Nähe kleiner Seen auf, wo sie dem Wild leicht auflauern konnten. Ein schönes Beispiel dafür ist der Hirschbühel am Stallersattel in Osttirol. Die Fundstelle liegt an einem Verbindungsweg zwischen Ost- und Südtirol. Eine weitere Jagdstation wurde erst im Juli 1992 am Tascheljöchl zwischen Schlanders und Kurzras im Schnalstal bei archäologischen Begehungen von Prähistorikern der Universität Trient entdeckt. Während der Wintermonate zogen sich die Jäger in ihre Basislager zurück, in Siedlungen an den Hängen der Täler. Dort lebten wohl auch die Frauen, die älteren Menschen und Kinder, die Früchte und Beeren als Aufbesserung des Speisezettels sammelten und auf diese Weise zum Überleben beitrugen. Auch im Etschtal nahe Trient, in Romagnano und Pradestel, wurden solche Siedlungsplätze der Mittelsteinzeit gefunden. Man bevorzugte Stellen, die unter überhängenden Felsen geschützt vor der Witterung lagen. Man ersparte sich dadurch den langwierigen Aufbau von Hütten, die noch dazu viel weniger sicher und stabil als der Fels selbst waren.

Die Jagdsaison dauerte einige Monate. Starb einmal einer der Jäger durch Krankheit oder Unfall während der sommerlichen Jagd, so wurde er an Ort und Stelle begraben. Die Fundstelle Mondeval de Sora liegt in den Dolomiten nahe Cortina d'Ampezzo auf 2150 Metern Seehöhe. Einige Ausrüstungsgegenstände dieses Toten lassen sich mit jenen des Gletschermannes vergleichen. Es sind dies Gegenstände wie Jagdwaffen, verschiedene Werkzeuge und Reparaturmaterial, darunter Harz, das man als Klebstoff verwendete, die man dem Mann mit ins Grab gab. Die Beweise für die Anwesenheit von Menschen in den Alpen während der Mittelsteinzeit sind, so wissen wir heute, auf bestimmte geographische Räume beschränkt: das Etschtal auf das angrenzende Bergland der Südalpen zu und die Nordschweiz waren eindeutig bevorzugte Siedlungsräume. Aus dem Gebiet, das im Norden an das Tisenjoch grenzt, gibt es bisher nur wenige Hinweise auf eine Besiedlung in dieser Zeit. Fundstellen wie der Hirschbühel am Stallersattel zeigen aber, daß man zumindest in den Sommermonaten die Pässe von Süden nach Norden überquerte. Das kühlere Klima und vielleicht auch der Mangel an geeignetem Feuerstein für die Jagdausrüstung haben die Menschen möglicherweise weitgehend von einer Besiedlung des heutigen Nordtirols abgehalten. Im Süden war es wärmer, Feuersteinlagerstätten gab es im Trentino, das Leben war also hier weniger mühsam.

In der Endphase der Mittelsteinzeit wurden die meisten hochgelegenen Jagdstationen im Südalpenraum verlassen. Gründe dafür können einerseits ein Überjagen des Wildbestandes, andererseits aber auch der Anstieg der Waldgrenze in dieser Zeit gewesen sein. Denn das Ende der Mittelsteinzeit fällt mit einer warmen Klimaperiode, dem sogenannten Atlantikum, zusammen, in dem die Temperaturen um durchschnittlich 1,5 Grad Celsius höher als heute lagen. Diese Klimagunstphase endete erst ungefähr zu jener Zeit, als der Körper des Mannes vom Tisenjoch für immer von Schnee und Eis bedeckt wurde. Während des Atlantikums waren die hohen Alpenpässe jedes Jahr während einer längeren Periode passierbar als heute. Es entwickelten sich weitreichende Kontakte über den Alpenhauptkamm hinweg. Als Beweise dafür sind Harpunen aus Hirschgeweih anzuführen, die in ganz ähnlicher Ausführung in der ausgehenden Mittelsteinzeit beiderseits der Alpen gefunden wurden. Die allerdings frappierendsten Beweise für Fernkontakte über die Alpen sind Muschelschalen aus dem Mittelmeer, die man an Fundplätzen nördlich der Alpen fand, in Süddeutschland in Probstfels und Falkenstein, in der Schweiz in Birsmatten nahe Basel.

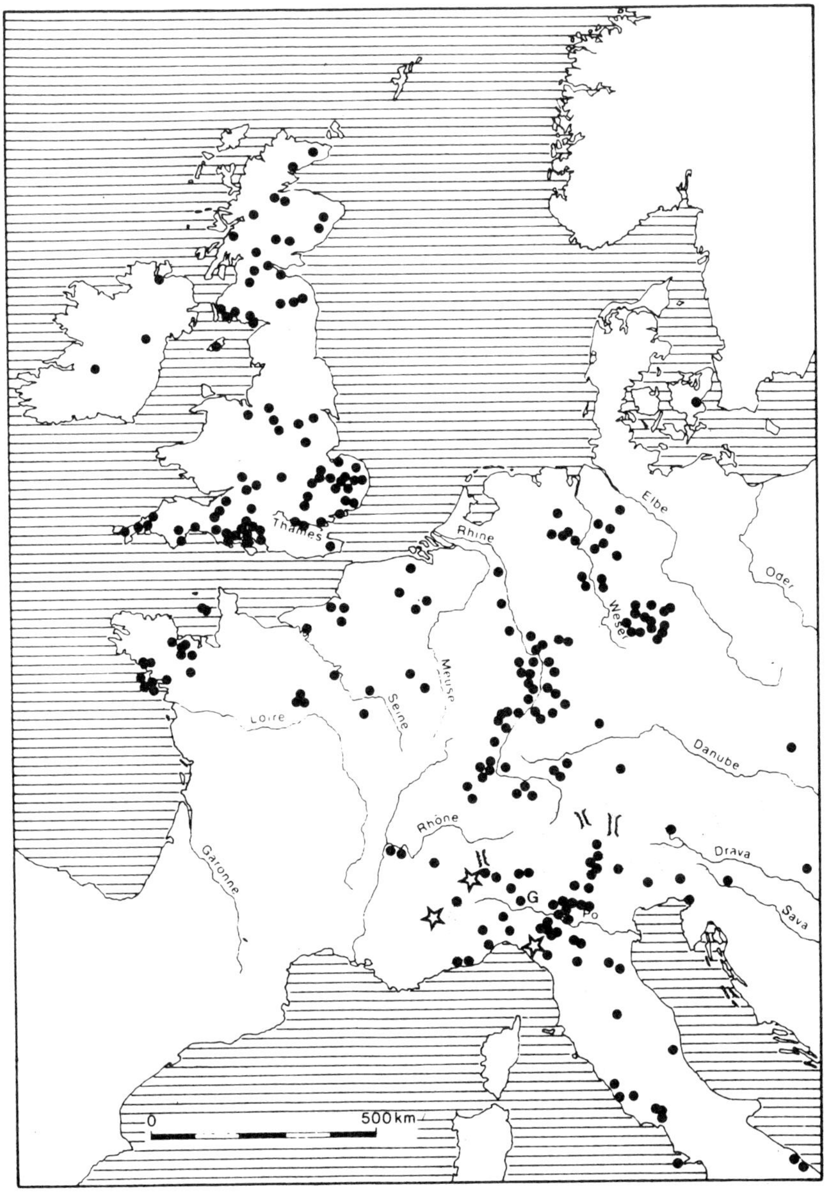

Verbreitung der Jadebeile in Europa: Die schwarzen Punkte entsprechen den einzelnen Beilfunden. Die Sterne zeigen die Jadelagerstätten in den Alpen und am Appenin an. Die Alpen waren keine unüberwindliche Barriere mehr, vielmehr lagen sie an der bevorzugten Handelsroute nach Norden. (nach Barfield 1981)

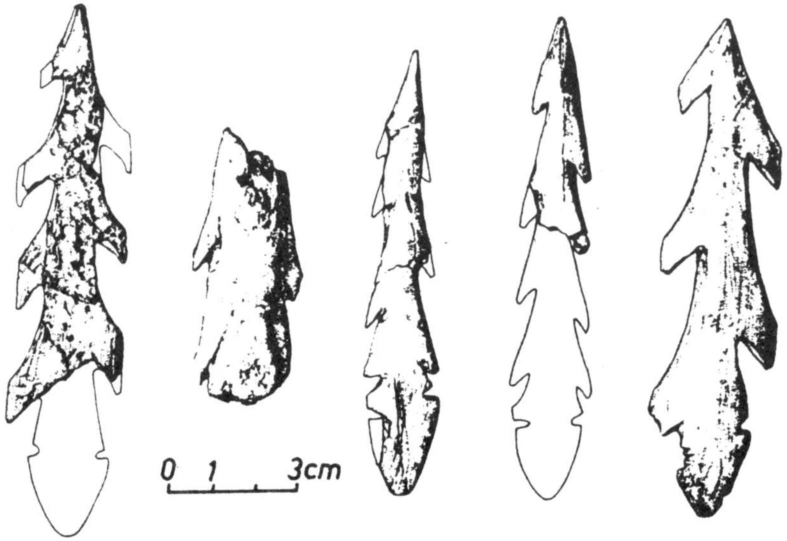

In der ausgehenden Mittelsteinzeit findet man solche Harpunen aus Hirschgeweih beiderseits der Alpen. Ihre Ähnlichkeit ist Beweis für den Kontakt der Menschen über den Alpenhauptkamm hinweg. Während der Klimagunstphase des Atlantikums waren die hohen Alpenpässe für längere Zeit während des Jahres passierbar, als dies heute der Fall ist. (nach Wyss 1966)

Ebba Koller

Der Tod des Steinzeitjägers

Selva di Cadore im Val Fiorentina in den Dolomiten (südwestlich von Cortina d'Ampezzo) ist ein bei Bergsteigern beliebter Urlaubsort. Von hier erschließt ein ausgedehntes Netz von Wanderwegen die Berglandschaft. Doch hier leben auch Menschen wie Vittorino Cazzetta, der der Urzeit seiner Heimat auf der Spur ist. Er entdeckte bereits 1985 im Hochtal Mondeval de Sora auf 2150 Metern Seehöhe bei einem riesigen, dachartigen Felsblock einige Feuersteinmesser. Es waren die ersten Hinweise auf einen mittelsteinzeitlichen Lagerplatz.

Das Fels-Monster war einst, in grauer Vorzeit, von einem der Dolomitengipfel, an deren Fuß Mondeval de Sora liegt, herabgestürzt. Im 6. Jahrtausend v. Chr. bot das Hochtal nicht nur saftige Weidegründe, sondern es gab damals auch noch einen kleinen See. Das alles trug sicher zum Wildreichtum der Gegend bei, so daß die mesolithischen Jäger und ihre Familien hier den Sommer über gut leben konnten.

Im Jahr 1986 begann Antonio Guerreschi, Professor für Urgeschichte an der Universität Ferrara, mit Ausgrabungsarbeiten an diesem hochgelegenen Fundplatz. Doch erst bei der Grabungskampagne 1987 gelang ein Jahrhundertfund: am 30. Juni stieß man auf ein menschliches Skelett. Diese mittelsteinzeitliche Bestattung ist der höchstgelegene Grabfund Europas. Aufgrund der ungünstigen Witterungs- und Bodenverhältnisse bleiben die Knochen in solchen Höhenlagen normalerweise nicht erhalten.

Der Jäger aus der Mittelsteinzeit muß während der Jagdsaison verstorben sein. Die Angehörigen gaben ihm all seine Besitztümer in drei Beuteln mit ins Grab. Die Fellbeutel sind zwar längst zerfallen, doch Knochennadeln, Hirschgeweih- und Steinwerkzeuge lagen so neben dem Toten, daß man sie als Beutelinhalt rekonstruieren konnte. Auch Harz von Latschen und Fichten – Klebstoff für Messer, Harpunen und Pfeilspitzen – gehörte zu seiner Ausrüstung. Seine Kleidung war mit Hirschgrandeln (Zähnen) geschmückt.

Das kleine Museum von Selva di Cadore birgt heute das Skelett und alle Beifunde. Ehe der Gletschermann entdeckt wurde, war dieser Jäger der wichtigste und lebendigste Zeuge aus der Urgeschichte der Alpen.

Professor Guerreschi hat aber nach dieser sensationellen Entdeckung die Grabungsarbeiten nicht eingestellt. Jedes Jahr sind er und seine Studenten vier Wochen am Werk, um dem Platz unter dem Felsdach die letzten Geheimnisse zu entreißen. Viele Schüler aus dem Gymnasium von Ferrara sind als Helfer engagiert. Die jungen Leute wohnen in Zelten, denn nur für wenige ist in der kleinen Berghütte Platz.

Noch immer kommen interessante Funde – Keramik, Holzkohlenreste, Knochen- und Steingeräte – zutage. Außerdem konnte die Schichtfolge von der Mittleren Steinzeit über die Jungsteinzeit bis zu den Hirten der Neuzeit rekonstruiert werden. Denn dieser geschützte Platz hat Menschen jahrtausendelang angezogen.

Hochalmen und Jadehandel – 5700 bis 3800 v. Chr.

Die frühesten bäuerlichen Siedlungsgemeinschaften entstanden entlang des südlichen und nördlichen Alpenrandes um etwa 5700 v. Chr. Danach erfolgte eine schrittweise Besiedlung der Gebirgstäler in den Alpen. An die Veränderungen, die das Leben in den Alpen mit sich brachte, scheinen sich die Menschen verhältnismäßig schnell angepaßt zu haben. Um etwa 3000 v. Chr. war der Vorgang dieser Anpassung bereits abgeschlossen, man hatte die optimale Lebensform für ein Leben in den Bergen gefunden. Der Mann vom Tisenjoch lebte bereits in dieser Zeit, in der der Lebensraum Alpen für die Menschen keine Bedrohung mehr darstellte.

Für die frühe Jungsteinzeit gibt es wenige Hinweise auf transalpine Kontakte, sie beschränken sich auf das Pustertal. Doch in der Zeit zwischen 4500 und 3500 v. Chr. änderte sich dieses Bild schlagartig. Diese Periode ist durch großen Wohlstand und ein starkes Bevölkerungswachstum charakterisiert. Damals fand ein lebhafter Güteraustausch über die Alpen hinweg statt. Von Süden gelangten Perlen aus wunderschön gemaserten Mittelmeermuscheln nach Norden. In ihrer Form und ihrem Aussehen besonders ansprechende, durchscheinende Beile aus grüner Jade, die wahrscheinlich aus den Alpen Piemonts stammt, wurden bis nach Schottland und Irland gebracht. Von Norden wiederum wurden andere Güter in den Süden transportiert, wie etwa Keramik und sogenannte Schuhleistenkeile aus Stein. Man versteht darunter große Steinwerkzeuge, die ähnlich den bei uns früher verwendeten Schuhleisten des Schusters geformt sind. In ihrer Form sind sie Beilen nicht unähnlich. Der Handel in der Jungsteinzeit, der sich über große Entfernungen vollzog, beschränkte sich also nicht auf Materialien und Gegenstände des täglichen Lebens. Ganz im Gegenteil, er betraf Luxus- und Prestige-Objekte. Völkerkundliche Untersuchungen zeigen, daß der Austausch derartiger Wertgegenstände der Erhaltung gesellschaftlicher Kontakte und Allianzen dient. In diesem Sinn sind sie auch ein Maß für die gesellschaftlichen Beziehungen zwischen den Menschen, die in der Jungsteinzeit über die Alpen hinweg verbunden waren. Sie sind ein Beweis für den Austausch von Geschenken unter mächtigen Persönlichkeiten verschiedener Gruppen. Für dieses Handels-

und Austauschnetz hatte der Reschenpaß eine größere Bedeutung als der Brenner. Im oberen Rhônetal führte der Weg über den Simplon. Um von Italien auf Schweizer Gebiet zu gelangen, überschritten die Menschen vermutlich den Großen Sankt-Bernhard-Paß. Der Weg über die Berge war für die Menschen in der Urzeit weniger gefährlich und beschwerlich als der Weg durch Schluchten und sumpfige Täler.

Kleinräumiger Handel wurde mit Feuerstein aus verschiedenen Lagerstätten im Trentino und aus dem Gebiet der Monti Lessini nördlich von Verona betrieben. Diese Rohstoffe gelangten flußaufwärts bis in die Täler der oberen Etsch und ihrer Nebenflüsse.

Die Siedlungen aus dem frühen Abschnitt der Jungsteinzeit liegen an Stellen, die von Natur aus geschützt sind. Man findet sie fast wie an einer Kette aufgefädelt etschaufwärts, von Rivoli im Süden bis Schloß Juval am Eingang des Schnalstales im Norden. Die Siedlungen scheinen Schlüsselstellen in diesem Handelsnetz gewesen zu sein.

Tod an der Zeitenwende: Die späte Jungsteinzeit – 3800 bis 2400 v. Chr.

In der späten Jungsteinzeit, die auch Kupferzeit heißt – also zeitgleich mit dem Mann vom Tisenjoch –, findet man wiederum weniger Hinweise auf einen Güteraustausch direkt über die Alpen. Dennoch wird ein derartiger Handel bestanden haben. Marmor-Perlen und Mittelmeermuscheln in Siedlungen der Horgen-Kultur an den Ufern des Zürichsees lassen vermuten, daß die Beziehungen der vorausgehenden Zeit aufrechterhalten blieben. Ebenso deuten Werkzeuge aus Geweih und Keramik aus dem Norden in der Vasi-a-Bocca-Quadrata-Kultur in Norditalien auf Einflüsse aus dem Gebiet nördlich der Alpen hin. Im Westalpenraum bestanden beiderseits des Großen Sankt-Bernhard-Passes Siedlungen mit engen wirtschaftlichen und vielleicht auch sozialen Kontakten. Der Paß trennte also nicht, er verband verschiedene Gebiete.

Die Zeitgenossen des Mannes vom Tisenjoch

Nachdem wir im vorangegangenen Kapitel einen Einblick in den Zeitraum, der weit vor der Lebenszeit des Mannes vom Tisenjoch liegt, erhalten haben, wenden wir uns nun jenem Abschnitt zu, der diesen Fund unmittelbarer betrifft: der späten Jungsteinzeit. Eine der wesentlichsten neuen Errungenschaften jener Zeit stellt der neue Werkstoff Kupfer dar. Erstmals in der Geschichte der Menschheit wird ein Metall zur Erzeugung von Werkzeugen, Waffen und Schmuck verwendet. Das Kupfer und die daraus erzeugten Produkte repräsentierten einen enormen Wert für den Besitzer. Die Fertigkeit in der Metallurgie erreichte sehr bald einen hohen Stand, die Gegenstände aus Kupfer waren in Form und Funktion wohldurchdacht.

Kulturen statt Volksgruppen

Kulturen werden in der Urgeschichtsforschung in der Regel durch die Untersuchungen der Verbreitung bestimmter Fundobjekte definiert. Man wendet die vergleichende Methode an, man stellt also fest, in welchem Raum ein Gegenstand (Artefakt) eine einheitliche Ausformung erfährt. Für den Zeitabschnitt der späten Jungsteinzeit zieht man Gegenstände aus Kupfer, Feuerstein und Keramik dazu heran, Kulturen zu umschreiben. Das Ergebnis solcher Untersuchungen der Artefakte aus Stein und Ton bildet dann das zeitliche (chronologische) und geographische Gerüst für einen Zeitabschnitt. Man weiß dann, wo sich welche Kulturen und Gruppen befunden haben. Man weiß aber auch, in welcher Reihenfolge sie an einer bestimmten Stelle auftraten. Die Methode, mit deren Hilfe man die Aufeinanderfolge von Kulturen in Form einer Schichtenabfolge am Fundplatz erforscht, heißt stratigraphische Methode. Man erhält damit eine sogenannte relative Chronologie. Relativ, weil man vorderhand nur weiß, was älter und was jünger ist. Daraus kann man eine absolute Chronologie erstellen, und zwar mit Hilfe der Radiokarbonmethode und der Dendrochronologie (Jahrringzählung). Man kennt danach das genaue Alter eines Fundes, daher die Bezeichnung »absolut«. Der Vorteil der dendrochronologischen Datierungsmethode ist der, daß ein klares zeitliches Hintereinander zustande gebracht wird (die Jahrringe von Bäumen kann man ja exakt gewissen Jahren zuordnen). Mit der Radiokarbonmethode entstehen hingegen immer große Überschneidungsbereiche zwischen Kulturen. Der Nachteil der Dendrochronologie ist der, daß sich nur wenige Holzarten wie zum Beispiel die Eichen dazu eignen. Mit Hilfe der Stratigraphie und der absoluten Chronologie ist nur ein Rahmen gegeben, den es dann aufzufüllen gilt. Denn die Frage, was sich denn hinter einem Kulturnamen verbirgt, ist schwer zu beantworten. Welche Menschen trugen eine Kultur, wie war ihr Gesellschaftssystem aufgebaut, wie sahen ihre Dörfer aus, welche Art von Glauben vertraten sie, kurz, wie gestalteten sie ihr Leben? Es ist verständlicherweise sehr schwer, aufgrund von Stein- und Tongegenständen wirklich sichere Rückschlüsse zu ziehen.

Einblicke in das alltägliche Leben der damaligen Menschen geben in beeindruckender Weise die Seeufersiedlungen der Schweiz und Süddeutschlands, die in der späten Jungsteinzeit angelegt wurden. Man weiß, welche Dörfer gleichzeitig bestanden, wie oft Häuser neu gebaut und repariert wurden. Neben allen Holzobjekten erhielten sich im Wasser der Seen auch viele andere Materialien. Ebenso bedeutend sind Funde wie der Mann vom Tisenjoch und die Gegenstände, die er bei sich trug. Er wurde unmittelbar aus dem Leben gerissen und war daher im Besitz seiner alltäglichen Ausrüstung. Aber auch dieser sensationelle Fund kann uns leider nicht weiterhelfen, wenn es darum geht, herauszufinden, welcher Kultur der Mann angehörte. Denn wie bereits erwähnt, liegt das Tisenjoch am Schnittpunkt dreier großer Kulturbereiche, die wiederum in einzelne Kulturen unterteilt werden. Es handelt sich im Nordwesten des Tisenjochs um die Kulturen im Raum der heutigen Ostschweiz und Oberschwaben als erste große Region, im Nordosten in Bayern und Österreich um die zweite und in Norditalien um die dritte Region. Während der Forschungsstand in der Schweiz und in Oberschwaben als exzellent zu bezeichnen ist – nicht zuletzt wegen der zahlreichen Holzfunde in den Seeufersiedlungen, die eine exakte dendrochronologische Datierung erlauben –, sieht es in Bayern und Österreich, aber vor allem in Norditalien mit der Kenntnis um die Urgeschichte dieser Zeit sehr schlecht aus.

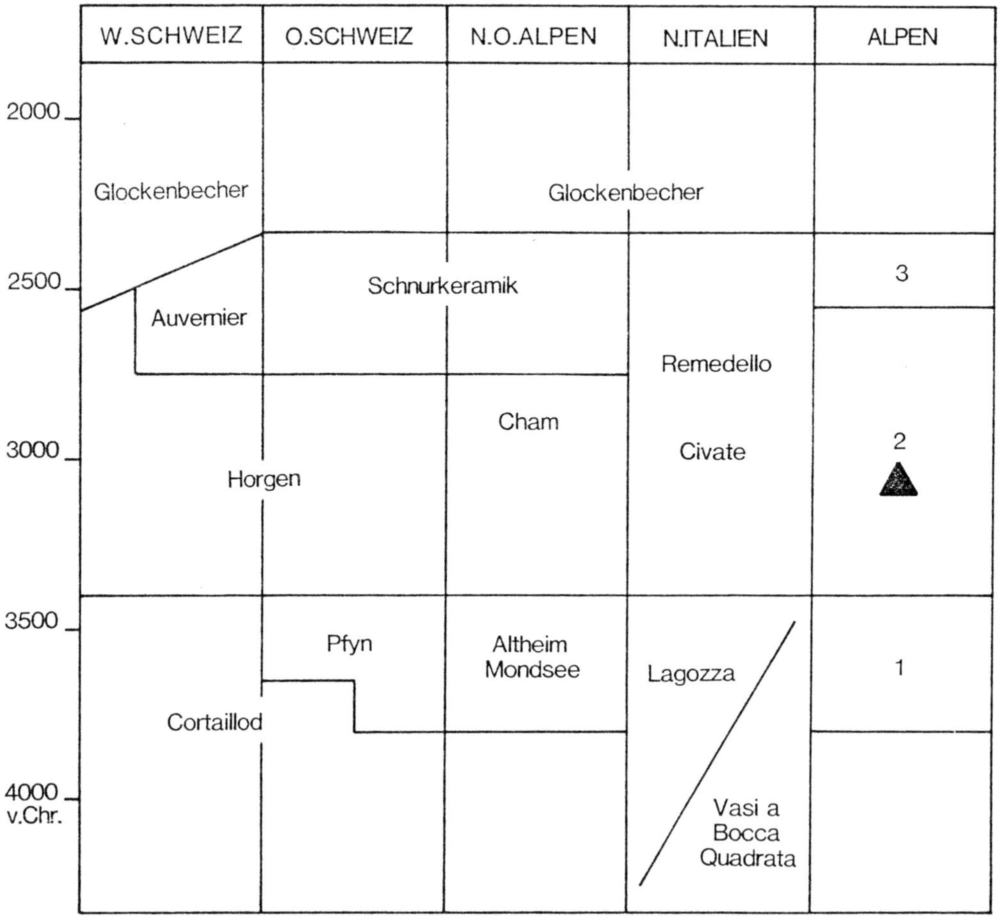

Zeitgleiche Kulturen liegen in diesen beiden Tabellen waagrecht nebeneinander. Die Abfolge der Kulturen im Alpengebiet wird für die Zeit von 4500 bis 1800 v. Chr. in drei Perioden (1–3) unterteilt. Das ▲ markiert den Fund vom Tisenjoch. In diesem Zeitraum war die Region in viele kleinere und größere Stammesgebiete aufgeteilt. Die Menschen dieser Zeit hatten gerade erst den Schritt zur Verarbeitung von Metall, nämlich Kupfer, gemacht. (Entwurf: L. Barfield) Diese Abbildung zeigt die Abfolge der Kulturen in den wichtigsten Kulturregionen Europas, des Nahen Ostens und Nordafrikas im Zeitraum von 4500 bis 1800 v. Chr. Aus diesen Gebieten stammen fast alle Errungenschaften der Menschheit, die jeweils erst einige Zeit später Mitteleuropa erreichten. In dieser Zeit vollzog sich in fast allen diesen Gebieten eine sprunghafte Wende zur Hochkultur mit der Entstehung von Reichen, den Anfängen der Wissenschaft, der Erfindung des Kalenders und der Schrift. In Ägypten entstanden berühmte Monumentalbauten wie die Cheops- und die Chefren-Pyramide in Giseh. In Mesopotamien wurde die Töpfer-

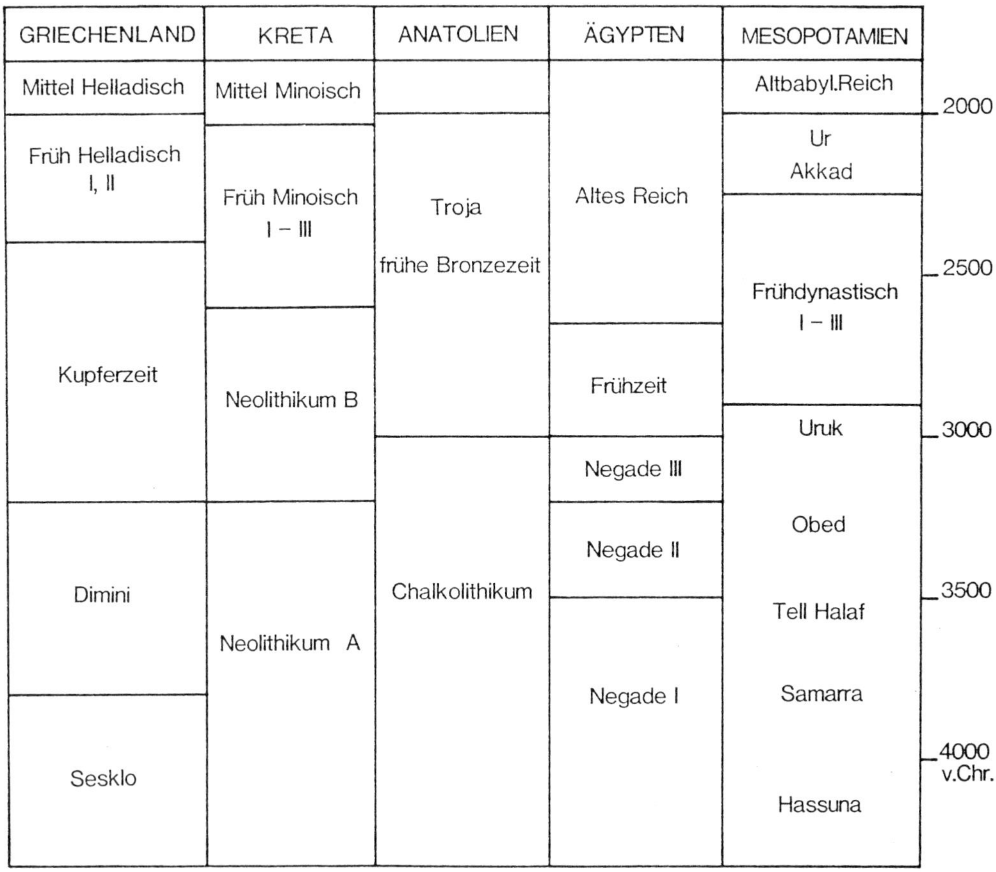

scheibe zur Herstellung von Tongefäßen schon gegen Ende des 5. Jahrtausends v. Chr. eingesetzt. Auf die Sumerischen Stadtkulturen folgte das Reich von Akkad mit Herrschern wie Sargon. Einige Zeit später regierte Hammurabi über das Altbabylonische Reich. Aus Anatolien sind aus jener Zeit bedeutende Kulturzentren bekannt. Die wohl bekannteste Fundstelle ist Troja in Westanatolien. Auf Kreta ist die Zeit der Alten Paläste (ab 2000 v. Chr.) durch die Errichtung der riesigen Palastanlagen von Knossos, Phaistos, Malia und Zakros gekennzeichnet. Auf dem griechischen Festland formten sich in Frühhelladischer Zeit die ersten Stadtkulturen des europäischen Festlandes heraus. Berühmte Fundstellen sind Tiryns und Argos. Zu Beginn der Mittelhelladischen Zeit strömten die Voreltern des späteren Griechentums von der Balkanhalbinsel in das Gebiet Griechenlands. Mykene nahm in der letzten Phase dieser Zeit an Bedeutung zu. Die Kupfermetallurgie hatte in allen Regionen bereits ihren Höhepunkt überschritten, und man ging daran, ein neues Metall als Rohstoff zu verwenden – Bronze, eine Kupfer-Zinn-Legierung. (Entwurf: B. Lethmayer; nach Platon 1968, Schippmann 1978, Seipel 1992 und Yardimci 1990)

Wir werden im folgenden also den Zeitraum von 3800 bis 2400 v. Chr. jeweils getrennt nach den drei Regionen betrachten. Dieser doch sehr lange Zeitabschnitt wird in drei aufeinander folgende Perioden – Periode I, II und III – unterteilt. Man darf sich die Aufeinanderfolge der drei Perioden jedoch keinesfalls als ununterbrochenen Fluß vorstellen. Die Ablöse einer Kultur durch eine andere erfolgte jeweils relativ abrupt. Manche Prähistoriker meinen, diese hänge mit Bevölkerungsverschiebungen zusammen, das heißt, man nimmt an, eine Gruppe drang in ein Gebiet ein und zwang der einheimischen Bevölkerung ihre Kultur, Gesellschaftsstruktur und Religion auf. Damit bringt man kriegerische Auseinandersetzungen in Verbindung. Möglicherweise hängen damit auch die immer wieder am Beginn oder Ende einer Kultur auftretenden Siedlungen in geschützter Höhenlage, die zusätzlich noch befestigt waren, zusammen.

Zum besseren Verständnis des Textes folgt eine kurze Erklärung zur Namengebung von Kulturen. Die Bezeichnungen der meisten Kulturen werden aus dem wichtigsten Fundort oder Fundgebiet gebildet (zum Beispiel Mondsee-Kultur). Manchmal wird auch ein bestimmtes Detail herangezogen, um der Kultur einen Namen zu geben. Dies ist bei der Vasi-a-Bocca-Quadrata-Kultur der Fall. Diese Kultur erhielt ihren Namen aufgrund der quadratischen Mündung der Gefäße. Die Schnurkeramik-Kultur verdankt ihre Bezeichnung der Verzierungstechnik der damals üblichen becherförmigen Gefäße. Man drückte Schnüre in den noch nicht ganz festen Ton und erzielte damit eine schöne Oberflächengestaltung.

Die Keramik der Seeufer – Periode I (3800 bis 3300 v. Chr.)

Ausgehend vom Tisenjoch befindet sich im Nordwesten die Pfyn-Kultur. Sie breitet sich im Laufe dieser Periode vom Bodensee nach Südwesten aus und verdrängt am Zürichsee die Bevölkerung der Cortaillod-Kultur.

Im Nordosten sind die Altheim-Kultur in Bayern und die Mondsee-Kultur in Österreich verbreitet. Zwischen der Pfyn-Kultur und der Altheim-Kultur entsteht ein Gebiet mit Elementen beider Kulturen (Pfyn-Altheim-Kultur).

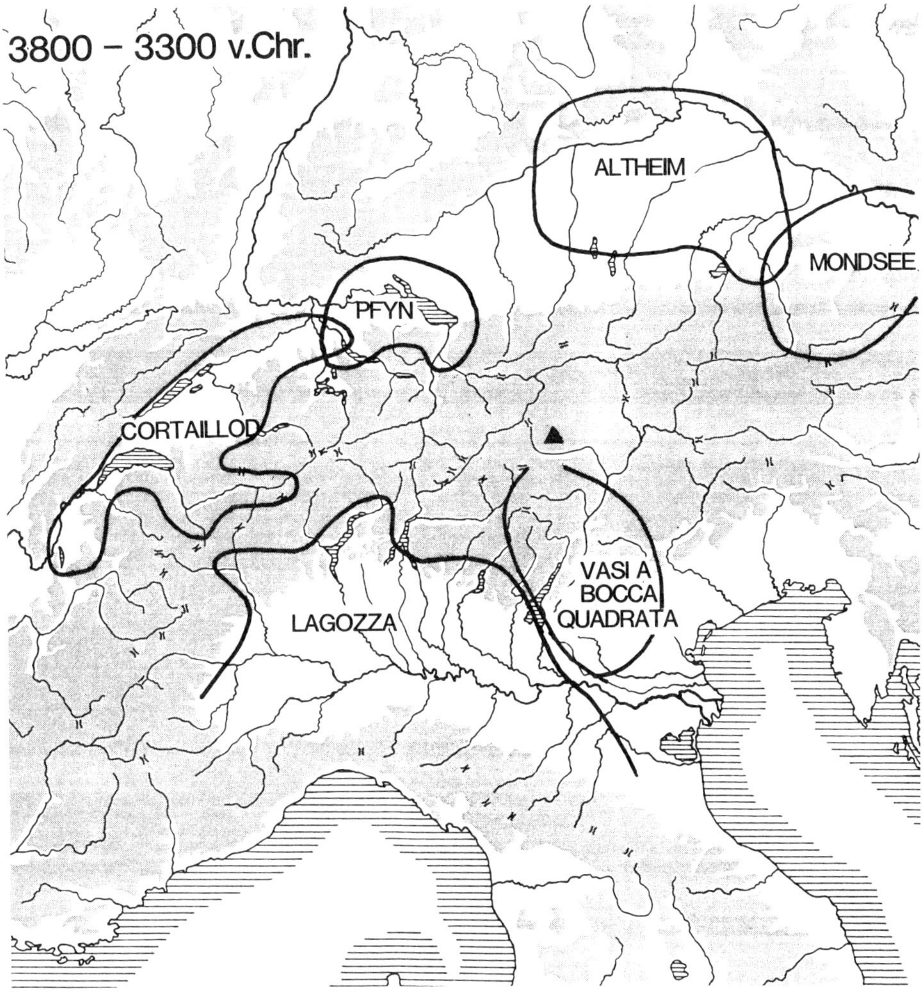

Die Abbildung zeigt die Verbreitung der jungsteinzeitlichen Kulturen im Alpenraum in Periode I (3800 bis 3300 v. Chr.):
Das ▲ markiert den Fund vom Tisenjoch. Die Cortaillod-, Pfyn-, Altheim- und die Mondsee-Kultur reichten von Norden her an die Alpen heran, die Lagozza- und die späte Vasi-a-Bocca-Quadrata-Kultur breiteten sich im Süden der Alpen aus. (nach Barfield, Kartengrundlage: Institut für Vor- und Frühgeschichte der Universität Tübingen)

Im Süden blühen zu dieser Zeit zwei Kulturen, nämlich die Lagozza-Kultur in Nordwest-Italien und die späte Vasi-a-Bocca-Quadrata-Kultur in Nordost-Italien. Die Siedlungsweise dieser Kulturen ist nicht einheitlich. Die Bevölkerung der Pfyn- und der Mondsee-Kultur bevorzugte Seeufer als Siedlungsplätze, die Menschen der Altheim- und der späten Vasi-a-Bocca-Quadrata-Kultur bewohnten Siedlungen in Tälern und auf Hügelkuppen. Sie achteten darauf, daß die Stelle schon von Natur aus Schutz vor Feinden bot.

Die Keramik dieser Periode weist in fast allen Kulturen nur wenige Verzierungselemente auf, wie Einkerbungen mit Klingen oder Abdrücke von Fingernägeln. Nur in der Mondsee-Kultur liebte man üppiges Dekorieren. Tief eingestochene Muster (wie Sonnenmotive, Dreiecke und Winkelbänder) zieren die Gefäße. In der späten Vasi-a-Bocca-Quadrata-Kultur findet man übrigens auch Keramik aus Gebieten nördlich der Alpen.

Das Spektrum der Gegenstände aus Stein ist in allen Kulturen dieser Zeit ähnlich. Es gibt kleine und größere Beile, aber auch sogenannte Streitäxte. Sie deuten Einflüsse aus dem Nordosten Europas an, wo sie zu dieser Zeit weit verbreitet waren. In der Altheim-Kultur ergänzen Keulenköpfe das Bild. Sie dienten wohl als Waffe oder Statussymbol. An Werkzeugen und Waffen aus Feuerstein waren Pfeilspitzen, Schaber und Klingen verschiedener Größe verbreitet. Die Menschen der späten Vasi-a-Bocca-Quadrata-Kultur nützten die Feuersteinlagerstätten der Monti Lessini nördlich von Verona. Hier gab es qualitativ hochwertigen Feuerstein. Die Erzeugung von Werkzeugen aus Knochen- und Geweihstücken wurde vor allem in der Pfyn-Kultur intensiviert. Man stellte Harpunen, Meißel, Pfrieme, Ahlen und Spitzen her. In der späten Vasi-a-Bocca-Quadrata-Kultur nimmt die Verwendung von Knochen und Geweih als Rohmaterialien zur Werkzeugherstellung stark zu. Dies ist als Einfluß aus dem Gebiet nördlich der Alpen zu deuten. In der Altheim-Kultur fehlt dieser Produktionszweig völlig.

Auch Holzobjekte wie Schalen, Schöpfkellen und Kämme erhielten sich durch die hervorragenden Lagerungsbedingungen im Wasser in den Siedlungen der Pfyn- und Mondsee-Kultur.

Kupfergegenstände waren zu jener Zeit noch sehr selten. Vor allem ließ man sie niemals absichtlich in Siedlungen zurück. Dazu waren sie viel zu kostbar. Lediglich in Gräbern findet man Objekte aus Kupfer als Grabbeigaben. Im Süden der Alpen fand man bisher aus dieser Zeit noch keine Hinweise auf den Gebrauch von Kupfer.

Daß das Spinnen von Fäden und das Weben von Stoffen in dieser Periode schon weit verbreitet war, beweisen die Funde von Spinnwirteln und Webgewichten aus Ton in allen Kulturen.

In der späten Vasi-a-Bocca-Quadrata-Kultur fertigte man Figuren und Stempel aus Ton an. Es handelt sich hier um die Fortführung einer Tradition aus dem ostmediterranen Raum, denn im Alpengebiet sind derartige Tonobjekte vollkommen unbekannt. In Griechenland und in der Türkei sind sie jedoch sehr häufig. Die Stempel verwendete man neben der Textildekoration sicher auch zum Verzieren des Körpers.

Bevölkerungsschwund und Kulturverfall – Periode II (3300 bis 2800 v. Chr.)

Wie bereits erwähnt, läßt sich ein Großteil der Gegenstände, die der Mann vom Tisenjoch mit sich führte, mit dieser Periode der späten Jungsteinzeit in Beziehung setzen.

Ausgehend vom Tisenjoch befindet sich im Nordwesten die Horgen-Kultur. Der Name Horgen-Kultur stammt vom Fundort Horgen-»Scheller« am Zürichsee. Sie ist die einzige Kultur, die der Periode II eindeutig zugeordnet werden kann. Die Horgen-Kultur schließt zeitlich gesehen an die Pfyn-Kultur an. Kulturell zeichnet sich aber ein markanter Bruch zwischen diesen Kulturen ab. Zugleich nehmen die Bevölkerungszahlen stark ab.

Im Nordosten, also in Südostdeutschland, ist die Cham-Kultur verbreitet. Sie nimmt den Nordteil der Altheim-Kultur als Verbreitungsgebiet in Anspruch.

Im Süden des Tisenjochs ist unklar, ob die Lagozza-Kultur in dieser Periode noch immer andauerte oder ob die Remedello- und Civate-Kultur der Periode III nicht schon in Periode II beginnen.

Sowohl in der Horgen- als auch in der Cham-Kultur sind Verfallserscheinungen im Vergleich zu Kulturen der Periode I zu bemerken. Die Keramikproduktion erleidet einen starken Qualitätsverlust. In der Kupfer-

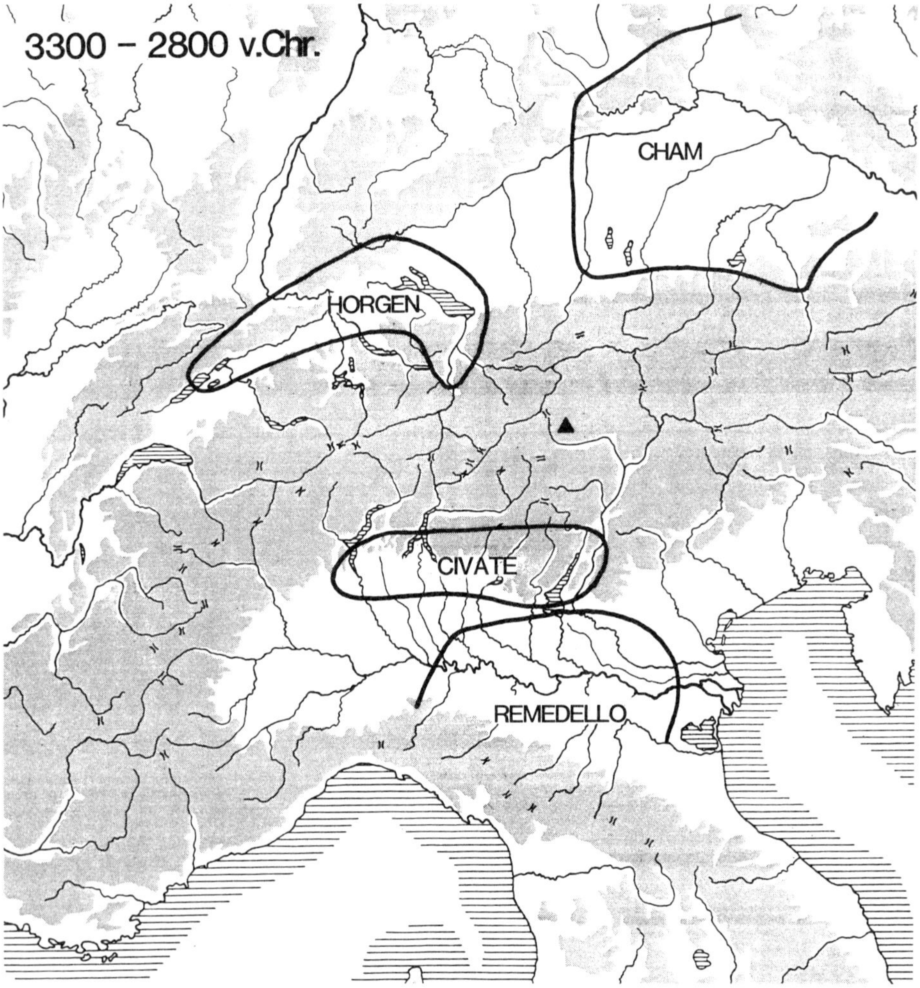

Die Abbildung zeigt die Verbreitung der jungsteinzeitlichen Kulturen im Alpenraum in Periode II (3300 bis 2800 v. Chr.):
Das ▲ markiert den Fund vom Tisenjoch. Der Horgen- und der Cham-Kultur im Gebiet nördlich der Alpen stehen südlich der Alpen die Remedello- und die Civate-Kultur gegenüber. (nach Barfield, Kartengrundlage: Institut für Vor- und Frühgeschichte der Universität Tübingen)

metallurgie und der Erzeugung von Metallgegenständen kommt es zu einem Rückgang. Möglicherweise hängt dies mit großräumigen Bevölkerungsverschiebungen und kriegerischen Auseinandersetzungen zusammen.

Die Siedlungen der Horgen-Kultur liegen wiederum an Seeufern, die Menschen der Cham-Kultur errichteten ihre Dörfer an schwer erreichbaren Stellen auf Hügelkuppen. Sie befestigten die Siedlungen zusätzlich.

Die Keramik, die Objekte aus Feuerstein und die Steingegenstände waren auf wenige Formen beschränkt. So gab es Feuersteinpfeilspitzen, kleine Steinbeile und eine sehr grobe Keramik. Die Gegenstände aus Holz in der Horgen-Kultur ähneln jenen der Pfyn-Kultur. Webgewichte und Spinnwirteln aus Ton weisen wiederum auf die Stoffproduktion hin.

Die Herstellung von Werkzeugen aus Knochen und Geweih war in der Horgen-Kultur eine der wenigen Fertigkeiten, die beibehalten und sogar verbessert wurde. Knochenspitzen, wie die des Mannes vom Tisenjoch, die mit Gräsern zusammengebunden waren, gibt es nur in der Horgen-Kultur.

Im Vinschgau gibt es Megalithbauten in Gratsch, Algund, Eppan und Kaltern, die eventuell Periode II zugeordnet werden können und daher möglicherweise zur Zeit des Mannes vom Tisenjoch entstanden sind.

Frühe Völkerwanderungen – Periode III (2800 bis 2400 v. Chr.)

Während dieser Periode setzte die lokale Kupfermetallurgie entlang des alpinen Vorlandes wieder ein. Ausgehend vom Tisenjoch befindet sich im Norden die Schnurkeramik-Kultur. In der Schweiz weist diese Kultur ihr südwestlichstes Verbreitungsgebiet auf. Diese überregionale Kultur reichte von Rußland bis zum Rhein, dazwischen gab es aber auch Gebiete, in denen sie sich nicht durchsetzen konnte. Auch das Auftreten der Schnurkeramik-Kultur wird mit Verschiebungen und Wanderungen großer Bevölkerungsgruppen in Verbindung gebracht. Man behielt aber trotz allem viel Bodenständiges bei, wie zum Beispiel die Siedlungsweise an Seeufern, die Geweih- und Knochenverarbeitung.

In dieser Periode III interessiert uns nun vor allem das Gebiet im

Süden des Tisenjochs. Denn das Beil des Gletschermannes hat seine besten Vergleichsstücke in diesem Raum. Hier liegt das Verbreitungsgebiet der Civate-Kultur im Westen und der Remedello-Kultur im Osten. Für beide Kulturen gilt, daß man kaum Siedlungen, aber um so mehr Gräber kennt.

In der Civate-Kultur in der heutigen Lombardei bestattete man jeweils mehrere Tote in einer Grabanlage (ähnlich unseren Grüften). Diese Gräber liegen unter vorspringenden Felsen und in Höhlen. Nicht selten findet man auch einzelne Teile von menschlichen Skeletten in solchen Gräbern. Möglicherweise handelt es sich um eine Art Ahnenkult. Man kann das vielleicht mit den neuzeitlichen, bemalten Schädeln in Hallstatt vergleichen.

Die Keramik ist sehr grob geformt. Aus Feuerstein erzeugte man Dolche, Pfeilspitzen und Klingen. Stein diente als Rohmaterial für Beile. Schmuckstücke aus Kupferdraht weisen auf eine Kupferverarbeitung hin. Besonders häufig wurden den Toten Halsketten mit ins Grab gegeben, die aus Marmor- und Steatit-Perlen, aus Muschelschalen und Tierzähnen zusammengesetzt wurden.

Die Remedello-Kultur umfaßt ein Gebiet, in dem hauptsächlich jeweils nur ein Toter in einem Grab bestattet wurde. Man legte die Toten entweder direkt in die Erde oder in eine Steinkiste.

Der wichtigste Fundort der Remedello-Kultur ist das Gräberfeld von Remedello di Sotto südöstlich von Brescia in der Poebene mit seinen 125 Bestattungen. Die Keramik, aber auch die Bestattungssitten außerhalb des Gräberfeldes von Remedello sind sehr uneinheitlich. Die Keramik läßt Einflüsse aus dem Süden Italiens erkennen.

Obwohl ein Teil der Gräber in Remedello fast beigabenlos ist, zeugen die Funde aus den restlichen Gräbern von einer reichen Bevölkerung. Neben Pfeilspitzen und Dolchen aus Feuerstein, Beilen aus Stein und Perlen aus Marmor fand man im Zuge der Ausgrabungen Pfrieme, Dolche und Beile aus Kupfer. Sogar eine Silbernadel hatte man einem Toten mit ins Grab gegeben. Die Objekte aus Kupfer und Silber sind sicher Statussymbole. Man kann neben dieser sozialen Strukturierung auch altersspezifische Unterschiede erkennen. Erwachsene Männer hatten ihren Dolch bei sich, Kinder bekamen kleine Feuersteinklingen als Beigaben.

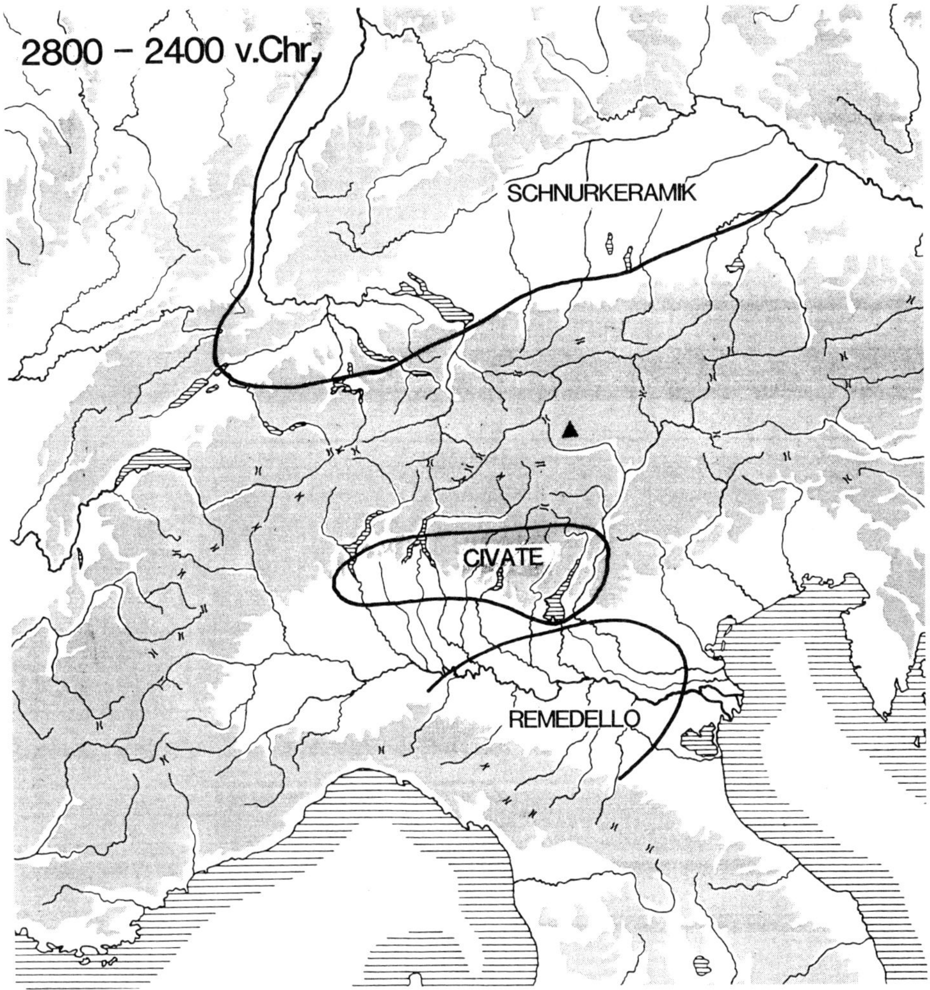

Die Abbildung zeigt die Verbreitung der jungsteinzeitlichen Kulturen im Alpenraum in Periode III (2800 bis 2400 v. Chr.):
Das ▲ markiert den Fund vom Tisenjoch. Die Schnurkeramik-Kultur weist in unserem Raum nur einen Ausläufer ihres Verbreitungsgebietes auf. Die Fundstellen in der Schweiz zählen zu den westlichsten dieser überregionalen Kultur. Die Remedello- und die Civate-Kultur lebten in dieser Periode weiter.
(nach Barfield, Kartengrundlage: Institut für Vor- und Frühgeschichte der Universität Tübingen)

Die Kupferbeile aus den Männergräbern in Remedello sind dem Beil des Mannes vom Tisenjoch sehr ähnlich. Nun sind aber die Radiokarbon-Daten des Gletschermannes viel älter als die bisherige Datierung des Beginns der Remedello-Kultur. Man wird also aufgrund der Daten des Mannes vom Tisenjoch und einiger neuer Daten aus dem Gebiet der Remedello-Kultur selbst den Beginn der Remedello-Kultur bereits in Periode II stellen müssen.

Ostösterreich in der Zeit von 3800 bis 2400 v. Chr.

Die Entwicklung im Alpenraum und den angrenzenden Gebieten ist Teil großräumiger Veränderungen, die sich in diesem Zeitraum vollzogen. Die Kupfermetallurgie und -verarbeitung trat im Osten Österreichs ebenso zu jener Zeit auf. In etwa parallel zu Periode I entwickelte sich in Ostösterreich die sogenannte Bisamberg-Oberpullendorf-Gruppe. Ihr Verbreitungsgebiet erstreckt sich vor allem über Niederösterreich und das Burgenland. Für diese Zeit nimmt man ein Eindringen von Bevölkerungsgruppen aus dem Südosten Europas an. Am Bisamberg bei Wien gibt es Nachweise für eine frühe Kupfergießerei.

Ungefähr zeitgleich mit Periode II entstand im Osten Österreichs die Badener Kultur (benannt nach dem Fundort Königshöhle bei Baden bei Wien). Österreich ist aber nur ein Teil des großen Verbreitungsgebietes dieser Kultur, die sich über das gesamte Karpatenbecken erstreckte. Man bevorzugte als Siedlungsplätze Gebiete in der Nähe von Flüssen, wie zum Beispiel im Ort Schwechat bei Wien. Ein besonders beliebtes Siedlungsgebiet war das Traisental in Niederösterreich.

Parallel zu Periode III gibt es auch in Ostösterreich die Schnurkeramik-Kultur. In der Nähe von Herzogenburg bei Wien wurden Gräber gefunden. Ebenfalls zur Zeit der Periode III erscheint im Osten Österreichs die Glockenbecher-Kultur (so benannt nach der Form der Gefäße, die einer Glocke ähneln). Mit dieser Kultur stehen wir an der Schwelle von der späten Jungsteinzeit zur Bronzezeit. Im Gebiet um Laa an der Thaya in Niederösterreich sind Siedlungen dieser Kultur eng nebeneinander angelegt worden.

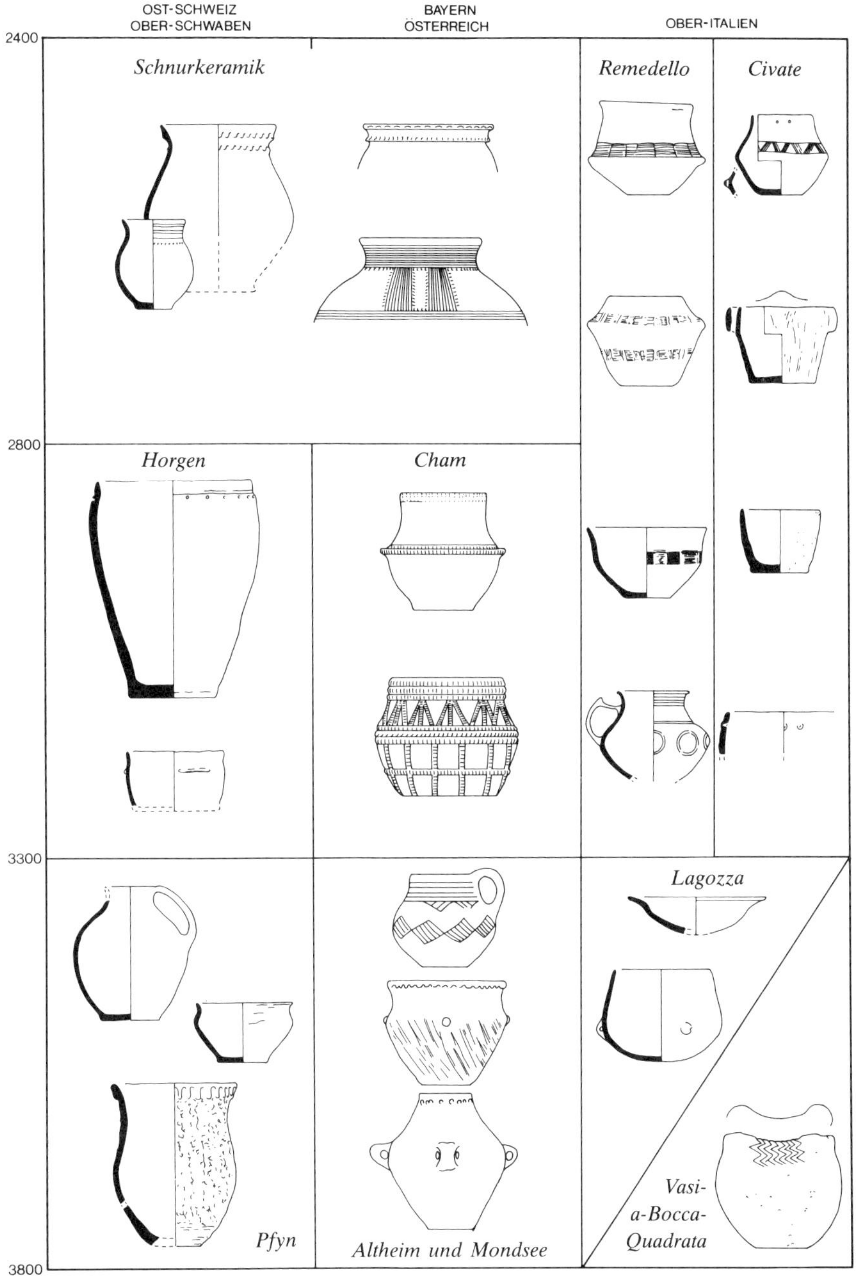

Keramik-Formen zwischen 3800 und 2400 v. Chr.:
Die unterschiedliche Gestaltung von Gefäßen (Form, Verzierung etc.) ermöglicht den Prähistorikern eine Zuordnung zu bestimmten Kulturen. Die drei senkrechten Gruppen entsprechen den Regionen Ostschweiz und Oberschwaben, Bayern und Österreich sowie Oberitalien. Die drei waagrechten Gruppen entsprechen – von unten nach oben – den Zeitperioden 1 bis 3. (nach Barfield)

Milch, Rad, Wolle, Pflug – Die Landwirtschaft im Alpenraum während der Jungsteinzeit

Der Mann vom Tisenjoch gehörte zu einer Bevölkerungsgruppe, die sowohl Bodenbau als auch Viehzucht und Jagd betrieb. In seiner Kleidung steckten zwei Getreidekörner. Sie sind ein direkter Hinweis dafür, daß man in der Umgebung des Dorfes, in dem er lebte, Getreidefelder angelegt hatte. Seine Kleidung aus Ziegen- und Hirschfell wiederum beweist, daß die Menschen Haus- und Wildtiere in vielfältigster Weise nutzten. Eine derartige gemischte Landwirtschaftsform gibt es schon seit dem Beginn der Jungsteinzeit. Vor allem die Viehzucht und der Bodenbau ergänzten einander deshalb, weil man für die Bestellung der Felder den Mist der Tiere als Dünger benötigte. Nur so konnte, wie auch heute noch, die Fruchtbarkeit des Bodens erhalten bleiben.

Für den Alpenraum ist die Frage von Bedeutung, welchen Stellenwert die Viehzucht gegenüber dem Bodenbau hatte. Mit der Anpassung an das karge Bergland wuchs die Bedeutung der Tierhaltung gegenüber dem Getreideanbau. In den Alpentälern sind die Böden ganz allgemein weniger fruchtbar, und die Wachstumsperiode für Getreide ist kürzer als in anderen Regionen Europas. Dagegen gab es ausgedehnte Weidegründe, auf denen das Vieh grasen konnte, und ausreichend Heu und Laub als Winterfutter. So ist es nicht verwunderlich, daß die jungsteinzeitlichen Bauern im Alpengebiet die Tierhaltung dem Getreideanbau vorzogen.

Die Fundstelle des Gletschermannes im Hochgebirge deutet darauf hin, daß er seine Schafherden auf die Hochweiden begleitete. In der Warmphase des Atlantikums, das zur Zeit des Mannes vom Tisenjoch allmählich zu Ende ging, boten derartig hochliegende Weiden saftiges Gras für die Herden. Während die Tiere im Sommer und frühen Herbst auf den Weiden grasten, blieb dem Mann ebenso wie allen anderen Hirten und Bauern Zeit für andere Arbeiten. Der Mann vom Tisenjoch hatte sich vielleicht für diese freie Zeit vorgenommen, seine Jagdausrüstung zu reparieren.

Diese Weidewirtschaft in den Bergen ist eine frühe Form der Almwirtschaft, wie sie heute noch betrieben wird. Weide- und Almwirtschaft wird aber erst dann am einträglichsten, wenn die Tiere nicht nur ihres Fleisches wegen gehalten werden. Die Produktion von Milch zur Käseerzeugung und – im Fall der Schafe – von Wolle erhöht den Wert der Tiere. Noch wichtiger für den Fortschritt des Menschen wurden die Tiere – vor allem die Rinder –, als man entdeckte, daß sie sich zum Ziehen von Pflügen, Karren und Wagen bestens eignen. Somit war eine optimale Ausnützung der Haustiere gegeben.

Diese Errungenschaften kamen aber nicht alle gleichzeitig, sondern im Laufe der Jungsteinzeit hintereinander auf. Im Schweizer Mittelland, wo es die meisten Funde gibt, konnte folgende Entwicklung nachgewiesen werden: 1. Milchprodukte, 2. das Rad, 3. Wollverarbeitung und 4. der Pflug. Südlich der Alpen scheint jedoch der Pflug vor dem Rad eingeführt worden zu sein. Das heißt, die Abfolge dieser Entwicklungsetappen erfolgte selbst im verhältnismäßig kleinen Gebiet der Alpen in unterschiedlicher Reihenfolge. Über welche Zeiträume sich dieser Prozeß auch immer erstreckt haben mag, von Bedeutung war das Zusammenwirken all dieser Neuerungen. Diese neuen Errungenschaften wirkten sich auch auf die Gesellschaftsstruktur in der Jungsteinzeit aus. Man nimmt an, daß die Verwendung des Pfluges zu einer von Männern dominierten Gesellschaftsgliederung führte. Die Männer sicherten durch ihre Arbeit auf den Feldern, bei der Jagd und der Tierhaltung zum Großteil die Existenz der Gruppe. Gleichzeitig lag es auch an ihnen, das Hab und Gut der Gruppe gegen andere Gruppen zu verteidigen. An kriegerischen Auseinandersetzungen waren daher sicher hauptsächlich Männer beteiligt.

Die ersten Bauern

Die ersten Bauern in Mitteleuropa waren Träger der sogenannten Linearbandkeramik-Kultur im 6. Jahrtausend v. Chr. (so benannt nach der Verzierungsart der Gefäße). Während dieser Kultur besiedelte man die für die Landwirtschaft am besten geeigneten Böden. Vor allem die weiten Lößgebiete, wie wir sie auch in Niederösterreich kennen, wurden landwirtschaftlich intensiv genützt.

Es verwundert kaum, daß sich die ersten Nachweise für eine Landwirtschaft in den Nordalpen erst 1000 Jahre nach der Epoche der Linearbandkeramik-Kultur finden. Die kargen Böden müssen den ersten Bauern als unwirtliche Regionen erschienen sein, denen man besser ausweichen sollte.

Nur in Norditalien war es den Menschen der Gaban-Kultur (so benannt nach einem Siedlungsplatz bei Trient) gelungen, sich binnen kurzer Zeit optimal an das rauhe Leben in der Alpenregion anzupassen. Diese Kultur existierte ungefähr gleichzeitig mit der Linearbandkeramik-Kultur. Fundorte der Gaban-Kultur gibt es bis Schloß Juval am südlichen Ende des Schnalstales.

Tierhaltung und Viehzucht

Beinahe alle jungsteinzeitlichen Gemeinschaften Europas züchteten hauptsächlich fünf Arten von Haustieren: Schafe und Ziegen, Hausrinder, Pferde und Hausschweine. Das zahlenmäßige Verhältnis dieser Arten zueinander variiert von Siedlung zu Siedlung und scheint in vielen Fällen von den Umweltbedingungen abzuhängen. Im Hochland sind mehr Schafe zu finden, in den Ebenen Rinder und in tiefer gelegenen Waldgebieten Schweine.

In der Horgen-Kultur nahm die Schweinezucht stark zu. Schweine wurden noch in näherer Vergangenheit zur Futtersuche in den Wald getrieben und oft mit Eicheln gefüttert. Gleichzeitig mit dem Anstieg der Schweinezucht nehmen auch die Eichenpflanzungen zu. Vorräte an Eicheln, die man in Siedlungen fand, deuten ebenfalls auf die Fütterung von Schweinen hin. Aus völkerkundlichen Vergleichen weiß man, daß Schweine wegen ihres schnellen Wachstums und der hohen Reproduktionsrate als Haustiere vor allem in Gemeinschaften sehr beliebt sind, in denen häufige Festlichkeiten und Zeremonien eine große Rolle spielen.

Das Pferd wurde in Südrußland um 4000 v. Chr. domestiziert. In die Alpenregion gelangte es über die Altheim-Kultur zwischen 3800 und 3300 v. Chr. Ursprünglich wurden Pferde wohl nur wegen ihres Fleisches gehalten. Dies beweisen Schnittspuren an Knochen aus Seeufersiedlungen am Bodensee. Die Verwendung als Zug- und Reittier setzte aber sicher

Der Schaftrieb vom Südtiroler Schnalstal in das Ötztal.

Siedlungsplätze der Jungsteinzeit: Das Schloß Juval am Eingang des Schnalstales (oben).

Ponte di Veja in den Monti Lessini (links).
Der Johanneskofel im Sarntal (rechts).

Rekonstruktion einer Pfahlbausiedlung in Unteruhldingen am Bodensee.

Mondeval de Sora in den Dolomiten: mittelsteinzeitliche Jagdstation während der Ausgrabung (Mitte).
Unter diesem Felsdach wurde das Skelett eines Jägers mit Grabbeigaben entdeckt (unten).

Saint Martin de Corléans, Aosta: im Vordergrund rituelle Pflugspuren, dahinter Megalithgrab mit Seelenloch (links).
Rocca di Rivoli: befestigte Höhensiedlung auf einer Felskuppe über der Etsch nördlich von Verona (unten).

Jadebeil aus Boves, Frankreich (links oben).
Kupferdolch aus Reute-Schorrenried, Süddeutschland (rechts oben).
Pfeilspitzen aus Feuerstein von Riparo Valtenesi am Gardasee (links unten).
Sichelförmiges Messer, Nadeln und Gußtropfen aus Kupfer, Pfeilspitze aus Bein vom Götschenberg, Salzburg (rechts unten).

Dolchdarstellung vom Kultplatz am Mont Bego in den Westalpen (oben).
Auf den Gletscherschliffen (unten) findet man Tausende solcher Felsritzzeichnungen.

Der Menhir aus der »Bühelkirche«, Latsch im Vinschgau, mit Darstellungen von Dolchen und geschäfteten Beilen (oben). Weiblicher Figurenmenhir aus Arco nördlich des Gardasees (unten).

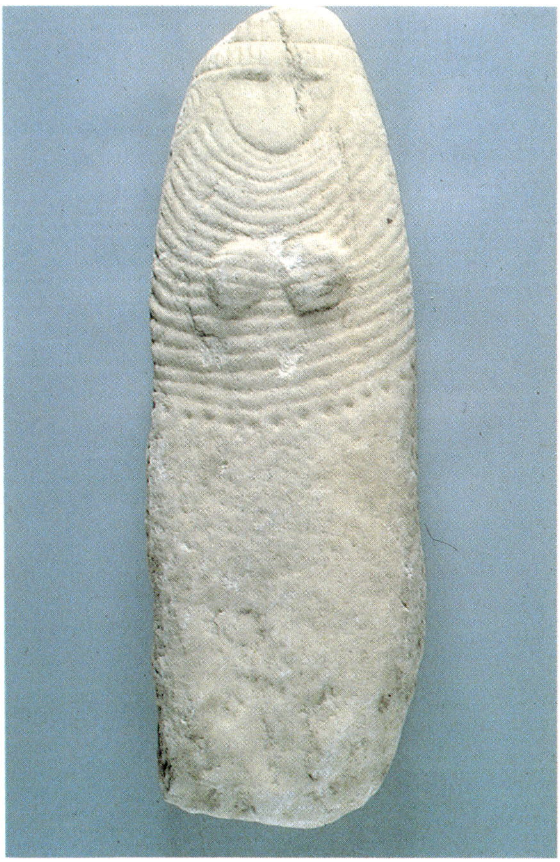

»Der Zeuge aus dem Gletscher« während der Dreharbeiten für die UNIVERSUM-Dokumentation (oben).
Die zweite Nachgrabung am Tisenjoch im Sommer 1992 (unten).

bald danach ein. Funde von Teilen des Pferdezaumzeuges geben uns Hinweise darauf. Für den norditalienischen Raum ist die Pferdehaltung erst aus der mittleren Bronzezeit bekannt (nach 1500 v. Chr.).

Auch Hunde wurden in der Jungsteinzeit gegessen. Wiederum kann dies durch Schnittspuren an Knochen nachgewiesen werden, die man in einer Seeufersiedlung am Bodensee fand.

Die ersten jungsteinzeitlichen Siedlungen an den Seen des Schweizer Mittellandes entstanden um 4500 v. Chr. Wegen der relativ unfruchtbaren Böden erlangte die Viehhaltung von Anbeginn an eine große wirtschaftliche Bedeutung. In der Pfyn- und Cortaillod-Kultur hielt man Rinder hauptsächlich wegen des Fleisches. Der Anteil an Jungtierknochen ist sehr hoch. Das mag damit zu tun haben, daß durch eine Schlachtung im Herbst ein Durchfüttern durch die Wintermonate erspart blieb. Die Böden waren nicht allzu fruchtbar, und die kleinen fruchtbaren Flächen wurden zum Getreideanbau genützt. Man wollte diese Flächen nicht als Futterwiesen vergeuden. Daher verwundert es auch nicht, daß die ersten Nachweise für die Nutzung von Hochweiden aus diesem Gebiet stammen.

In der Horgen-Kultur – also zeitgleich mit dem Gletschermann – trieb man die Schafherden erstmals auf hochgelegene Weiden. Seine Anwesenheit auf dem Tisenjoch und verschiedene Pollenanalysen aus der näheren Umgebung lassen aber den Beginn der Weidewirtschaft in einem neuen Licht erscheinen. Im Gurgler Tal wurden auf 2200 Metern Seehöhe Mooruntersuchungen durchgeführt. Sie zeigen, daß hier bereits um 4000 v. Chr. Brandrodung betrieben wurde. Durch das Abbrennen wurden Flächen als Weideland nutzbar gemacht. Der Beginn der Weidewirtschaft liegt also zumindest im näheren Umfeld des Tisenjochs weiter zurück, als man bisher annahm.

Im Norditalien datieren die frühesten Nachweise auf eine Beweidung von Hochflächen in die Zeit der Vasi-a-Bocca-Quadrata-Kultur. Siedlungen wie jene in Riparo Mandrizza in 1600 Metern Seehöhe in den Dolomiten wurden wohl von Hirten während der Sommermonate bewohnt, während das Vieh auf den Almen weidete.

An Fundstellen der Vasi-a-Bocca-Quadrata-Kultur, wie zum Beispiel in Rivoli, grub man Tonsiebe aus. Diese Siebe wurden wahrscheinlich bei der Käseerzeugung verwendet.

Die Jagd

Welche Bedeutung die Jagd für die Bewohner der einzelnen jungsteinzeitlichen Siedlungen hatte, ist einfach nachzuweisen. Man muß nur den Anteil der Haustierknochen mit dem der Knochen von Wildtieren vergleichen. Die große Bedeutung der Jagd läßt sich in fast allen Kulturen des Alpenraumes nachweisen. Das ist das Ergebnis einer optimalen Anpassung an die Umwelt, denn in den Wäldern und Bergen gab es viele Wildtiere. Dementsprechend nahmen in den Siedlungen aus jener Zeit die Wildtierknochen stark zu. Am häufigsten wurde Rotwild, Wildrind, Reh, Wildschwein, Gemse, Steinbock und Elch gejagt. Man erlegte aber auch kleinere Tiere. Der Biber wurde sicher wegen seines Felles erlegt.

In diesem Zusammenhang kann man die Frage stellen, ob die Ausrüstung des Mannes vom Tisenjoch für die Jagd oder den Kampf gedacht war. Wahrscheinlich verwendete man derartige Waffen für beides.

Fischfang

Fischfang wurde mit Netzen, Harpunen und Angelhaken betrieben. Als Teile der Netzbeschwerung werden in Birkenrinde eingehüllte Kiesel gedeutet, die später durch steinerne Netzsenker abgelöst werden. Die Seen, an denen die Menschen der Jungsteinzeit Siedlungen angelegt hatten, waren damals sicher reich an verschiedensten Fischarten. Man fing sicherlich auch in den Gebirgsbächen Fische. Harpunen aus Knochen weisen auf den Fischfang hin, dem sicher an den Seen eine weitaus größere Bedeutung als in den Bergen zukam. In den Seeufersiedlungen der Schweiz und Süddeutschlands fand man Angelhaken aus Knochen und Eberzahn. Die Fertigung der Angelhaken wurde mit besonderer Sorgfalt ausgeführt, man kann also annehmen, daß der Fischfang einen hohen Stellenwert in der Ernährung der Menschen hatte. Die Angelhaken der Mondsee-Kultur wurden zum Teil aus Kupfer gefertigt. Dies weist ebenso auf die Bedeutung des Fischfangs hin, denn sonst hätte man wohl kaum das kostbare Metall für Angelhaken verschwendet.

Bodenbearbeitung

Vier Getreidearten wurden während der Jungsteinzeit angebaut, nämlich drei Weizenarten (Einkorn, Emmer und Nacktweizen) und eine Gerstenart (mehrzeilige Gerste). Die Getreidearten, die man auf den kargen Böden im Alpenraum kultivierte, unterscheiden sich von jenen, die in den fruchtbaren Landstrichen angebaut wurden. Auf schlechteren Böden gedeihen Nacktweizen und Gerste relativ gut, daher baute man vor allem diese zwei Sorten in den Alpen an. Eine wichtige Rolle als Öllieferant spielte Lein. Leinfasern wurde auch zu Geweben verarbeitet. Erbsen ergänzten den Speisezettel.

Ackerunkrautpflanzen waren in der Jungsteinzeit weit verbreitet, das heißt, daß die Bodenbearbeitungsmaßnahmen nicht sehr intensiv gewesen sein können. Dies änderte sich erst mit der Erfindung und Verbreitung des Pfluges. Der Pflug brachte eine entscheidende Verbesserung des Bodenbaus mit sich. Spuren von Pflügen, die sich tief in den Boden eingegraben haben, konnten im Gebiet südlich der Alpen gefunden werden. In Aosta, Saint Martin de Corléans und in Casteneda in Graubünden fand man derartige Pflugspuren aus dem späten 4. Jahrtausend v. Chr.

Im Gebiet nördlich der Alpen fehlen bis jetzt Nachweise von Pflügen. Man fand allerdings Joche und Räder. Dies sind zumindest Hinweise auf den Einsatz von Zugtieren.

Das Getreide wurde nicht sehr lange nach der Einbringung der Ernte im Dorf gedroschen. Anschließend unterwarf man es einer Art Worfelprozeß.

Zwei besonders interessante Pflanzen, die vielfach verwendet werden konnten, sind der Schlafmohn und der Hanf. Hanf diente vor allem als Fasermaterial für Seile und Stoffe, Schlafmohn eignete sich zur Öl- und Gewürzherstellung. Beide Pflanzen sind dafür bekannt, daß sie Drogen enthalten. Drogen wurden während der Jungsteinzeit wahrscheinlich ausgiebig konsumiert. Die ersten eindeutigen Beweise für den Konsum dieser Drogen gibt es allerdings erst aus der Eisenzeit. Herodot beschreibt, daß die Skythen in Zelten Hanfsamen auf glühende Steine werfen. Er berichtet, daß sie den Rauch einatmen und dann unter lautem Heulen die Zelte verlassen. In Manerba am Gardasee gelang der bisher einzige sichere Nachweis des Gebrauchs pflanzlicher Drogen in der Jungsteinzeit. In den

Grabkammern dieser Fundstelle entdeckte man beträchtliche Mengen verbrannter Früchte und Samen. Alle waren eßbar mit Ausnahme der Tollkirsche. Sie ist als halluzinogene Droge bekannt.

In vielen afrikanischen Gesellschaften verwenden Zauberer Drogen, um dem Geist des Verstorbenen die Rückkehr in den Körper eines lebenden Mediums zu ermöglichen. Die Entdeckung solcher Pflanzensamen bei den Bestattungen von Manerba könnte auf solche Praktiken hindeuten.

Sammeltätigkeit

Das Sammeln wildwachsender Pflanzen spielte für die Ernährung eine wichtige Rolle. Man sammelte Wildschlehen, Wildäpfel, Himbeeren und Brombeeren, Erdbeeren, Hagebutten und Holunder. Wildäpfel wurden auch über den Winter gelagert. Man halbierte sie und dörrte sie anschließend. Haselnüsse wurden in der Nähe der Siedlungen regelmäßig gesammelt. Das Sammeln von Pilzen, Nüssen, Beeren und anderen Früchten wird wohl in den Tätigkeitsbereich der Frauen und der Kinder gefallen sein.

Ebba Koller

Ils Cuvels bei Zernez – ein Siedlungsplatz der Ötzi-Zeit

Der Schweizer Nationalpark am Ofenpaß in Graubünden ist nicht nur ein Refugium für alpine Pflanzen und Tiere. Er birgt auch eine der wichtigsten Fundstellen der ausgehenden Jungsteinzeit in geographischer Nähe zum Mann vom Tisenjoch. Der Ofenpaß mit seinen 2149 Metern Seehöhe war schon damals ein vielbenützter Übergang vom Vinschgau in das Engadin.

Hoch oben im Tal der Ova Spin wölbt sich ein 50 Meter langer, mächtiger Felsüberhang. In den Höhlen und unter den Überdächern fanden Archäologen schon in den dreißiger Jahren Holzkohlenreste, Unmengen von Wild- und Haustierknochen, Tonscherben von einfachem Kochgeschirr, einen Knochengriff mit eingesetztem Feuersteinsplitter und ein dreieckig geformtes, kleines Rohkupferstück. Besonders interessant im Hinblick auf die Ausrüstung des Mannes vom Tisenjoch sind zwei feingeschliffene »Knochenahlen«. So hatte man sie zumindest bisher bezeichnet. Auch der Gletschermann trug solche Knochenspitzen bei sich. Die neue Erkenntnis der Archäologen: Pfeilspitzen wurden damals nicht nur aus Stein, sondern auch aus Knochen hergestellt.

Die Haustierknochen stammen von Schafen, Rindern, Schweinen und Hunden. Diese Haustiere gehörten ausschließlich kleinen Rassen an, wie man sie aus den Pfahlbausiedlungen kennt.

Waren die Cuvels eine Raststation auf dem Weg über den Ofenpaß, ein Unterstand für Hirten und Jäger? – Wahrscheinlich beides, Zufluchtsort und schützendes Dach.

Die Fundstelle der Cuvels, jahrzehntelang von der Wissenschaft vergessen, ist erst durch den Gletschermann wieder in den Blickpunkt des Interesses geraten. Sie heute zu finden gleicht einem kleinen Abenteuer. Weg- und steglos geht es von der Ofenpaß-Straße über steile Bergflanken ins Tal des Gebirgsbaches Ova Spin und wieder hinauf zu den Felsdächern. Der Pflanzenbewuchs des nach Südosten orientierten Hanges weist auf Wärme und Trockenheit hin – ideale Lebensbedingungen für die Menschen der Jungsteinzeit.

Im Schweizer Nationalpark ist es nur mit Sondergenehmigung gestattet, die markierten Wege zu verlassen. Doch selbst dann würde man als Ortsunkundiger die Höhlen ohne Führer kaum finden. Ein kleiner Stausee, der das Wasser der Ova Spin und anderer Bäche sammelt, ist allerdings Freizeitparadies für einige einheimische Fischer. Sie haben den Felsüberhang wie einst die Steinzeitmenschen als Schutzdach gewählt. Der Zivilisationsmüll, den sie hinterlassen – Plastiksäcke oder Getränkedosen –, ist noch nicht antik genug, um wissenschaftliches Interesse hervorzurufen. Noch ist er ein höchst gegenwärtiges Ärgernis.

Bauen und Wohnen in der späten Jungsteinzeit

Im langen Zeitraum von 3800 bis 2400 v. Chr. bestanden im Alpenraum und den angrenzenden Gebieten große Unterschiede in der Bauweise der einzelnen Häuser und in der Anlage der Dörfer. In der späten Jungsteinzeit gibt es Kulturen, aus deren Gebiet wenige oder überhaupt keine Siedlungen bekannt sind. Dies gilt zum Beispiel für die Remedello- und die Civate-Kultur in Norditalien. Aus anderen Kulturen kennen wir sehr viele Dörfer. Die Seeufersiedlungen der Schweiz gehören zu dieser Gruppe.

Betrachtet man die Lage der Siedlungsplätze, so fällt auf, daß es prinzipiell vier bevorzugte Stellen gibt, nämlich an den Seeufern, direkt im See, in Tallagen und auf Hügelkuppen oder Felsen.

Es waren teils ökonomische, teils strategische und auch kulturelle Gründe, die den Ausschlag für die Wahl eines bestimmten Platzes gaben. Ein Unterschied zwischen diesen Siedlungsplätzen ist der strategische. Siedlungen auf Hügelkuppen und Felsen waren schon von Natur aus besser geschützt als Siedlungen im Tal oder an Seen. Standorte direkt im See und auf Inseln waren ihrerseits leichter zu verteidigen als Dörfer am Ufer.

Es lassen sich viele ökonomische Gründe anführen, die zur Auswahl einer bestimmten Stelle führten. Die Lage an einer Handels- oder Durchzugsstraße mag mehr Gewicht gehabt haben als alle strategischen Überlegungen. Dörfer wurden sicher auch immer nach der Umgebung, den jeweiligen Jagdrevieren und möglichen Feldflächen ausgesucht. Eine besonders wichtige Rolle spielte das Vorhandensein von Quellen zur Trinkwasserversorgung, ohne die ein Leben unmöglich gewesen wäre.

Die kulturellen Gründe für die Wahl eines bestimmten Standortes für ein Dorf sind archäologisch viel schwieriger nachzuweisen. Es scheint auch so zu sein, daß außerhalb des Gebietes der Seeufersiedlungen keine einheitlichen Siedlungsmuster vorhanden waren, daß also Gebiete mit einheitlicher Keramik, Bestattungsweise und Religion nicht immer auch eine gleichartige Siedlungsweise aufweisen. Sie scheint nicht unbedingt Ausdruck der Kultureinheit gewesen zu sein.

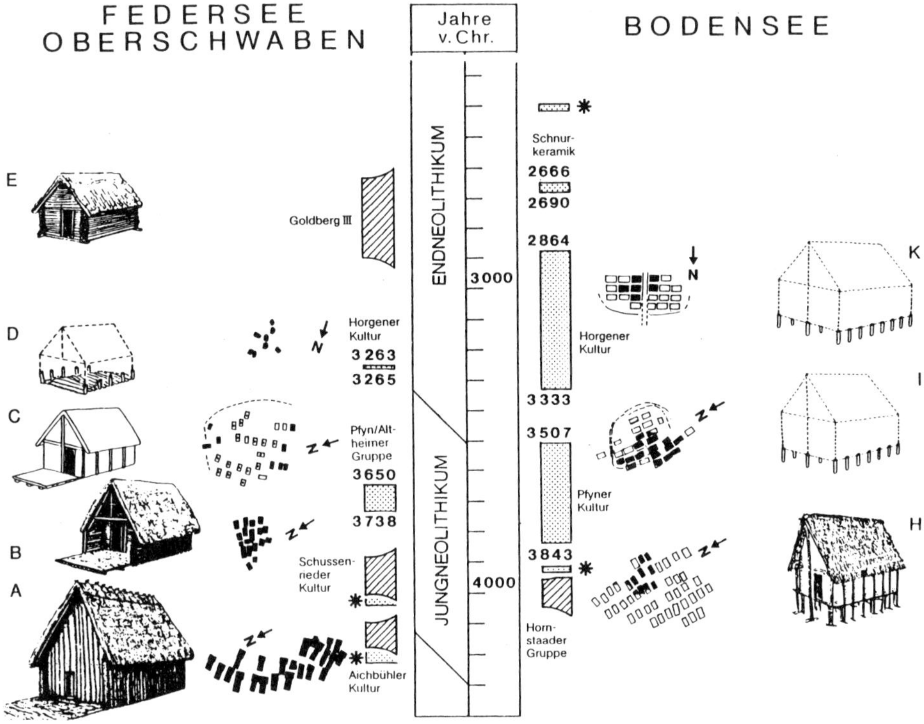

Entwicklung der Hausformen in Seeufersiedlungen in Oberschwaben und am Bodensee:
Im Zeitraum von 4500 bis 2200 v. Chr. blieben die Hausformen nahezu unverändert. Es gab Häuser in Blockbautechnik, aber auch mit Wänden aus Rutengeflechten. Die Flechtwerkwände wurden mit Lehm verstrichen. Das Satteldach war die übliche Dachform. Kleine Vorplätze vor dem Hauseingang dienten als Anlegestelle, aber auch als Aufenthalts- und Arbeitsplatz.
Die Siedlungspläne zeigen, daß die Dörfer großteils planmäßig angelegt wurden. Die Häuser liegen in parallelen Reihen an Straßen bzw. Kanälen. (nach Schlichtherle 1990)

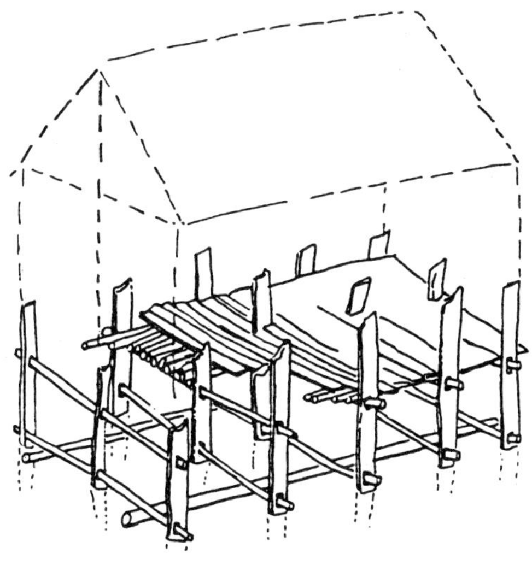

Über die Anzahl der Häuser in einem Dorf weiß man vor allem durch die Pfahlbausiedlungen sehr viel. Es gab weilerartige Dörfer mit nur drei bis vier Gebäuden bis hin zu großen Dörfern mit vierzig bis fünfzig Häusern. Manche dieser ganz kleinen Dörfer dienten vielleicht nur als Lager während der Sommermonate, wenn die Jäger und Hirten fern vom Heimatdorf unterwegs waren.

Pfahlbaudörfer am Ufer und im See

Die Seeufer- und Seesiedlungen sind von den Westalpen über den Jura bis ins Schweizer Mittelland und weiter am Nordrand der Alpen vom Bodensee bis ins Salzkammergut verbreitet. Dabei wurden sowohl kleinere als auch größere und große Seen als beliebte Siedlungsplätze ausgewählt. Trotz der vielen Seen am Südrand der Alpen blieben deren Ufer weitgehend unbesiedelt. Aus der Lagozza-Kultur kennt man bisher nur wenige Siedlungen an Seen.

Ein immer noch ungeklärtes Phänomen ist das Vorhandensein oder Fehlen von Siedlungen in und um Seen in den verschiedenen Kulturen und Zeitstufen. Alle anderen Siedlungsstellen wurden immer wieder aufgesucht, wie Hügelkuppen, Tallagen und sanfte Berghänge. Nur die Besiedlung der Seeufer trat vereinzelt, aber dann sehr konzentriert auf. Dies war eben in der späten Jungsteinzeit der Fall. Eines weiß man aber mittlerweile genau: Das Fehlen von Siedlungen an Seeufern hat nichts mit den Wasserspiegelschwankungen zu tun. Es müssen andere, kulturelle Gründe gewesen sein, die die Menschen vom Errichten derartiger Siedlungen abgehalten haben.

Die Pfahlbausiedlungen sind die eindrucksvollsten Dörfer aus der europäischen Jungsteinzeit. Im Winter des Jahres 1854 lag am Zürichsee der Wasserspiegel extrem tief. Am Seeboden fand man eine Unzahl von Pfählen, aus denen die Häuser gebaut worden waren. Seit damals stehen diese Siedlungen im Mittelpunkt wissenschaftlicher Forschung. Lange Zeit herrschte in der Urgeschichtsforschung Uneinigkeit über die Frage, ob denn die Siedlungen am Ufer, und damit nur bei Wasserhochstand im Wasser, oder direkt im See gestanden waren. Man nannte diese Streitfrage das »Pfahlbauproblem«. Durch Ausgrabungen mit modernen Techniken konnte diese Frage geklärt werden. Man stellte nämlich fest, daß es sowohl Dörfer am Ufer als auch Siedlungen im See gegeben hat. Die Häuser von Ufersiedlungen standen entweder am Trockenen oder im Moor. Abgesehen davon nützte man kleinere oder größere Inseln in den Seen als Standorte für Siedlungen. Erst seit ungefähr 30 Jahren kommen die neuen Techniken der Ausgrabung und Konservierung der Hölzer zur Anwendung. Erst diese methodisch besser durchgeführten Ausgrabungen führten zu aufsehenerregenden Erkenntnissen, was das Leben in diesen Siedlungen betrifft. Man erhält ein exaktes Bild der Siedlungsstruktur an jedem See, in jedem Dorf. Man weiß, wann die Häuser gebaut wurden und wie oft sie ausgebessert wurden. Ebenso kann die Gleichzeitigkeit verschiedener Dörfer bestimmt werden.

Die dendrochronologischen Daten beweisen, daß viele der Dörfer zur selben Zeit errichtet worden sind. Man kann dies mit einem plötzlichen Bevölkerungsschub in jenen Gebieten in Verbindung bringen. Die Besiedlungsdichte an den Seen war damals ungewöhnlich hoch.

Man konnte feststellen, daß die Lage der Siedlungen vom Typ des Sees abhing. Die Menschen beobachteten damals offensichtlich zuerst einige Zeit lang die Wasserspiegelschwankungen, ehe sie an den Aufbau der Häuser an einer bestimmten Stelle gingen. Die Häuser waren entlang des Seeufers oder, wenn sie direkt im Wasser standen, parallel dazu aufgereiht. Standen sie am Ufer, so war die Giebelfläche der Gebäude, an der sich auch die Tür befand, dem See zugewendet. Die Dörfer lassen ein gewisses Maß an Planung erkennen. Die Gebäude lagen in Reihen entlang parallel verlaufender Straßen oder Kanäle. Die Siedlung in Zürich-Pressehaus wurde in der Schnurkeramik-Kultur angelegt. Man kann hier deutlich mehrere Bauphasen innerhalb eines Zeitraumes von nur sieben Jahren erkennen. Zuerst errichtete man nur ein einziges Haus. Später kamen fast jährlich neue Gebäudegruppen dazu. Der Dorfplan, der sich am Ende ergab, zeigt Häuser in parallelen Reihen und gleichen Abständen. Daraus läßt sich schließen, daß die Siedlung bereits bei der Anlage des ersten Hauses geplant war.

Einige Gebäude, aber auch einige Dörfer, waren von Zäunen umgeben. Dies diente aber wohl weniger der Verteidigung. Dazu waren die Zäune viel zu niedrig und zu unstabil. Vielmehr dienten sie wohl zur Abgrenzung von Eigentumsbereichen. Diese Zäune erforderten sicher die

Zusammenarbeit aller Dorfbewohner. Sie sind ein Ausdruck für den Zusammenhalt der Gemeinschaft und zeigten die Eigenständigkeit eines Dorfes nach außen hin. Im Mittelalter war die Stadtmauer nicht nur ein Zeichen der Souveränität, sondern auch ein handfestes Symbol für das Stadtrecht. Wir müssen die Zäune in Siedlungen der späten Jungsteinzeit wohl dahingehend interpretieren. Außerdem konnten auf diese Weise wilde Tiere vom Dorf ferngehalten werden. Palisaden als Schutz vor feindlichen Angreifern konnten bisher noch nicht eindeutig nachgewiesen werden. Vielleicht ist das der Grund dafür, daß in unruhigen Zeiten die Seeufersiedlungen aufgegeben wurden. Man bewohnte dann Dörfer in geschützten Lagen, wie zum Beispiel auf Hügelkuppen.

Die Siedlungen fielen manchmal katastrophalen Bränden zum Opfer. Es ist natürlich möglich, daß das mit kriegerischen Auseinandersetzungen rund um die Dörfer zu tun hat. Ebenso leicht konnte ein Brand durch eine unbeaufsichtigte, außer Kontrolle geratene Feuerstelle entstehen.

Wurden die Siedlungen aufgegeben, so erfolgte dies zumeist in planmäßiger Form. Alles, was man im neuen Dorf brauchen konnte, nahm man mit. Das Verlassen von Dörfern hing sicher mit der Erschöpfung der Rohstofflagerstätten und Weide- und Feldflächen zusammen. Eine rapide Senkung des Wildbestandes veranlaßte die Menschen ebenfalls, einen neuen Standort zu suchen.

Die Konstruktion der Häuser

Die Häuser all dieser Dörfer rund um die Seen und in den Seen standen auf Pfählen. Im Moor waren die Pfähle ebenso notwendig wie im Wasser. Auch am Ufer war diese Bauweise von Vorteil, denn hier kam es öfters zu Überflutungen. Durch die erhöhte Lage der Häuser war man vor dem ansteigenden Wasser bestens geschützt. Ganz abgesehen davon bieten Häuser auf Pfählen auch Schutz vor Tieren und Ungeziefer. Aus der Völkerkunde sind uns Speicherbauten auf Pfählen bekannt. Auf diese Weise werden Mäuse und Ratten vom Getreide ferngehalten. Die Höhe der Pfähle variiert stark, die Häuser befanden sich daher in verschiedenen Siedlungen verschieden hoch über dem Boden beziehungsweise der Was-

Entwicklung einer Siedlung aus der Schnurkeramik-Kultur in Zürich: In nur sieben Jahren entstand aus einem einzigen Haus eine großflächige, planmäßig angelegte Siedlung. Auf den ersten Blick scheint es, als seien die Gebäudegruppen, die jährlich dazukamen, einfach irgendwohin gebaut worden. Ganz eindeutig war dies aber nicht der Fall. Der Plan des fertig errichteten Dorfes muß den Erbauern des ersten Hauses bereits vorgeschwebt sein. Sonst wären am Ende nicht derartig parallele, einheitliche Reihen von Gebäuden entstanden. (nach Gross und Ruoff 1990)

serlinie. Die Pfähle waren an ihrem unteren Ende mit einem sogenannten Pfahlschuh verstärkt. Es handelt sich dabei um waagrecht angebrachte Holzblöcke, die ein Einsinken des Pfostens in den Boden verhinderten.

Innerhalb einer Siedlung hatten alle Häuser die gleiche Größe. Die Häuser wurden in der Schwellbalkenkonstruktion errichtet. Auf den senkrechten Pfählen baute man zuerst einen Unterbau auf, der die Feuchtigkeit vom Fußboden fernhalten sollte. Man zimmerte aus vier kreuzweise übereinandergeschichteten Lagen von Baumstämmen eine Art Plattform. Auf dieser Plattform entstand dann das neue Haus. Mit Hilfe dieser Stelzbauweise wurde der Boden des Hauses vom Baugrund abgehoben. Das heißt, die Fußböden saßen auch am Ufer oder im Moor nicht direkt am Grund auf. Die Wände bestanden entweder aus Flechtwerk von Zweigen und dünneren Stämmen, oder sie wurden in Blockbautechnik errichtet. Man verschmierte sie in jedem Fall mit Lehm, wodurch sie wetterbeständig wurden. Darauf setzte man das Dachgerüst. Das Satteldach wurde mit Stroh gedeckt. Nicht allzu häufig findet man Teile von Türen. Man verwendete dazu Bretter von gewaltigen Bäumen mit großem Durchmesser. Die Türen hatten Angeln zum Einzapfen in den Türstock, der von Pfosten gebildet wurde. Zwei Löcher in der halben Türhöhe an deren Rand nahmen wohl ursprünglich den Riegel auf. Die Türen waren damals sehr niedrig, man mußte sich beim Eintreten ins Haus bücken.

Es gab Gebäude für verschiedene Verwendungszwecke. Neben Wohnhäusern wurden auch Kornspeicher, Stallungen und Viehpferche ausgegraben. Ein schönes Beispiel für eine derartig aufgebaute Siedlung bietet die Fundstelle Thayngen-Weier im Kanton Schaffhausen. Es handelt sich um eine Siedlung in einem Moor aus der Pfyn-Kultur.

In diesen Wohnhäusern arbeitete, schlief und kochte man. Die Wohnhäuser dienten wohl jeweils einer Familie als Unterkunft. Feuerstellen wurden aus Steinplatten aufgeschichtet. Darüber brachte man eine dünne Lehmschicht an. Derartige Feuerstellen eignen sich neben dem Kochen auch zum Backen von Brot. Mahlsteine und dazugehörige Läufer sind Hinweise auf das Mahlen des täglichen Bedarfs an Getreide im Haus. Die Viehpferche errichtete man als hohe Zäune ohne ein Dach darüber.

Die Funktion einiger Gebäude als Stall ließ sich durch die Entdeckung von Ziegenmist und Puppen von Pferdefliegen feststellen. In den Wohnbauten hingegen befanden sich Puppen der Stubenfliege.

Wehrsiedlungen

Die Menschen der Cham- und der späten Vasi-a-Bocca-Quadrata-Kultur bevorzugten Hügelkuppen. Der Fundort Rocca di Rivoli im Etschtal nördlich von Verona ist ein Beispiel für eine derartige geschützte Siedlung der Vasi-a-Bocca-Quadrata-Kultur. In Rocca di Rivoli wurde übrigens wunderschön verzierter Wandverputz aus der späten Jungsteinzeit entdeckt. Viele dieser Standorte wurden im Mittelalter als ideale Plätze für den Burgenbau sozusagen wiederentdeckt.

In der Altheim-Kultur wählte man als Standorte für Siedlungen sowohl Hügelkuppen als auch die Talbodennähe.

Die wenigen Siedlungsplätze, die aus der Remedello- und der Civate-Kultur bekannt sind, liegen am Fuß von Berghängen in den Tälern.

Siedlungen auf Hügelkuppen oder Felsen waren in unruhigen Zeiten ein idealer Wohnplatz. Man sah die Feinde bereits sehr früh, wenn sie noch weit entfernt waren. Man hatte Zeit, sich auf den Kampf vorzubereiten. Außerdem mußten die Gegner erst einmal den Berg, Hügel oder Felsen hinaufklettern, was anstrengend war. Dies zusammen verschaffte den Bewohnern derartiger Siedlungen einen großen Vorteil bei kriegerischen Auseinandersetzungen.

Die Dörfer der Altheim-Kultur, die in Talbodennähe angelegt wurden, waren zu dieser Zeit künstlich befestigt. Man legte um die Siedlung Gräben an. Oft zog man mehrere Wehrgräben parallel zueinander, um ein Eindringen zu erschweren. Palisadenreihen an den Grabenrändern dienten dem zusätzlichen Schutz. Diese Art der Befestigung war sicher die beste für eine Siedlung in einer ungeschützten Lage.

In allen Siedlungen dieser Zeit scheint man kleine, rechteckige Häuser errichtet zu haben, in denen jeweils eine Familie lebte. Die Wände wurden aus Flechtwerk oder in Blockbautechnik ausgeführt. Lehmbewurf war auch hier als Verputz der Wände üblich. Vom Götschenberg bei Bischofshofen, Salzburg, sind in den Boden eingetiefte Grubengrundrisse bekannt, die Häuser befanden sich also zum Teil unter dem Bodenniveau, ähnlich einem Keller.

Eine Gesellschaft im Umbruch – Von der Gleichheit zu Rang und Erbe

Die Ausrüstung, die der Gletschermann bei sich trug, läßt erkennen, daß er zu Lebzeiten ein wohlhabender Mann war. Es ist verlockend, vom Wohlstand dieses Mannes auf eine hohe Stellung in der Gemeinschaft, in der er lebte, zu schließen. Die Rekonstruktion des gesellschaftlichen Lebens in prähistorischen Gemeinschaften ist wohl eine der interessantesten Aufgaben der Urgeschichtsforschung. Aber sie ist im gleichen Ausmaß schwierig. Es gibt jedoch eine Möglichkeit, sich den damaligen sozialen Strukturen zu nähern. Man zieht Vergleiche mit heute noch lebenden Gesellschaften. Die Völkerkunde beschäftigt sich mit Gruppen, die sich noch nicht unserem modernen Lebensstil angepaßt haben. Es werden Gesellschaften untersucht, die Lebensweisen praktizieren, die jenen der prähistorischen Menschen jedenfalls ähnlicher sind als unsere Lebensweise. Auf der Basis dieser Studien werden in der Völkerkunde theoretische Modelle entwickelt, die sich mit der grundsätzlichen kulturellen Entwicklung der Menschen beschäftigen. Ein Teilbereich davon ist die Erforschung von Gesellschaftsstrukturen.

Das 4. und 3. Jahrtausend v. Chr. ist durch eine große Vielfalt an wirtschaftlichen Aktivitäten gekennzeichnet. Diese Neugestaltung der Wirtschaft führte allmählich zu Veränderungen in der althergebrachten Gesellschaftsstruktur, die in der Bronzezeit in einem grundsätzlichen Wandel gipfelten. Neue Errungenschaften wie das Rad (Ausbau des Handelsnetzes), der Pflug (Intensivierung des Bodenbaus), Fortschritte bei der Tierhaltung (bessere Zuchtmethoden) und vor allem die Einführung der Metallverarbeitung hatten weitreichende Auswirkungen auf die soziale Ordnung. Das bedeutete, daß in diesem Zeitraum eine Veränderung hin zu einer optimalen Ausnützung der Natur stattfand. In diesem Zusammmenhang sagen nun die Vertreter der Schule des Amerikanischen Neoevolutionismus, daß die Schichtung innerhalb einer Gesellschaft davon abhängt, in welchem Ausmaß jeder einzelne die Natur und ihre Ressourcen ausnützt. Es geht also um die Fähigkeit, mehr zu produzieren, als die eigene Gruppe zum Überleben braucht. Wenn die Natur in dieser

Weise genützt wird, dann bilden die Erträge aus dem Handel und Austausch die Grundlage für eine geschichtete Gesellschaft. Erst dann bildet sich eine Zentralinstanz heraus, die alles lenkt und leitet. Diese Instanz ist der Häuptling. Über ihn läuft dann auch die Umverteilung der Güter innerhalb der Gruppe. Aus einer wirtschaftlichen Ungleichheit, denn nicht jeder Haushalt kann alles produzieren, entsteht eine politische und religiöse Ungleichheit. Die Macht gelangt in die Hände kleiner Gruppen. Durch die Vererbung dieser Macht bleibt sie auch immer in deren Hand.

Der Zugang zu dieser übernatürlichen Welt erfolgt an bestimmten Plätzen. Man verwendet Kultgegenstände zur Kommunikation mit den übernatürlichen Wesen. Das Aufsuchen dieser Plätze und die Verwendung der Kultgegenstände ist nun nicht mehr allen Menschen in gleicher Weise gestattet. Das bedeutet wiederum, daß nicht jeder in gleichem Ausmaß bei den übernatürlichen Wesen um eine gute Ernte, viele Kinder und genügend Essen bitten kann.

Kurz gesagt, erst wenn es einen ungleichen Zugang zu den Ressourcen gibt, tritt eine geschichtete Gesellschaft auf. Die Möglichkeiten eines einzelnen sind also schon von vornherein limitiert. Gewisse Felder, Weiden und Jagdgründe darf er nicht benützen.

Vor dieser Zeit war es ganz anders. Es gab wahrscheinlich keine großen sozialen Unterschiede zwischen Menschen in einer Gruppe. Jeder hatte Zugang zu allen Ressourcen. Die Aufteilung der Ernte, der Jagdbeute und des Ertrages im Handel erfolgte ziemlich gleichmäßig. Status und Prestige konnte jeder erringen, man war nicht abhängig von irgendwelchen erblichen Rechten. Man konnte zum Anführer einer Gruppe gemacht werden, wenn man nur genügend Geschenke austauschte und im Kampf erfolgreich war.

Wir sehen also, die Unterschiede zwischen diesen zwei Gesellschaftsstrukturen sind enorm. Zuerst konnte jeder zu Reichtum und Ansehen gelangen, wenn er nur fleißig und tapfer war. Nach diesen weitreichenden Veränderungen half es ihm nichts mehr, tapfer und fleißig zu sein. Man mußte das Glück haben, in eine bereits angesehene Familie hineingeboren zu werden.

Den einzigen Vorteil hatte die Gruppe als Ganzes. Denn erst in der geschichteten Gesellschaft kehrten Ruhe und Stabilität ein. Da die wesentlichen Positionen erblich waren, gab es keine tiefgreifenden Streitigkeiten.

Sie waren schon von vornherein für bestimmte Personen vorgesehen. In der Zeit davor erlosch der Status eines Anführers mit seinem Tod. Es gab also immer wieder heftige Kämpfe um die Nachfolge als Anführer einer Gruppe. Dazu kommt, daß jeder neue Häuptling natürlich seine Verwandten und Bekannten bei der Verteilung der Güter bevorzugte. Auch das birgt Konfliktpotential in sich.

Die Gruppen von Menschen waren in der späten Jungsteinzeit sicher in Form von Stämmen organisiert. Diese Organisation hatte Vorteile. Jeder Mensch gehörte einer dieser Gruppen an und war in sie integriert. Das Zusammengehörigkeitsgefühl war groß, man half sich gegenseitig, wenn es nötig war. Gleichzeitig war die Struktur der Stämme aber sehr starr. Verließ ein Mensch seinen Stamm, weil er sich gewissen Regeln nicht unterwerfen wollte, so tat er dies für alle Zeiten. Denn eine Rückkehr in die Geborgenheit des Stammes war danach nicht mehr möglich. Die Stämme waren in kleinere Einheiten unterteilt, bis hin zu Dorfverbänden. Diesen kleinsten Einheiten stand ein Dorfoberer vor.

In der Seeufersiedlung von Zürich erkennt man im Dorfplan eine Gruppierung von Häusern. Neu gebaute Häuser wurden immer in zwei Gruppen angelegt. Dies läßt auf eine Unterteilung der Gruppe in zwei Hauptsippen schließen. Man kennt derartige Unterteilungen aus der Völkerkunde. Sie stehen mit den Heiratsregeln in Zusammenhang. Die Angehörigen dieser Bevölkerungsteile müssen aus dieser Gruppe hinausheiraten.

Der Mann vom Tisenjoch lebte genau zur Zeit dieser grundlegenden Veränderungen im Bereich der Sozialstruktur. Betrachtet man nun sein kulturelles Umfeld im Alpenraum, dann deutet einiges auf eine Gesellschaft hin, die nicht geschichtet war. Die gesellschaftliche Gliederung war, wie gesagt, wenig ausgeprägt. Erinnern wir uns an die Häuser der Dörfer. Sie waren alle gleich groß. Es gab keine Gebäudekomplexe, die man als Hof des Häuptlings interpretieren könnte.

Die Beigaben in den Gräbern sind großteils einheitlich, was den Wert und die Anzahl der Stücke betrifft. Der Grabbau weist keine wesentlichen Unterschiede auf. Manchmal treten – wie im Gräberfeld von Remedello – reicher ausgestattete Gräber auf. Aber sie heben sich nicht allzusehr vom Durchschnitt der Gräber ab.

Der Gletschermann gehörte wohl zu jenen Männern, die durch

Erfolge in der Viehzucht und im Bodenbau, aber auch bei kriegerischen Auseinandersetzungen zu Reichtum gelangt waren. Doch sein Ansehen in der Gemeinschaft war nicht erblich.

Prestigeobjekte und Tätowierungen – ein Rangsymbol?

Die Prestigeobjekte aus jener Zeit geben uns keinen Hinweis auf die Gesellschaftsstruktur. Denn derartige Gegenstände findet man sowohl in Gesellschaften mit ausgeprägter oder keiner Schichtung. In der späten Jungsteinzeit waren diese Objekte sehr beliebt. Steinerne Streitäxte und Keulenköpfe gehören ebenso dazu wie Perlen aus Marmor und Steatit, Halsketten aus verschiedenen Materialien und Schalen von Muscheln aus dem Mittelmeer. Prestigeobjekte können durchaus auch als Zahlungsmittel verwendet worden sein. Vielleicht benötigte man sie bei verschiedenen Tauschaktionen. Nur wenige Gegenstände weisen auf eine besondere Bedeutung des Besitzers hin. Es sind dies eine Silbernadel und ein Brustschmuck aus Silberblech. Man fand diese Stücke im Gebiet der Remedello-Kultur. Möglicherweise handelt es sich um die Insignien eines Häuptlings.

Bedeutende Persönlichkeiten innerhalb einer Gruppe wurden offenbar in Stein verewigt. Es gibt aus der späten Jungsteinzeit eine Reihe von – allerdings sehr stilisierten – Statuen aus Stein, sogenannte Figurenmenhire. Es handelt sich wohl um die Abbilder angesehener Menschen, die man nach ihrem Tod für alle folgenden Generationen in Erinnerung bewahren wollte. Auf einer dieser Statuen ist eine Nadel abgebildet, die der Nadel aus der Remedello-Kultur ähnelt. Auch Dolche werden oft auf den Figurenmenhiren dargestellt. Die Verbindung Nadel-Dolch-Statue bestätigt die Annahme, daß es sich um den Ausdruck einer bedeutenden Position in der Gruppe handelt.

Tätowierungen bleiben ebenso selten wie der Körper, den sie zierten, erhalten. Um so interessanter ist es, daß am Mann vom Tisenjoch deutliche Tätowierungszeichen erkennbar sind. Sie sind fast nur an Stellen angebracht, die von der Kleidung verdeckt wurden. Ihre Bedeutung lag daher sicher nicht in der Dekoration des Körpers. Man kann vielmehr annehmen, daß es sich um magische Zeichen oder um die Zeichen der Zugehörigkeit zu einer bestimmten Gruppe handelt. Bei vielen afrikanischen Stämmen zeigt die Tätowierung die Zugehörigkeit eines Individuums zu einer bestimmten Gruppe.

Ein Gefäß aus Sipplingen am Bodensee ist unübersehbar mit einem Paar herausmodellierter weiblicher Brüste versehen, die durch eingestochene Punktmuster verziert sind. Es handelt sich wohl um die Darstellung eines tätowierten weiblichen Körpers. Solche Muster findet man bei afrikanischen Stämmen. Eine Vorstellung vom Körperschmuck der ausgehenden Jungsteinzeit vermittelt auch der Wandverputz eines Pfahlbauhauses, der in Ludwigshafen am Bodensee in Baden-Württemberg vor kurzem ausgegraben wurde. Es ist die erste bemalte Hauswand, die man bisher im Alpenraum gefunden hat. Sie stammt aus der älteren Pfyn-Kultur und ist damit etwas älter als der Gletschermann. Die mehr als 1000 Fragmente sind mit monumentalen geometrischen Mustern bemalt. Außerdem war die Hauswand mit Fruchtbarkeitssymbolen – nämlich plastisch herausgearbeiteten weiblichen Brüsten mit aufgemaltem Punktmuster – geschmückt. Der Wandverputz mit mindestens vier solcher Brustpaare stammt wahrscheinlich von einem Kulthaus.

Die wohl schönsten und beeindruckendsten Tätowierungen befinden sich auf den frostkonservierten Körpern von skythischen Häuptlingen in Pazyryk im zentralasiatischen Altai-Gebirge. Man übersäte Arme, Beine, Brust und Rücken mit einem Gewirr aus Fabelwesen.

Die Tonstempel aus der Vasi-a-Bocca-Quadrata-Kultur haben möglicherweise dieselbe Aufgabe erfüllt. Man stempelte sich bestimmte Musterkombinationen auf die Haut – wie Spiralen, Wellenlinien, Striche oder Kreuze – und drückte damit seine Zugehörigkeit zur Gruppe aus. Die einfachen Kreuz- und Strichtätowierungen des Gletschermannes sind am ehesten mit den frühen Stempelmustern der Vasi-a-Bocca-Quadrata-Kultur zu vergleichen. Die Tonfiguren, die man zusammen mit den Stempeln fand, sind bemalt. Sie zeigen uns die damals übliche Körperbemalung mittels Stempelung.

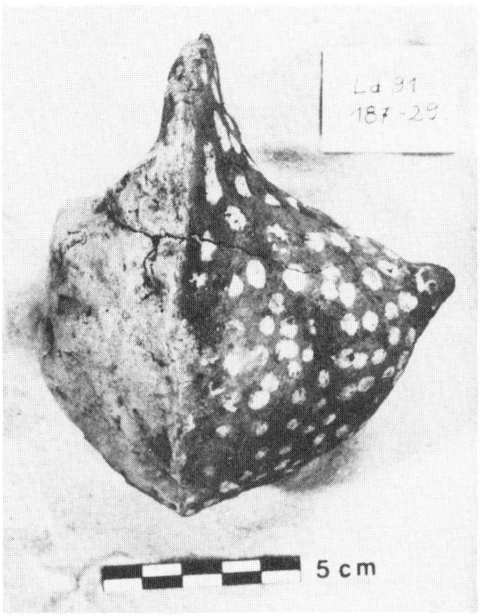

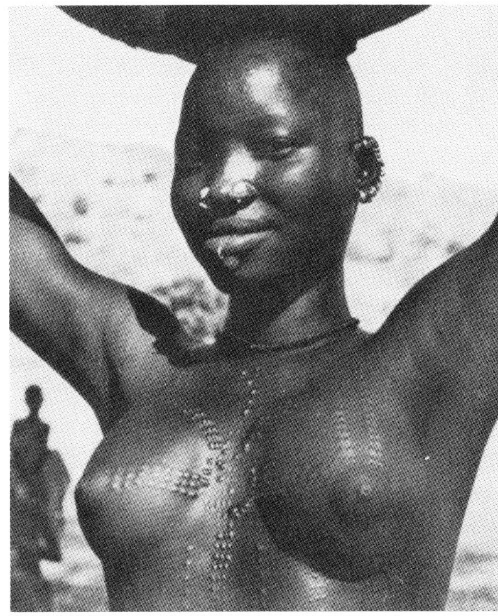

In Ludwigshafen am Bodensee in Baden-Württemberg wurde ein Wandverputz eines Pfahlbauhauses aus der älteren Pfyn-Kultur ausgegraben. Es handelt sich um die erste bemalte Hauswand, die im Alpenraum gefunden worden ist. Die mehr als 1000 Fragmente zeigen eine Bemalung mit monumentalen geometrischen Mustern. Außerdem war die Wand mit Fruchtbarkeitssymbolen – nämlich plastisch herausgearbeiteten weiblichen Brüsten – geschmückt. Das Gebäude diente wahrscheinlich Kultzwecken.

Auf einem Gefäß aus Sipplingen am Bodensee ist ein Paar herausmodellierter weiblicher Brüste zu sehen, die durch eingestochene Punktmuster verziert sind. Es handelt sich um die Darstellung eines tätowierten weiblichen Körpers. Solche Muster findet man bei afrikanischen Stämmen, zum Beispiel bei den Frauen der Nuba im Zentralsudan. (nach Schlichtherle und Wahlster 1986)

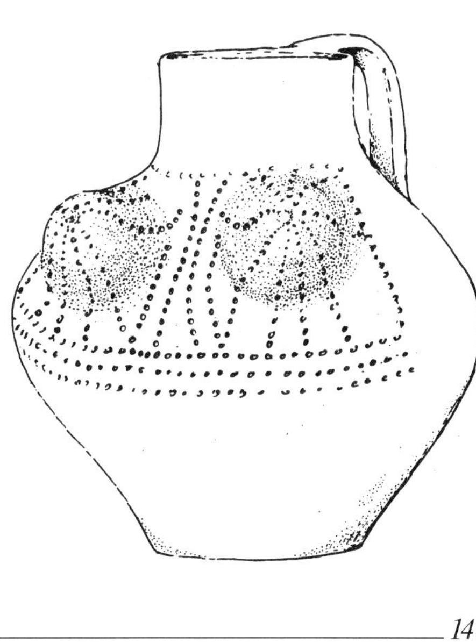

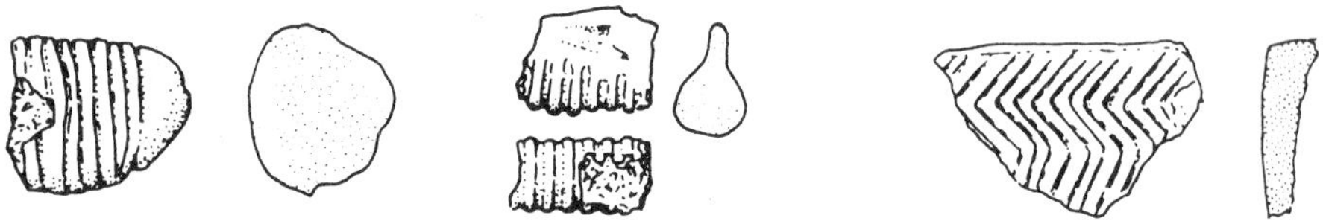

Tonstempel – sie werden auch Pintaderas genannt – aus der Vasi-a-Bocca-Quadrata-Kultur haben möglicherweise dieselbe Aufgabe wie die Tätowierungen erfüllt. Durch eine bestimmte Körperverzierung drückte man die Zugehörigkeit zu einer sozialen Gruppe aus. An Mustern gibt es Wellenlinien, Kreuze, Zickzacklinien, Kreise, gerade Linien etc. Man tauchte die Stempel in Farbe und drückte sie dann auf die Haut. (nach Barfield und Bagolini 1976)

Die Stellung von Mann und Frau

Die Zeit, in der wir uns hier bewegen, ist eine Epoche, in der die Bedeutung der Männer in der Gruppe immer größer wurde. Es gab eine ausgeprägte Arbeitsteilung zwischen Männern und Frauen. Die Männer bebauten die Felder, züchteten Tiere, betrieben Handel und Austausch und teilten sich die mächtigen Positionen in der Gemeinschaft. Die Spezialisierung auf bestimmte Handwerkstechniken war wohl auch den Männern vorbehalten. Man denke an die Feuersteinbearbeitung und an die Metallverarbeitung. Einen Hinweis auf die höhere soziale Stellung der Männer geben uns die Bestattungssitten. Die Männergräber sind in dieser Zeit immer viel reicher ausgestattet als die Frauengräber.

Die Frauen waren an der Herbeischaffung von Nahrungsmitteln nur peripher beteiligt. Sie waren für das Sammeln von Beeren und Nüssen verantwortlich und halfen bei der Arbeit auf dem Feld und im Stall. Ihre Hauptaufgabe lag neben ihren Aufgaben als Mutter in der Führung des Haushaltes. Dies war vor allem während der Monate, in denen die Männer mit den Herden auf den Weiden waren oder am Feld arbeiteten, eine sehr beanspruchende Tätigkeit.

Neben diesen Unterschieden zwischen den Geschlechtern gab es auch deutliche Unterschiede zwischen den Altersklassen. Man vermutet, daß am Übergang vom Kindesalter zu Adoleszenz ein Initiationsritus absolviert werden mußte. Aus völkerkundlichen Vergleichen kennen wir derartige Riten genau. Erst nachdem Knaben oder Mädchen sie hinter sich gebracht hatten, gehört sie voll und ganz zur Gruppe.

Erwachsenen Männern wurde ihr Dolch mit ins Grab gelegt, Kinder hatten nur einen kleinen Feuersteinabschlag bei sich.

Die Lebenserwartung

Gesellschaftsstrukturen können nur durch ein ständiges Aufrechterhalten der Bevölkerungsgröße gewährleistet werden. In diesem Zusammenhang ist die Frage der Lebenserwartung von großer Bedeutung.

Die Lebenserwartung war in der Jungsteinzeit erheblich niederer als die der heutigen Europäer. Es machte keinen Unterschied, ob man Jäger, Hirte, Bauer oder Viehzüchter war. Die höchste Sterblichkeitsrate lag zwischen der Geburt und dem 10. Lebensjahr. Erreichte man das 40. Lebensjahr, so war man ein Methusalem, denn vor diesem Alter starben bereits 98 Prozent der Bevölkerung.

Als der Mann vom Tisenjoch starb, war er zwischen 30 und 40 Jahren alt – ein Greis in seiner Zeit.

Einer der Gründe für eine hohe Sterblichkeit im Erwachsenenalter waren die häufigen kriegerischen Auseinandersetzungen. Es gab zwar in der späten Jungsteinzeit keine weltumspannenden Kriege, aber doch immer wieder größere kriegerische Auseinandersetzungen zwischen einzelnen Stämmen. Zumeist ging es wohl um Streitigkeiten bezüglich der Grenzen der Stammesgebiete, um Rohstofflagerstätten und gutes Weide- und Anbauland. Außerdem war der Kampf ein Mittel, um an die Macht zu kommen.

Es ist aber schwer zu klären, ob Pfeil und Bogen als Jagd- oder Kampfwaffe verwendet wurden. Eindeutige Hinweise auf kriegerische Auseinandersetzungen bieten Zerstörungsschichten in Siedlungen und Skelettfunde mit Hiebverletzungen. Beispielsweise in Gräbern der späten Jungsteinzeit in Südfrankreich fand man Skelette mit Pfeilverletzungen. Neben diesen direkten Hinweisen gibt es auch indirekte. Die Jagd spielte letztlich in den jungsteinzeitlichen Gemeinschaften eine relativ unwichtige Rolle. Das häufige Auftreten von Pfeil und Bogen würde demnach doch auf die häufige Verwendung im Kampf hinweisen.

Bedenkt man die großräumigen Verschiebungen von Bevölkerungsgruppen, dann versteht man die Bedeutung des Kampfes für die Menschen der späten Jungsteinzeit. Jeder Mensch, jedes Dorf verteidigte sich gegen die eindringenden Menschengruppen, wenn vorangehende friedliche Lösungsversuche der neuen Situation keinen Erfolg zeigten.

Kult und Jenseitsglaube in der späten Jungsteinzeit

Im Alpenraum findet man für die Zeit von 3800 bis 2400 v. Chr. eine Vielzahl verschiedener Belege für den Glauben und Kult der damaligen Menschen. Doch die Interpretation dieser Befunde gestaltet sich wie die Rekonstruktion der Gesellschaftsstruktur als eine der schwierigsten Aufgaben der Urgeschichtsforschung.

Gräber gehören zum Bild des Lebens in der Urzeit ebenso wie Siedlungen. Aus der späten Jungsteinzeit sind viele verschiedene Bestattungssitten bekannt. Man beerdigte die Toten innerhalb von Gräberfeldern. Einzelne Gräber abseits von Gräberfeldern treten aber ebenso auf. Bestattungen von Teilen des Skeletts, vor allem des Schädels, findet man in Gräbern und innerhalb von Siedlungsflächen. Besonders imposante Gräber sind die Megalithbauten. Es handelt sich um Großsteinbauten unterschiedlicher Verwendung. Sie beeindrucken wegen ihrer enormen Größe und dem gemeinsamen Auftreten mit langen Reihen aus senkrecht stehenden Steinen. In der Umgebung von Megalithbauten findet man stilisierte Figurenmenhire. Man gravierte in die Oberfläche der Steine, aus denen die Statuen geformt wurden, Menschen mit ihrer Kleidung, der Bewaffnung und ihrem Schmuck. Es sind Männer und Frauen dargestellt. Die Kleidung ist mit sorgfältig ausgeführten geometrischen Mustern verziert. Männer tragen Lendentücher. Sie haben einen Dolch, aber auch Bogen und Pfeil bei sich. Manchmal tritt an die Stelle des Kopfes eine strahlenumgebene Sonne. Von Ochsen gezogene Karren gehören aber ebenso zu den Abbildungen. Man interpretiert diese Statuen als Hinweise auf einen Ahnenkult. Man meint, daß es sich um die Abbilder angesehener Menschen handelt, deren Kraft und Wissen erhalten bleiben sollte. Eine solche Steinstatue wurde erst kürzlich in Latsch gefunden. Der Ort Latsch liegt bei Schlanders im Vinschgau, ganz in der Nähe des Tisenjochs. Die Darstellungen umfassen unter anderem Waffen und geometrische Muster, wie zum Beispiel schraffierte Flächen.

Die Darstellungen auf den Figurenmenhiren werden mit etwa zeitgleichen Felsritzungen in Zusammenhang gebracht. Der Mont Bego liegt

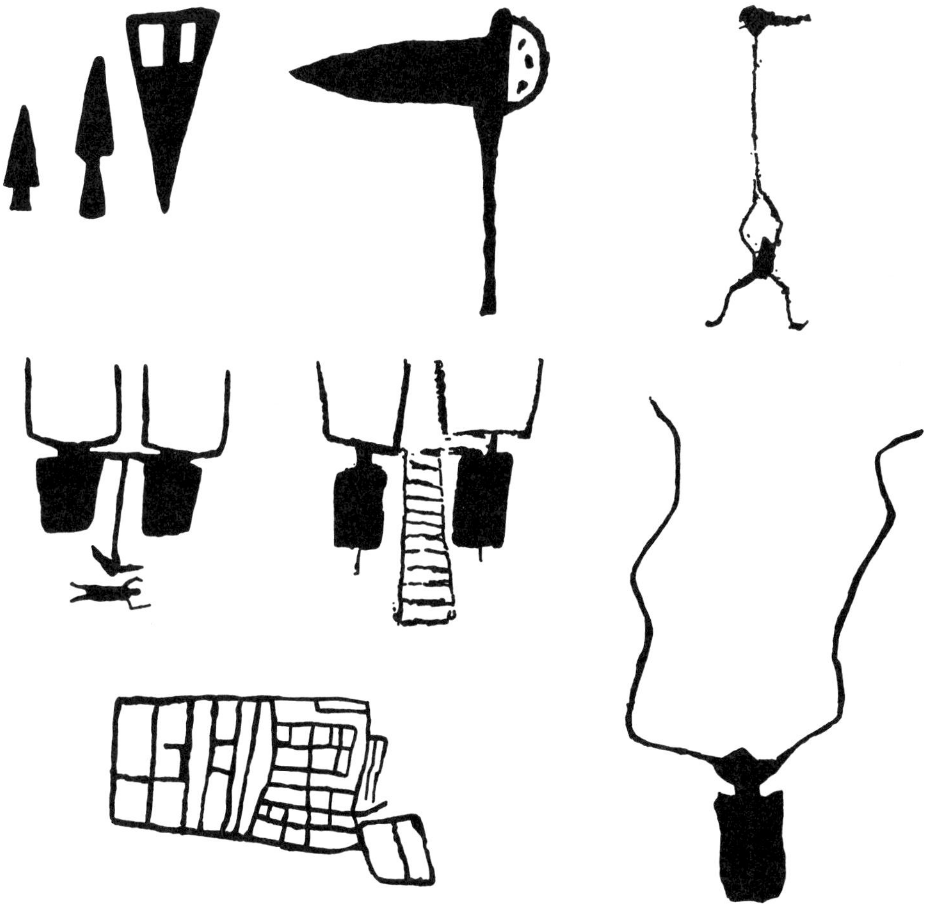

Auf dem Mont Bego nordöstlich von Nizza an der Grenze zwischen Italien und Frankreich übersäte man die Felsoberfläche mit Tausenden von Figuren und Mustern. Einige dieser Motive sind hier abgebildet: Pfeilspitzen, Dolche, Ochsen mit Pflug und Bauer, Ochsen mit einer Egge, Häuser und ein Fabelwesen. (nach Bicknell 1913)

an der Grenze zwischen Frankreich und Italien nordöstlich von Nizza, die Fundstelle befindet sich in einer Höhe von über 2100 bis 2500 Metern. Die Felsoberfläche ist hier mit Tausenden von Figuren und Mustern übersät. Waffen (wie Dolche und Lanzenspitzen), Paare von Ochsen, die Pflüge ziehen, und rechteckige, schraffierte oder punktierte Flächen stellte man dar. Diese Flächen interpretiert man als Felder. Wer diese Ritzungen schuf, wissen wir nicht. Der Platz wurde oft besucht, um diese Motive in den Fels einzuritzen, es dürfte sich also um eine Art Kultzentrum handeln. Man verehrte vielleicht den Berg oder seine Geister, oder aber man feierte hier die Initiationsriten. Wir kennen sie bereits aus dem Zusammenhang mit der Gesellschaftsstruktur. Symbole des Erwachsenenalters der Männer wurden in Unmengen dargestellt.

Die Felsritzungen in der Val Camonica in der Lombardei sind den Darstellungen auf den Statuen ebenfalls sehr ähnlich. Hier bildete man Häuser, Menschen, Dolche, Tiere, Beile und Lanzenspitzen ab.

Bestattungssitten

Die Toten, die zeitlich und räumlich dem Mann vom Tisenjoch vergleichbar sind, wurden mit besonderer Sorgfalt bestattet. Man gab ihnen für ein angenehmes Weiterleben nach dem Tod Gegenstände des täglichen Lebens mit. Gefäße, Trachtbestandteile, Schmuck und Waffen waren wichtig für das Leben nach dem Tod. Stücke wie Spinnwirtel zeigten noch im Tod die Tätigkeit zu Lebzeiten an. Aber auch ihre Statussymbole bekamen die Toten mit ins Grab. Denn auch das Ansehen mußte im Jenseits durch diese Prunkgegenstände zum Ausdruck gebracht werden. Bei diesen Objekten handelt es sich zweifellos um eine bestimmte Auswahl durch die Lebenden. Sie überlegten genau, welche Stücke die Stellung des Toten am besten repräsentieren konnten, und gaben sie dann ins Grab mit. Man kann ganz eindeutig erkennen, daß der Jenseitsglaube sehr stark ausgeprägt war. Das Leben im Jenseits entsprach dem im Diesseits. Daher war es am einfachsten, wenn man den Toten alles mitgab, was sie auch hier besaßen. Es wurden auch so extrem wertvolle Stücke wie Kupferdolche und Kupferbeile ins Grab mitgegeben. Das beweist, daß dieser Glaube fest in der Gesellschaft verankert gewesen sein muß, denn sonst hätten die

Riparo Valtinesi bei Manerba am Gardasee: Ein sehr hohes, vorspringendes Felsdach schützt eine Begräbnisstätte. Die Bestattungskammern, die über den Toten errichtet wurden, waren aus Eichenholz gefertigt. Die Toten lagen auf Steinpflasterungen, um die herum Steine als Randbegrenzung aufgestellt wurden. Die Abbildung zeigt eine Rekonstruktion der Grabkammern. (nach Barfield 1983)

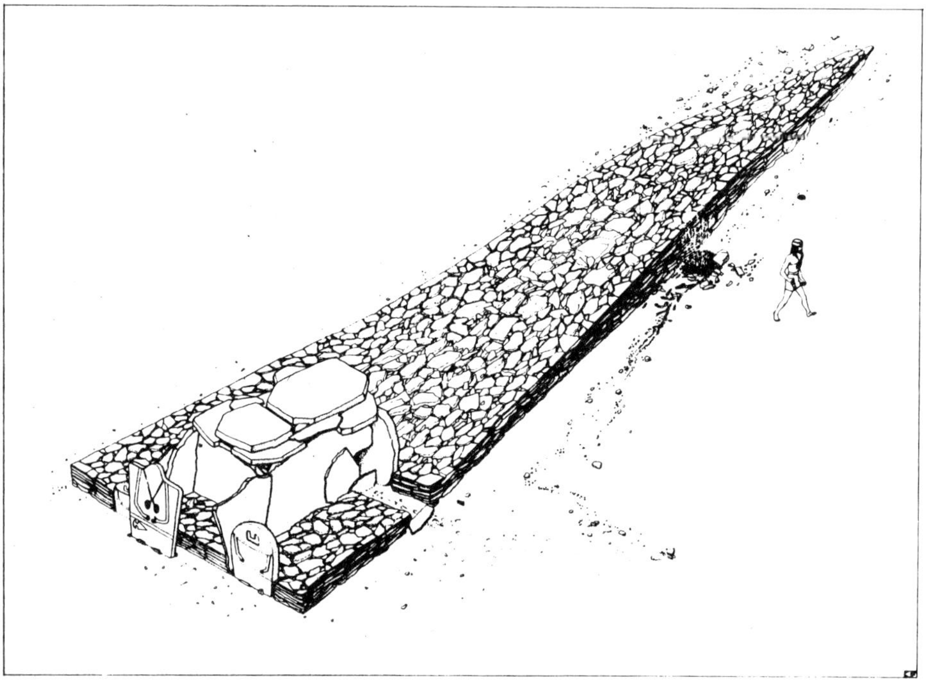

Rekonstruktion eines Megalithgrabes aus Sion, Flur Petit Chasseur. Die Gräber sind sehr lang. Man schichtete Steine und riesige Steinplatten auf. In der Grabkammer, die sich unter den Steinplatten befindet, wurden die Toten bestattet. Der Eingang wurde verschlossen, nur das »Seelenloch« blieb offen. An einem Ende dieser monumentalen Gräber stellte man Figurenmenhire auf. Diese Figurenmenhire verkörpern wahrscheinlich Tote im Grab, die eine besondere Stellung in der Gesellschaft innehatten. (nach Bocksberger 1976)

Zu den schönsten Grabbeigaben der späten Jungsteinzeit zählen Halsketten. Sie waren aus Tierzähnen, Muschelschalen und Perlen aus Marmor und Steatit zusammengesetzt. Derartige Halsketten wurden beispielsweise in Manerba, Riparo Valtinesi, ausgegraben. (nach Barfield 1983)

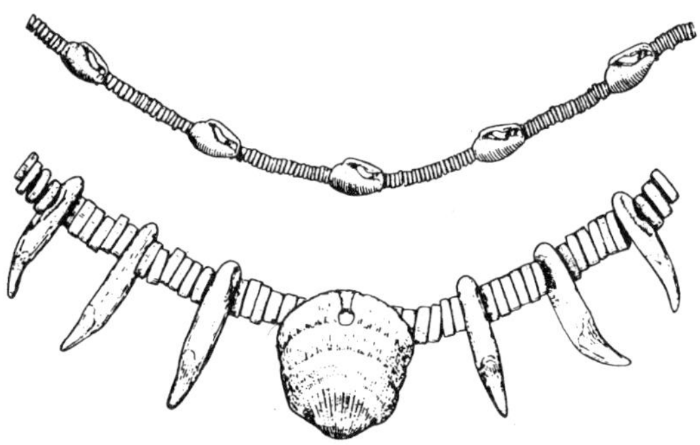

Lebenden die Wertgegenstände der Toten übernommen, und die Gräber wären so gut wie beigabenlos geblieben.

Der Mann vom Tisenjoch hatte Gegenstände bei sich, die den Rahmen von Grabbeigaben bei weitem überschreiten. Dolch, Bogen, Pfeile und Beil passen zunächst in das typische Beigabeninventar. Die Rückentrage, das Messer, verschiedene Klingen, der Pfriem und alle anderen Ausrüstungsstücke zur Erzeugung und Reparatur von Werkzeugen sprengen aber das gewohnte Bild der Beigabensitte jener Zeit.

Es gibt Kulturen in der späten Jungsteinzeit, aus deren Verbreitungsgebiet nur ganz wenige Gräber bekannt sind. Dies ist in der Horgen-, der Altheim-, der Mondsee- und der Lagozza-Kultur der Fall. Andere Kulturen sind uns – wie die Remedello- und die Civate-Kultur – wiederum fast nur aus Gräbern bekannt.

Im Zeitraum zwischen 3800 und 2400 v. Chr. treten im Alpenraum verschiedene Formen von Gräbern auf. Die Toten wurden entweder direkt in die Erde gelegt, oder man bettete sie in Kisten aus Holz oder Stein. Dabei muß man nun wiederum unterscheiden, ob die Stelle an der Erdoberfläche gekennzeichnet war oder nicht. Es zeichnen sich zwei Möglichkeiten ab: die Flachgräber einerseits und die Hügel- und Megalithgräber andererseits. Flachgräber waren in die Erde eingetieft. Sie waren oberflächlich nicht gekennzeichnet. Hügelgräber sind Bestattungen unter künstlich aufgeschütteten Hügeln. Megalithbauten waren durch ihre Monumentalität ebenfalls weithin sichtbar. Die Megalithgräber weisen ein Konstruktionsdetail auf, das den Hügelgräbern fehlt. An einer Stelle der Wände aus Steinplatten ließ man ein Loch frei. Man nennt diese Öffnungen »Seelenlöcher«. Durch diese Löcher konnten die Seelen der Verstorbenen ins Freie gelangen. Die Kommunikation mit den Toten und ihren Seelen war somit gewährleistet.

Zusätzlich unterscheidet man zwischen Einzel- und Mehrfachbestattungen, je nachdem, wie viele Tote man in einem Grab beisetzte. Dieser Unterschied scheint in der späten Jungsteinzeit zwischen den einzelnen Kulturen besonders ausgeprägt gewesen zu sein.

Ein weiteres Unterscheidungsmerkmal ist die Art der Bestattung. Es gibt Körper- und Brandbestattungen. Das Unterscheidungskriterium ist, ob man die Toten vor der Beerdigung verbrannte oder nicht. Die Körperbestattungen treten grundsätzlich in zwei verschiedenen Körperhaltungen auf: in der Hockerlage und in der Lage am Rücken mit ausgestreckten Beinen.

Zur Anlage der Gräber wählte man verschiedene Plätze. Wir können annehmen, daß es besonders geeignete Stellen gab. Hier konnte man mit den Toten am besten kommunizieren. Die übernatürlichen Kräfte hatten hier ihre größte Wirkung. Man legte Gräber am freien Feld, unter vorspringenden Felsen und sogar in Höhlen an. Für die Bewohner mancher Dörfer war es auch wichtig, daß die Gräber vom Dorf aus gut sichtbar waren. Auf diese Weise waren die Toten sozusagen im Dorf anwesend.

Ahnenkult oder Kannibalismus (3800–3300 v. Chr.)

Während dieses Zeitraumes waren Bestattungen in Steinkisten vor allem in der Westschweiz bis hin zum Zürichsee weit verbreitet. Auch im Aostatal im Piemont findet man derartige Bestattungen. Weiter im Osten im Etschtal beerdigten die Menschen ihre Toten ebenso in Kisten aus Steinplatten. Die Toten wurden in Hockerstellung bestattet. In den Gräbern wurde zumeist nur eine Person beerdigt.

Ein wichtiger Fundort aus dieser Zeit ist das Gräberfeld von Lenzburg, Kanton Aargau, Schweiz. Es wird der Pfyn-Kultur zugeordnet.

Eine andere Form der Bestattung ist die Deponierung von einzelnen Teilen des Körpers und Skeletts in Siedlungen. Diese eigenartige Sitte war vor allem im Schweizer Mittelland weit verbreitet. Sie steht sicher mit einer bestimmten Art des Ahnenkults in Zusammenhang. Knochen und Schädel von Menschen, die zu Lebzeiten angesehen waren, wurden in Häusern aufbewahrt. Man kommunizierte mit den Toten während bestimmter Zeremonien. Auf diese Weise konnten sie mit ihrem Wissen den Lebenden in allen Situationen helfen. Eine zweite Interpretationsmöglichkeit ist die des Kannibalismus. Kannibalismus ist schwer nachweisbar. Es gibt aber doch einige Hinweise darauf. Aufgebrochene Knochen zur Markentnahme und auch künstlich erweiterte Hinterhauptslöcher an Schädeln zur Gehirnentnahme sind doch ziemlich eindeutig. Der Kannibalismus in dieser Form steht aber sicher auch mit dem Ahnenkult in Verbindung. Denn durch das Essen von Teilen angesehener Vorfahren übernahm man ihre Kraft und ihren Geist.

Megalithgräber und Menhire (3300–2400 v. Chr.)

Aus dem Zeitraum von 3300 bis 2800 v. Chr. sind Belege für Bestattungen in der nördlichen Alpenregion sehr selten. Wiederum praktizierte man das Deponieren von Teilen des Körpers und des Skeletts in Siedlungen. Vor allem in der Horgen-Kultur war der Ahnenkult weit verbreitet.

Im Zeitraum von 3300 bis 2800 v. Chr. entwickelte sich eine bestimmte Bestattungssitte in der Schweiz und in Norditalien: die Mehrfachbestattungen. Man findet sie in verschiedenen Grabtypen und an verschiedenen Stellen: in Megalithbauten, in Steinkisten, in Kisten aus Holz, in Höhlen und unter vorspringenden Felsen.

Die Sitte der Megalithgräber breitete sich sicher von Frankreich in diesen Raum aus. Dort hatte die Megalithbauweise bereits eine große Tradition. In der Westschweiz lag das Zentrum der alpinen Megalithgräber.

Die Menschen der Cortaillod- und Lagozza-Kultur waren die Erbauer derartiger Monumente. Die Beigabenlosigkeit stellt ein Problem bei der Zuordnung zu Kulturen dar. Durch Vergleiche in der Bauweise und des Verbreitungsgebietes in bezug auf verschiedene Kulturen kann man diese Gräber aber doch recht gut zuordnen.

In Sion, in der Flur Petit Chasseur, im Kanton Wallis, befindet sich eine große Ansammlung solcher Bauten. Gräber aus riesigen Steinblöcken sind von Reihen senkrecht stehender Steine umgeben und eingerahmt. Abgesehen von dieser großen Anzahl von unbearbeiteten Steinen gibt es hier auch Figurenmenhire. Man gravierte in senkrecht stehende Blöcke verschiedenste Darstellungen ein.

Auf der anderen Seite des Großen Sankt-Bernhard-Passes liegt ein zweites Zentrum der Megalithbauten. Die Gräber und Steinsetzungen von Aosta, Saint Martin de Corléans, sind jenen von Sion sehr ähnlich.

In Aesch, Kanton Basel Land, bestattete man eine große Anzahl von Menschen in einem Megalithgrab. 33 Erwachsene und 14 Kinder fanden hier ihre letzte Ruhe.

Im Vinschgau liegt eine kleine Gruppe von Megalithgräbern, die durch die Fundorte Gratsch, Algund, Eppan und Kaltern repräsentiert wird. Diese Bauten werden in Periode II datiert (3300 bis 2800 v. Chr.).

An allen diesen Fundorten erkennt man, daß die Megalithgräber über lange Zeit hinweg verwendet wurden (in der Art von unseren Grüften). War eine Grabkammer angefüllt, so kam es vor, daß man die Knochen ausräumte und verbrannte. Danach wurde die Asche wieder begraben.

In Sion und Aosta fällt auf, daß die Bauten nach Südosten, also zum Sonnenaufgang hin, ausgerichtet sind. Erinnern wir uns an die Menhire. Manchmal sind Sonnen an der Stelle des Kopfes dargestellt. Auch dies hängt wohl mit einer gewissen Verehrung und Bedeutung der Sonne zusammen. Einen wichtigen Hinweis auf die Verbindung von Ahnenstatuen und Sonnenkult gibt die Statue, die erst kürzlich in Latsch im Vinschgau gefunden wurde. Am Rücken dieser Figur befinden sich Sonnensymbole. Die Sonne galt und gilt als Spenderin allen Lebens. Die Fruchtbarkeit der gesamten Natur und somit der Menschen hing von ihr ab. Daher ist es nur zu verständlich, daß man gewisse Rituale und Zeremonien der Sonne widmete. Man versuchte zu gewährleisten, daß sie jeden Morgen wieder aufging.

Mehrfachbestattungen in Höhlen und unter vorspringenden Felsen findet man im gesamten Gebiet, das im Süden an die Alpen anschließt. In der Lombardei sind sie für die Civate-Kultur ein typisches Erscheinungsbild. Ein wichtiger Fundort ist Monte Còvolo am Gardasee. Diese Mehrfachbestattungen können wie die Bestattungen in Megalithgräbern in verschiedenen Grabtypen beigesetzt sein. Steinanhäufungen über den Toten sind ebenso üblich wie Steinkisten. Die Bestattungen weisen Beigaben auf, eine Zuordnung zu einer bestimmten Kultur ist daher recht einfach.

In Monte Còvolo wurden die Knochen zur Markentnahme absichtlich aufgebrochen.

Eine weitere wichtige Fundstelle ist Riparo Valtenesi bei Manerba ebenfalls am Gardasee. Man nützte hier die Stelle unter einem sehr hohen, vorspringenden Felsen als Begräbnisstätte. Im Zuge von Ausgrabungen wurden hier die Reste von sechs Bestattungskammern aus Eichenholz entdeckt. Darin begrub man die Toten, aber auch Teile von Toten. Diese Teile, vor allem Schädel, verbrannte man ähnlich wie in Sion und Aosta. Die Ausgräber entdeckten eine Grube, in der die Knochen verbrannt wurden. Aus Steinen errichtete man Plattformen. Auf ihnen wurden wohl

Menhir aus Arco

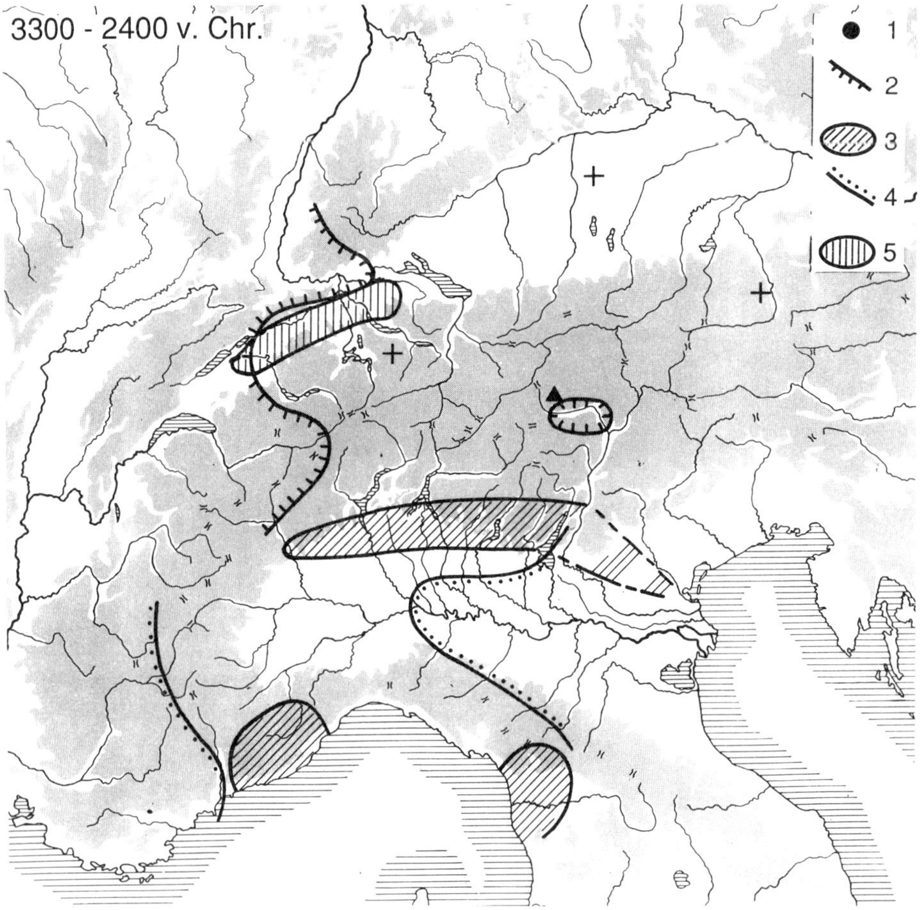

Verbreitung der Bestattungssitten im Alpenraum von 3300 bis 2400 v. Chr.:
1 grablose Gebiete
2 Ostgrenze der Megalithgräber
3 Kollektivgräber in Höhlen und unter Felsdächern
4 Westgrenze der Einzelgräber
5 Gebiet der Hügelgräber in der Schnurkeramik-Kultur
Das Dreieck kennzeichnet die Fundstelle am Tisenjoch.
Diese Abbildung verdeutlicht die enorme Vielfalt der Bestattungssitten in der späten Jungsteinzeit. (nach Barfield, Kartengrundlage: Institut für Vor- und Frühgeschichte der Universität Tübingen)

während des Begräbnisrituals Samen und Früchte in großen Mengen verbrannt. Zu den schönsten Beigaben dieser Zeit zählen Halsketten, wie man sie in Monte Còvolo und Manerba fand. Sie waren aus Tierzähnen, Muschelschalen und Perlen aus Marmor und Steatit zusammengesetzt. Man nimmt an, daß es sich dabei nicht um gewöhnliche Beigaben handelt. Sie waren wahrscheinlich Weihegaben, die man den Toten erst einige Zeit nach deren Tod gab.

Die Sitte der Mehrfachbestattungen deutet auf eine wenig geschichtete Gesellschaftsstruktur hin. Die Beziehung zu den Vorfahren scheint sehr groß gewesen zu sein. Ihr Wissen sollte der Gemeinschaft für immer erhalten bleiben. In die Rituale des Ahnenkults wurden sicher alle Personen einer Gruppe einbezogen. Anders hätte man zum Beispiel die riesigen Megalithbauten gar nicht errichten können. Ebenso hatte dann auch jedes Mitglied der Gruppe das Recht, die Ahnen um Rat zu fragen.

Einzelbestattungen kennzeichnen die Fundorte im Verbreitungsgebiet der Remedello-Kultur. Hier gab es einzelne Gräber, aber auch Gräberfelder. Das größte dieser Gräberfelder ist Remedello di Sotto in der Provinz Brescia. Diese Fundstelle gibt der Kultur ihren Namen. Die Toten wurden in Hockerlage und gestreckter Lage beigesetzt. Die Toten in Hockerlage hatten viele Grabbeigaben bei sich. Die Toten in gestreckter Lage weisen wenige Funde auf. Hier kann man also gewisse soziale Unterschiede erkennen.

In der Schnurkeramik-Kultur behielt man die Bestattung von Teilen der Skelette in Siedlungen bei.

Die Beerdigung von Toten in Gräbern erfolgt fast ausschließlich in Hockerstellung. Die Brandbestattung tritt erstmals vermehrt auf. Es gibt Bestattungen unter Hügeln. Aber auch Flachgräberfelder waren üblich.

In der Nähe von Sarmenstorf, Kanton Aargau, Schweiz, wurden mehrere Hügelgräber aus der Schnurkeramik-Kultur ausgegraben. In einem dieser Hügel wurde die Grabkammer direkt auf dem Verbrennungsplatz errichtet. Mit dem Einsetzen der Brandbestattung tritt für die Prähistoriker ein unangenehmer Nebeneffekt auf. Man verbrannte nämlich die Beigaben ebenfalls. Was übrig blieb, waren deformierte Tongefäße und Metallklümpchen. Kann man die Form der Gegenstände nicht mehr erkennen, erschwert dies natürlich die Zuordnung zu einer bestimmten Kultur.

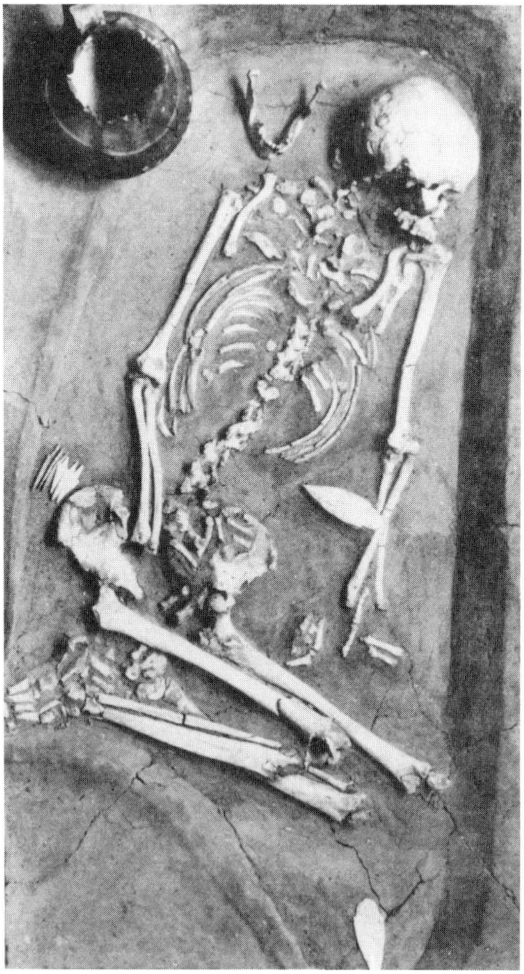

Remedello di Sotto, Provinz Brescia, Italien, Grab 65. Neben der Bestattung wurden mehrere Pfeilspitzen und zwei Dolche aus Feuerstein niedergelegt. Ein Gefäß vervollständigt die Grabbeigaben. Der Tote liegt in extremer Hockerstellung in der Grabgrube. Die Körperstellung der Toten im Grab weist in Remedello auf die soziale Stellung der Bestatteten hin.

Ebba Koller

Den »langen Steinen« auf der Spur

Aosta in Savoyen am Fuß des Großen Sankt Bernhard. Neben der kleinen Kirche von St. Martin de Corléans sollte eine Wohnhausanlage errichtet werden. Doch heute wölbt sich auf grüner Wiese ein überdimensionales Kuppelzelt über einer Konstruktion aus Stahlrohren. Darunter befindet sich kein Tennisplatz, sondern eine archäologische Sensation: ein Megalithgrab mit Seelenlochsteinen, dessen Wände aus großen Platten von Figurenmenhiren bestehen.

Die Menhire von Aosta sind mit allen Attributen geschmückt, die einem Häuptling der ausgehenden Jungsteinzeit zukommen – mit Kupferbeilen, Remedello-Dolchen, Brillenspiralen, Pfeil und Bogen. Ein Schachbrettmuster deutet die Kleidung an. Im sanft gefilterten Licht des Zeltdaches erblickt der Besucher aber daneben noch rätselhafte Rillen im Erdboden. Diese dunklen, welligen Rippen sind verfestigte Pflugfurchen aus der Kupferzeit. Die Erde rund um die Megalithgräber war nur einmal rituell gepflügt worden. Seit etwa 5 000 Jahren ist sie unberührt. Deshalb und aufgrund der besonderen Bodenverhältnisse blieben diese Pflugspuren erhalten.

Die Urgeschichtsforschung kann hier kriminalistisch die Abfolge zweier Kulturen innerhalb der Kupferzeit nachweisen. Die Menhire, die »langen Steine« – das bedeutet dieser keltische Ausdruck –, waren von Menschen zur Zeit der Remedello-Kultur und des Gletschermannes aufgestellt worden. Dann kam während der Glockenbecher-Kultur eine andere Gruppe in dieses Gebiet, zerstörte die Ahnen- oder Göttergalerie ihrer Vorgänger und verwendete die imposanten Steinplatten für Grabbauten.

An Ort und Stelle findet man die Figurenmenhire heute kaum noch. Die meisten zieren die Sammlungen von Museen oder lagern in Depots. So auch die Menhire von Arco nördlich des Gardasees oder aus dem Meraner Becken. Im Raum Meran scheint ein Zentrum des Menhir-Kults bestanden zu haben. Die religiöse Idee der »langen Steine« hat in der Zeit der frühen Metallurgie den Alpenraum erreicht. Die Südtiroler Figurenmenhire zeigen trotz aller lokalen Einflüsse die geistig-kulturelle Herkunft aus dem westlichen Oberitalien.

Ein besonders schönes Beispiel ist der erst vor kurzem in der »Bühel-

Kirche« bei Latsch westlich von Meran entdeckte Menhir aus Laaser Marmor. Er kam bei Restaurierungsarbeiten unter der barocken Holzverkleidung der Mensa zum Vorschein.

Das Besondere an diesem Menhir: er ist nicht nur mit den kupferzeitlichen Remedello-Dolchen und Beilen geschmückt, die ihn in die Zeit des Gletschermanns stellen. Er ist auch der zum Tisenjoch geographisch nächste kupferzeitliche Fund.

Die Figurenmenhire gelten als die bedeutendsten prähistorischen Kunstdenkmäler des Südalpenraums. Das verwendete Material – manche sind aus dem wertvollen Marmor des Steinbruchs von Laas im oberen Etschtal – und die unterschiedlich reiche Dekoration – sowohl bei männlichen als auch bei weiblichen Menhiren – sind Hinweis auf eine soziale Gliederung der damaligen Gesellschaft. Die Rangunterschiede sind auch für unvoreingenommene Betrachter offensichtlich.

Sonnensymbol auf der Rückseite des Menhirs von Latsch

Metalle machen Karriere

Das Kupferbeil des Mannes vom Tisenjoch hat einige Unklarheiten in der Periodisierung der Urgeschichte beseitigt. Die besten Vergleichsstücke für dieses Beil findet man im Gräberfeld von Remedello. Man nahm bis vor kurzem an, daß die Verwendung von Kupfer für derartige Beile in Norditalien erst in Periode III, also erst in der Zeit zwischen 2800 und 2400 v. Chr., einsetzte. Beile mit zarten Randleisten wie jenes des Gletschermannes wurden daher niemals in eine Zeit vor 2800 v. Chr. datiert. Nun hat man aber gerade in letzter Zeit mehrere Fundstellen mittels Radiokarbonmethode datiert, in denen man auch Kupfergegenstände gefunden hatte. Es zeigte sich, daß das Alter höher als 2800 v. Chr. war. Für Manerba ergaben die Messungen zum Beispiel ein Alter von 3309 bis 2930 v. Chr. Das führte zu einiger Verwirrung. Man begnügte sich damit, festzustellen, daß ein eindeutiger Zusammenhang zwischen der datierten Fundschicht und den Kupferstücken nicht gegeben war. Somit schien das Problem gelöst zu sein.

Der Mann vom Tisenjoch stellt nun diese Radiokarbon-Daten ins richtige Licht. Das Beil gehörte eindeutig ihm. Die verschiedenen Radiokarbon-Daten vom Tisenjoch-Fund stehen in klarem Zusammenhang mit seiner Person. Das Beil und die Daten gehören zusammen. Die Kupfermetallurgie begann also in Italien offensichtlich schon in Periode II.

Es soll nun ganz kurz die Entwicklung der Beile in jener Zeit skizziert werden. Dem Flachbeil folgte das Randleistenbeil. Der wesentliche Unterschied dieser Beile liegt in der Art der Verzapfung in der Schäftung. Die Flachbeile saßen aufgrund ihrer glatten Oberfläche in der Schäftung nicht ausreichend fest und fielen leicht heraus. Die Randleisten waren ein großer Fortschritt. Sie verhinderten ein Verschieben in der Schäftung. Zuerst hämmerte man diese Ränder auf, später goß man sie mit. Die Entwicklung der Metallzusammensetzung verläuft in groben Zügen von fast reinem Kupfer über arsenhältiges beziehungsweise arsenlegiertes Kupfer bis hin zur Kupfer-Zinn-Legierung, der Bronze. Die Zusammensetzung des Metalls hängt aber sicher mit der Funktion des Werkzeuges zusammen. Eine Legierung mit Arsen verleiht Härte und Schärfe.

Dolche wurden daher aus arsenhältigem Kupfer gefertigt. Für Beile waren diese Materialeigenschaften nicht so wesentlich. Daher unterließ man das Legieren mit Arsen.

Schon lange, bevor der Gletschermann lebte, waren in den Alpen die Techniken der Metallverarbeitung recht gut entwickelt. Diese neue Technologie breitete sich vom Balkan her in den Alpenraum aus. Die sogenannten Epi-Lengyel-Kulturen der Ostalpen verwendeten Kupfer zur Erzeugung von Werkzeugen, Waffen und Schmuck um etwa 4000 v. Chr. In der Kultur, die der Pfyn-Kultur am Bodensee voranging, ist dieser Gebrauch bereits für die Zeit vor 4000 v. Chr. nachgewiesen. Die Aneignung der Fertigkeiten zur Kupferverarbeitung dauerte also im Alpenraum nicht allzu lange. Das liegt sicher auch daran, daß gerade hier der Reichtum an Kupfer enorm ist. Sowohl nördlich als auch südlich der Alpen lagen wichtige Kupfererzvorkommen. Es bildete sich innerhalb kurzer Zeit ein spezialisierter Zweig der Kupfer-Handwerker heraus. Sie wußten, wo man Kupfer finden konnte und wie man es abbaute. Das Schmelzen war ihnen ebenso bekannt wie die Weiterverarbeitungstechniken. Wahrscheinlich war ein Teil dieser Handwerker sehr mobil. Sie reisten von Dorf zu Dorf, ganz egal, welcher Kulturregion das Dorf angehörte, und boten ihre Fertigkeiten an. Das bewirkte aber, daß gewisse Formen von Kupfergegenständen nicht spezifisch für eine bestimmte Kultur, sondern für einen bestimmten Handwerker sind. Das muß man beachten, wenn man formenkundliche Studien zu derartigen Metallobjekten durchführt.

Das Nordalpine Kupfer – Pfyn- und Altheim-Kultur

Am Beginn der Beilentwicklung standen die Flachbeile. Abgesehen von einer grundsätzlichen Formähnlichkeit konnten sie in Größe und Proportionen stark variieren. Es ist heute üblich, die Kupferflachbeile des Gebietes nördlich der Alpen in drei Varianten zu unterteilen. Man unterscheidet zwischen dem Typ Robenhausen, dem Typ Thayngen und dem Typ Bevaix. Diese Typen wurden alle nach Fundorten benannt. Es fällt auf, daß keines dieser Flachbeile Randleisten aufweist. Viel seltener als Beile findet man kleine Messer oder Dolche aus Kupfer. Die Dolche weisen eine ganz bestimmte Form auf. Ihr Umriß ist dreieckig. Aus

Fundorten der Mondsee-Kultur sind sie bestens bekannt. Ein Stück aus einer Siedlung in Reute-Schorrenried in Oberschwaben konnte genau datiert werden. Man fand den Dolch in einer Schicht der Pfyn-Altheim-Kultur. Die Radiokarbon-Daten dieser Schicht liegen bei 3738 bis 3731 v. Chr. Bemerkenswert ist nicht nur dieses hohe Alter. Bisher hatte man gemeint, derartige Dolche gäbe es erst ab der Schnurkeramik-Kultur, also mehr als 1000 Jahre später. Ebenso überraschend war die Zusammensetzung des Metalls. Eine Legierung aus Kupfer und Arsen bewirkte nämlich, daß das Metall viel härter und stabiler wurde. Die Vorteile, die sich daraus für Werkzeuge und Waffen ergeben, sind enorm. Ursprünglich nahm man an, derartige Legierungen seien erst um 2800 v. Chr. aus der Ägäis in den Alpenraum gelangt.

Das Kupfer war zu dieser Zeit jedenfalls ein sehr wertvolles Rohmaterial. Wird eine Siedlung ausgegraben, so findet man nur selten Kupferobjekte. Dies liegt aber nicht nur daran, daß man alle Gegenstände aus Kupfer sorgfältig aufbewahrte. Kupfer hat wie andere Metalle einen großen Vorteil. Zerbricht ein Stück, so kann man es einschmelzen und einen neuen Gegenstand herstellen. Das ist sicher auch ein Grund, warum man in den Siedlungen nie viele Kupferobjekte ausgräbt. Was man in Siedlungen aber häufig findet, sind Gußtiegel und Schlacken. Beides deutet auf die Verarbeitung des Rohkupfers hin. Es wurden zu dieser Zeit vor allem oxydische Kupfererze abgebaut. Sie sind leichter zu finden und zu verhütten als sulfidische Erze oder Fahlerze. Die oxydischen Kupfererze, wie zum Beispiel der Malachit, liegen immer nahe der Erdoberfläche und sind leuchtend grün oder blau. Das Erz wurde direkt in den Gußtiegeln ausgeschmolzen. Diese waren groß genug, um genügend Kupfer für den Guß eines Flachbeiles zu erhalten. Der Kupferguß, wie man ihn wohl auch in der späten Jungsteinzeit kannte, wurde noch zur Zeit der spanischen Eroberung in Mexico angewendet.

Bestimmte Gegenstände aus Kupfer dienten sicher als eine Art Geld. Man bezahlte damit Waren. Genormte Kupferperlen aus verschiedenen Fundstellen sind ein überzeugendes Argument dafür.

Die kupferarme Horgen-Kultur

Das Beil des Mannes vom Tisenjoch gehört jener Periode an, die der Pfyn- und der Altheim-Kultur folgt. Die Horgen-Kultur entspricht zeitlich der Zeit des Gletschermannes. Diese Periode ist im Norden der Alpen durch einen Rückgang in der Kupfermetallurgie und der Erzeugung von Kupfergegenständen gekennzeichnet. Die wenigen Kupferobjekte wurden seltener in den Siedlungen der Horgen-Kultur erzeugt. Das Kupfer kam nun auch nicht mehr aus dem Osten, sondern aus dem Westen, aus Frankreich. Die Gründe dafür konnten bisher nicht geklärt werden. Möglicherweise waren die Handelswege nach Osten blockiert.

Die Wiederkehr des Kupfers – Die Schnurkeramik-Kultur

Während der Dauer dieser Kultur erlebte die Metallverarbeitung im Norden der Alpen einen gewissen Aufschwung. Zu den Erzeugnissen zählen auch Beile. Die Flachbeile besitzen aber noch immer keine Randleisten. Dolche fertigte man in dieser Zeit aus Kupfer, sie wurden aber auch in Feuerstein nachgeahmt. Der Gletschermann hatte einen solchen, wenn auch kleinen Dolch bei sich.

Erstes Kupfer in Italien

In diesem Gebiet treffen wir nun zum ersten Mal auf Beile, die dem Beil des Mannes vom Tisenjoch sehr ähnlich sind. Außer dem Gräberfeld von Remedello bieten aber auch andere Fundstellen Entsprechungen zum Kupferbeil des Gletschermannes. In der Höhle Bocca Lorenza, Provinz Vicenza, wurden drei Kupferbeile ausgegraben. Man ordnete sie erst nach langen Überlegungen der Vasi-a-Bocca-Quadrata-Kultur zu, denn an ein derartig frühes Auftreten von Beilen glaubte zuerst niemand. Die Vermutung liegt also nahe, daß die Kupferverarbeitung im Süden der Alpen ebenso früh wie im Norden einsetzte.

In Libiola im östlichen Ligurien wurde ein Kupferbergbau aus der späten Jungsteinzeit entdeckt. In einem Stollen fand man den Schaft eines Beiles aus Eichenholz, einen hölzernen Spaten und einen Stein-Schlegel. Der Beilschaft ist hier abgebildet. Er ist mit der Schäftung des Kupferbeiles des Mannes vom Tisenjoch vergleichbar. Es handelt sich um eine Knieholzschäftung. (nach Maggi und Vignolo 1982–86)

Diese Dolchklinge aus Kupfer stammt aus dem Gräberfeld von Remedello di Sotto, Provinz Brescia. Die Klinge weist einen dreieckigen Umriß auf. Wo der Griff aufgesetzt war, befindet sich ein durchlochter Metallteil. Hier zapfte man den Griff ein und schlug eine Niete durch. (nach Barfield)

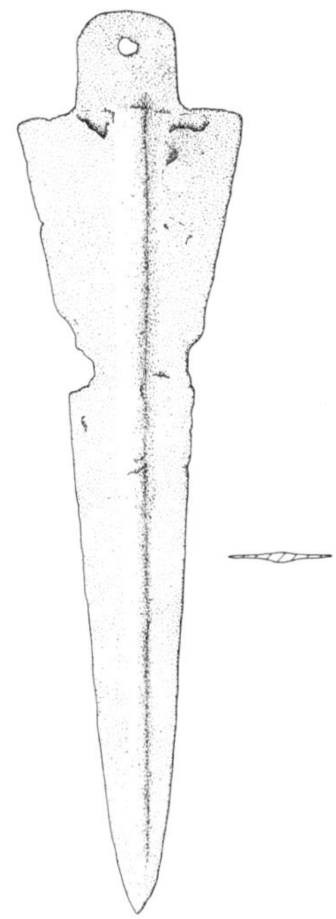

Die italienischen Kupferflachbeile sind dem Beil des Mannes vom Tisenjoch sehr ähnlich. Sie weisen zum Teil Randleisten auf.
1 Bocca Lorenza, Vasi-a-Bocca-Quadrata-Kultur, Beillänge 15,3 Zentimeter (links)
2 Zalavar Basasziget (Ungarn) (Mitte)
3 Remedello, Remedello-Kultur, Beillänge 11,5 Zentimeter (rechts)
Ein Vergleichsstück zu den frühen Kupferbeilen aus der Höhle Bocca Lorenza ist mit 2 gekennzeichnet. Dieser Fundort wird der Balaton-Lasinja-Kultur zugerechnet. Die Beillänge dieses Kupferflachbeils beträgt 14,0 Zentimeter. (nach Barfield und Broglio 1966; Kalicz 1991)

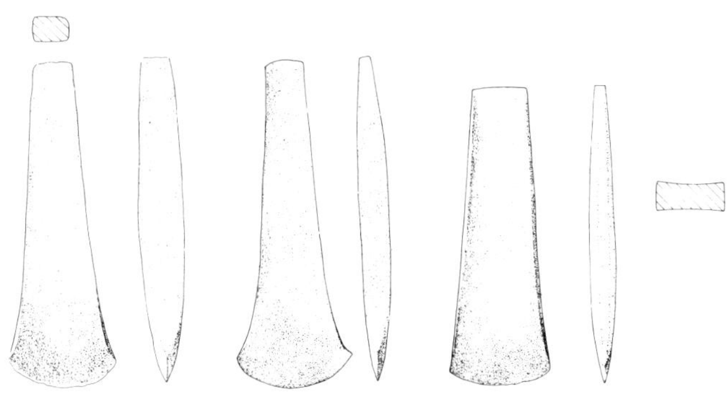

Ebba Koller

Die Höhle der Kupferbeile

Vom Ende des Fahrwegs sind es zwar nur 20 Minuten bis zum Eingang der Bocca Lorenza, einer Höhle, die den Menschen der Jüngeren Steinzeit als Unterschlupf diente, doch bei 90 Prozent Luftfeuchtigkeit kommen Kamerateam, Höhlenforscher und Archäologen gehörig ins Schwitzen. Durch den Wald und über feuchte Wiesen führt der Steig, bis unvermittelt Felsformationen auftauchen. Inmitten der Blöcke öffnet sich der Eingang in die Unterwelt der Bocca Lorenza. Eine Gittertüre schützt Höhle und Eindringlinge gleichermaßen.

Die Bocca Lorenza liegt in 387 Metern Seehöhe am Hang des 1299 Meter hohen Monte Summano über dem Städtchen Santorso in der Region Veneto. Sie zieht sich fast 200 Meter weit in den Berg hinein. Das ganze Ausmaß dieses weitverzweigten Systems von Gängen, Kammern und Sälen wurde erst seit den sechziger Jahren durch die Höhlenforschergruppe um Leonardo Busellato erkundet. Diesen mit Schutzkleidung und Carbidlampen ausgerüsteten Profis klettern auch wir in den Berg nach.

Doch der Eingangsbereich der Bocca Lorenza wurde schon in den Jahren 1908 und 1909 erforscht. Ein Priester, ein Industrieller und zwei hauptamtliche Archäologen ergruben damals einen Siedlungshorizont aus der späten Vasi-a-bocca-Quadrata-Kultur. 1908 entdeckte man in diesem Hauptraum auch das Skelett eines Mannes aus der nachfolgenden Kupferzeit. 1909 fand man überdies ein Kupferbeil. Mehr als 40 Jahre später, 1961, führten die Höhlenforscher eine kleine Sondage durch und stießen auf zwei weitere Kupferbeile. Alle drei Beile wurden der Kupferzeit, also der Endphase der Jungsteinzeit, zugeordnet.

Die Keramik, die in der Höhlensiedlung zutage kam, stammt jedoch aus der späten Vasi-a-bocca-Quadrata-Kultur und ist damit älter. Einige Archäologen sind heute der Meinung, daß auch die Kupferbeile dieser älteren Kulturschichte zuzuordnen sind. Das wäre eine wissenschaftliche Sensation, denn bis dahin kannte man keine Kupferfunde aus der Vasi-a-bocca-Quadrata-Kultur. Der neue Werkstoff wäre demzufolge früher in Italien in Gebrauch gewesen als bisher angenommen.

Die Höhle Bocca Lorenza

Das Metall von Remedello

Die interessantesten Erzeugnisse aus Kupfer stammen aus dem Gräberfeld von Remedello, obwohl es sich um nur 12 Stücke aus den insgesamt 125 Bestattungen, die bisher ausgegraben wurden, handelt. Man gab den Toten Dolche, Beile, Pfrieme und ein Armband aus Kupfer mit ins Grab. Der dreieckige Umriß der Dolche blieb auch in dieser Zeit noch die vorherrschende Form. Ein Beil aus einem der Gräber ist dem Stück vom Tisenjoch am ähnlichsten. Es besitzt schwache Randleisten und eine gehämmerte Schneide. Abgesehen von den Kupfergegenständen ist die silberne Hammerkopfnadel besonders bemerkenswert. In Villafranca, südlich von Verona, hatte man einem Toten einen Brustschmuck aus Silberblech angelegt. Diese zwei Silbergegenstände sind für diese Zeit im Alpenraum einzigartig. Eine Hammerkopfnadel aus Knochen aus Vinelz, Kanton Neuchâtel, Westschweiz, gehört zum selben Typ wie die Silbernadel. Der Fundort dieser Knochennadel wird zur Schnurkeramik-Kultur gezählt. Derartige Nadeln gab es also in der Periode, in der die Schnurkeramik-Kultur verbreitet war.

Auch in Italien gab es schon sehr früh Kupferbergbau. Ende des 19. Jahrhunderts hat man in Libiola im östlichen Ligurien eine prähistorische Kupfermine entdeckt. Der Ort liegt nahe Sestri Levante. Es handelt sich um einen Stollen, in dem oxydische Erze abgebaut wurden. Im Stollen fand man einen Stein-Schlegel, einen hölzernen Spaten und den Schaft eines Beiles aus Eichenholz. Der Beilschaft ist mit der Schäftung des Kupferbeils vom Tisenjoch vergleichbar. Die Radiokarbon-Daten dieser Kupfermine passen auch gut zu jenen des Gletschermannes. Sie werden mit 3382 bis 3035 v. Chr. angegeben.

Im Trentino wurden im Zuge von Ausgrabungen Siedlungen dieser Zeit freigelegt, in denen Kupferverarbeitung betrieben wurde. Sie liegen alle in nicht allzu großer Seehöhe, manche sogar am Talboden. Hier wurden oxydische Erze verarbeitet.

Die frühe Nutzung oxydischer Kupfererze ist auch für den Mitterberg bei Bischofshofen, Salzburg, nachgewiesen. Man baute das Erz ab und verarbeitete es in der Siedlung am nahe gelegenen Götschenberg. Die Bevölkerung dieser Gegend hat sich offenbar weitgehend auf die Metallproduktion eingestellt. Auch in der folgenden Bronzezeit wurden hier Kupferlagerstätten abgebaut – nun in erster Linie schwefelhältiges Kupfererz –, die nicht nur in viel größeren Höhenlagen, sondern auch viel tiefer im Berginneren lagen.

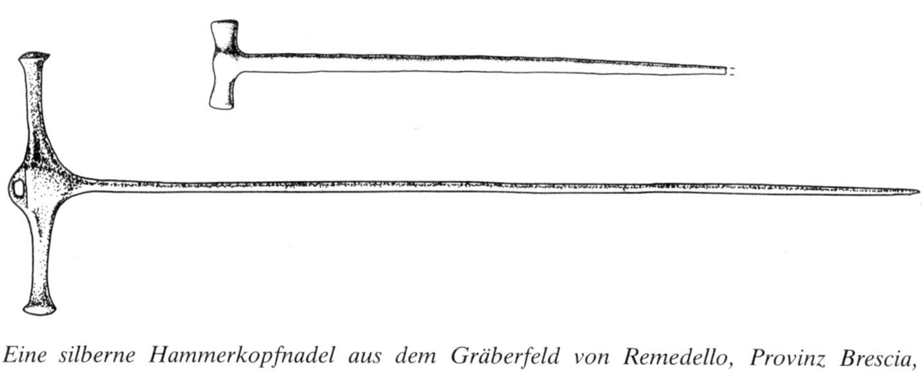

Eine silberne Hammerkopfnadel aus dem Gräberfeld von Remedello, Provinz Brescia, Italien, gehört zu den bemerkenswertesten Grabbeigaben der späten Jungsteinzeit. In der Ausführung in Silber ist diese Nadel einzigartig (unten). Ähnliche Stücke, wie eine Nadel aus Vinelz, Kanton Neuchâtel, Westschweiz, wurden aus Knochen hergestellt. Vinelz ist ein Fundort der Schnurkeramik-Kultur. (nach Strahm 1979; Cornaggia Castiglioni 1971)

Auf der Suche nach dem besten Werkstoff – Stein und Feuerstein

Der Gletschermann hatte mehrere Feuersteingegenstände bei sich. Wie wir aber sehen werden, sind derartige Werkzeuge aus Feuerstein wenig aussagekräftig, wenn es darum geht, sie einer bestimmten Kultur zuzuordnen.

Die 6 Zentimeter lange Feuersteinklinge ist seitlich und vorne wie ein Schaber retuschiert. Die Retusche diente dem Schärfen der Kanten. Mit einem Gerät, dem Retuscheur, wie es auch der Mann vom Tisenjoch besaß, schlug oder drückte man vorsichtig kleine muschelige Stückchen von der Kante ab. Dadurch wurde die Kante schärfer. Das Stück des Gletschermannes weist einen starken Glanz entlang der Schneiden auf. Dieser Glanz wird Sichelglanz genannt. Er hat aber nichts mit Sicheln zu tun. Er ist ein Zeichen dafür, daß man diesen Schaber zum Schneiden von Gras und Getreide verwendet hat. Gräser und Getreide mit einem hohen Silikatgehalt rufen diesen Glanz hervor. Schaber dieser Art findet man in den Schweizer Seeufersiedlungen in der späten Jungsteinzeit. Vor allem in der Horgen- und in der Schnurkeramik-Kultur waren sie sehr beliebt. Die Verbreitung dieser Stücke deckt aber insgesamt ein sehr großes Gebiet ab. Bis auf die Britischen Inseln gelangten derartige Schaber. Sie waren mit einem kurzen Holzgriff versehen, der an einem Ende ein Loch zum Aufhängen hatte. So konnte man sie bequem am Gürtel anbinden und jederzeit benützen.

Die Pfeilspitzen des Mannes vom Tisenjoch kann man so gut wie gar keiner bestimmten Kultur zuordnen. Das liegt hauptsächlich an der zweckgebundenen Form von Pfeilspitzen. Es bleibt keine große Variationsbreite, weil sie sonst ihren Zweck nicht erfüllen. Es ist nicht klar, ob die Pfeilspitzen des Gletschermannes Formen aus Kulturen nördlich oder südlich der Alpen entsprechen.

Der Dolch ist ein Werkzeug, das in Norditalien in der späten Jungsteinzeit weit verbreitet war. Man verwendete ihn wohl als Dolch und Messer in einem. Der Dolch hatte als Statussymbol des erwachsenen Mannes auch eine besondere Bedeutung im Sozialleben.

Viel aufschlußreicher als die Feuersteingegenstände selbst ist die Klärung der Herkunft des Feuerstein-Rohmaterials. Feuerstein findet man nur in den Kalksteinformationen nördlich und südlich der Alpen. Nur an einigen wenigen Stellen weist er eine derart gute Qualität auf, um zur Produktion fein bearbeiteter Werkzeuge herangezogen werden zu können. Qualitativ besonders hochwertigen Feuerstein gibt es in Bayern nördlich der Alpen, auf den Monti Lessini nördlich von Verona und im Trentino südlich der Alpen. Feuerstein aus diesen Lagerstätten kann man relativ gut aufgrund von Farbe und Struktur unterscheiden. War keine gute Feuersteinlagerstätte in der Nähe, so gab es zwei Möglichkeiten. Die erste war die, daß man Feuerstein durch andere Materialien ersetzte. Sie waren oft weniger leicht zu bearbeiten. Hierzu gehören Jaspis und Hornstein. In den Siedlungen am Zürichsee verwendete man Jaspis aus dem oberen Jura. Die Lagerstätten lagen alle in der Nähe der Siedlungen. Konnte man es sich leisten, so ließ man sich aus weit entfernten Gebieten Feuerstein kommen. Qualitativ hochwertiger Feuerstein wurde über weite Strecken hinweg als Ware gehandelt.

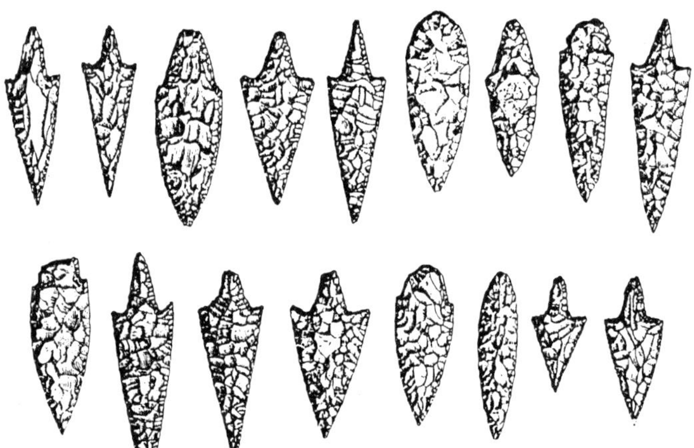

Pfeilspitzen sind zweckgebundene Formen. Trotzdem gibt es eine gewisse Variationsbreite, die aber bereits innerhalb der Pfeilspitzen eines Fundortes auftritt. Daher kann man Pfeilspitzen nur sehr schwer bestimmten Kulturen zuordnen. (nach Müller-Karpe 1974)

Mit dem bayerischen Plattensilex wurde zum Beispiel reger Handel betrieben. Es handelt sich um Rohmaterial, das nicht in kleinen Knollen, sondern in größeren Platten in Gestein auftritt. Plattensilex ist ein ziemlich grobkörniges Material. Aufgrund seiner gestreiften Struktur kann man es leicht erkennen. Plattensilex läßt sich leicht bearbeiten und eignet sich zur Herstellung großer Geräte. Daher war er ein beliebtes Ausgangsmaterial für Werkzeuge. Der Handel erstreckte sich südwärts bis in die Mondsee-Region und sogar bis nach Kärnten. Am Kanzianiberg fand man Stücke von Plattensilex. In den Siedlungen der Mondsee- und der Altheim-Kultur erzeugte man große Messer und sichelartige Geräte aus Plattensilex, aus schlechterem Material stellte man Pfrieme und kleine Messer her. In Lengfeld in Bayern konnte ein Feuersteinbergwerk untersucht werden.

Weiter westlich beutete man sehr kleine Feuersteinlagerstätten und Vorkommen anderer Materialien aus. Man importierte daher große Mengen guten Feuersteins. Aus der Touraine-Region Westfrankreichs stammt der sogenannte Grand Pressigny-Feuerstein, der im Juragebiet sehr beliebt war. Die Menschen stellen daraus Dolche mit langen Klingen her.

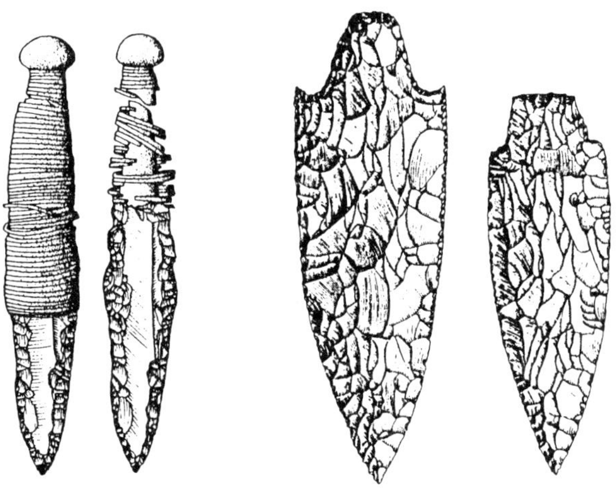

Aus Vinelz, Kanton Neuchâtel, stammt dieser Feuersteindolch mit Griff. Der sogenannte Grand-Pressigny-Feuerstein eignete sich vorzüglich zur Herstellung langer Klingen und war daher in der späten Jungsteinzeit sehr beliebt (links). Ebenfalls aus Feuerstein wurden diese Lanzenspitzen hergestellt, die man in Remedello fand (rechts). (nach Müller-Karpe 1974)

Der Feuerstein, der aus Lagerstätten nördlich der Alpen stammt, sieht anders aus als jener der Werkzeuge des Gletschermannes, Ähnlichkeiten bestehen jedoch zwischen den Stücken des Mannes vom Tisenjoch und dem Feuerstein aus den Monti Lessini und dem Trentino. Auch hier gibt es grau gefleckten Feuerstein.

In den Monti Lessini gibt es den qualitätsvollsten Feuerstein von ganz Norditalien. Das Lagerstättengebiet ist flächenmäßig sehr groß. Es war der Ausgangspunkt eines weitreichenden Handelsnetzes mit Rohmaterialien, aber auch mit Fertigprodukten. Die Lagerstätten der Monti Lessini wurden von der Mittelsteinzeit bis zur mittleren Bronzezeit ausgebeutet. In der späten Jungsteinzeit wurden am Monte Còvolo am Westufer des Gardasees Pfeilspitzen aus dem Gebiet der Monti Lessini über den See importiert. Schaber und Messer stellte man aus dem heimischen, schlechteren Material her.

Streitäxte und Keulenköpfe der Altheim-Kultur. Bei den Streitäxten handelt es sich um den länglichen Gegenstand, die runden beziehungsweise kugeligen Objekte sind die Keulenköpfe. Man steckte einen Holzschaft durch das Loch im Steingegenstand und erhielt auf diese Weise einen Griff zur Handhabung des Gerätes.

Ebba Koller

Der Schatz der Monti Lessini

Fährt man das Valpolicella – Weinkennern wegen der edlen Tropfen, die dort gekeltert werden, bekannt – von Verona nach Norden, erreicht man das Bergland der Monti Lessini. Von hier hat man nicht nur eine imposante Aussicht auf den Monte Baldo im Westen – quer über das Etschtal hinweg. Unweit der mächtigen Naturbrücke Ponte di Veja, ebenfalls ein urzeitlicher Siedlungsplatz, findet man auch heute noch jene Feuerstein-Lagerstätten, die schon die Steinzeitmenschen ausbeuteten.

Unser Führer ist Giorgio Chelidonio, eigentlich Bankbeamter in Verona, aber mit Leib und Seele der experimentellen Archäologie verschrieben. In einem Hohlweg gräbt er zielsicher große Silex-, das sind Feuerstein-Knollen, aus dem braunen Erdreich. Sie sind in ferner Vorzeit von den darüberliegenden Felshängen herabgebrochen und in die Talsenke gerollt. Für die Steinzeitmenschen war die Gewinnung des wertvollen Rohmaterials für ihre Werkzeuge durch diese Laune der Natur sehr einfach.

Chelidonio ist mit Geräten ausgerüstet, wie sie auch die Zeitgenossen des Gletschermanns benützt haben würden. Ein Stück von einem Hirschgeweih mit Hornsprossen dient ihm als Grabewerkzeug. Die Steine zerklopft er mit einem Steinbeil. Die messerförmigen Silex-Splitter formt er mit einer Geweihspitze, bis die Schneide scharf ist. Kleine Feuersteinsplitter fallen dabei zu Boden, so wie man sie überall im Verlauf des Weges findet. Zeugnisse für die Anwesenheit des Menschen vor vielen tausend Jahren.

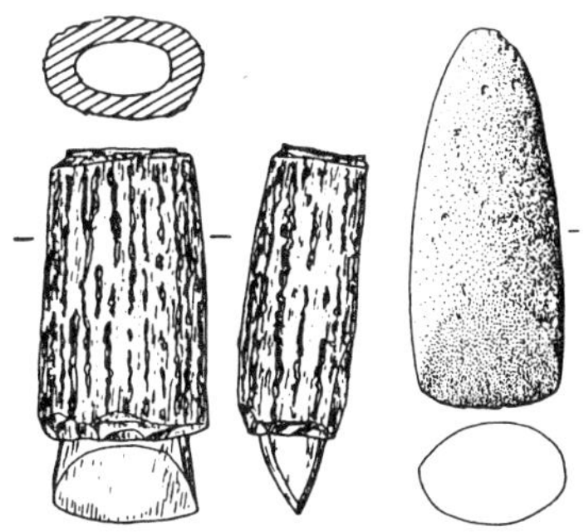

In der Zeit, in der der Mann vom Tisenjoch lebte, waren Steinbeile weiter verbreitet als Kupferbeile. Steinbeile waren nicht so kostbar wie Beile aus Metall. Man schäftete die Beile zumeist in Geweihstücke (Zwischenfutter), die dann ihrerseits in einen Holzschaft gesteckt wurden. (nach Müller-Karpe 1974; Winiger 1971)

Der Mann vom Tisenjoch hatte ein Kupferbeil bei sich. In der Zeit, in der er lebte, waren Steinbeile aber weit häufiger. Die geologischen Lagerstätten, aus denen man das Material für diese Beile gewann, liegen viel höher in den Alpen als jene, aus der man Feuerstein abbaute. Eiszeitgletscher und Flüsse haben dieses Rohmaterial teilweise als Geröll bis ins Alpenvorland transportiert. Einer der Gründe für die »Erschließung« der Alpen mag die Suche nach Material für Beile gewesen sein. Die extensive Ausbeutung von Jadeit-Lagerstätten in den Piemonteser Alpen geht bis in die frühe Jungsteinzeit zurück. Sie dauerte bis zum Ende der Jungsteinzeit an.

Bedeutende Produktionsstätten für Steinbeile waren die Siedlungen am Mondsee, Attersee, am Götschenberg bei Bischofshofen und die Siedlung in Thayngen bei Schaffhausen in der Schweiz. Ähnlich wie bei der Metallverarbeitung gab es auch hier Dörfer, die sich auf die Erzeugung von Steinbeilen spezialisierten. In Siedlungen der Horgen-Kultur ist dies ganz deutlich erkennbar. In Seegubel im Kanton St. Gallen, fand man 245 Bruchstücke von Steinen. Es handelt sich um unbearbeitete Stücke und Abfallprodukte. Die Fertigprodukte hatte man offenbar alle gegen andere Waren eingetauscht.

Mit Hilfe von dünnen Sandsteinsägen brachten die Menschen der Horgen-Kultur die Beile in die gewünschte Form. In anderen Kulturen war das Hacken und Picken mit Steinhämmern die übliche Bearbeitungsmethode.

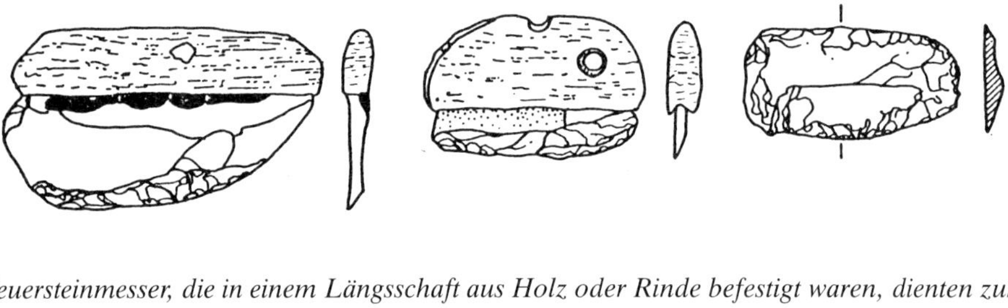

Feuersteinmesser, die in einem Längsschaft aus Holz oder Rinde befestigt waren, dienten zum Schneiden und Schaben. Die hier abgebildeten Stücke stammen aus Uster, Kanton Zürich, Schweiz. (nach Itten 1970)

In Fundstellen der Pfyn- und Altheim-Kultur findet man Streitäxte aus Stein. Diese Stücke waren damals vor allem in Nord- und Nordosteuropa verbreitet. Daher nimmt man an, daß die Streitäxte von dort aus in den Alpenraum gelangten. Ob es sich um Waffen, Werkzeuge oder Statussymbole oder alles in einem handelt, läßt sich nicht eindeutig klären. Vielleicht sind sie die Vorgänger der Dolche, was die Bedeutung im Sozialleben betrifft. Die Keulenköpfe sind Steinobjekte, die noch ungewöhnlicher als die Streitäxte sind. Sie sind vor allem in der Altheim-, aber auch in der Mondsee-Kultur verbreitet. Auch ihre Funktion ist nicht ganz klar. Sie waren wohl auch Waffen und Statussymbole.

Perlen aus Stein findet man zwar nicht häufig, sie gehören aber doch zum Erscheinungsbild jener Zeit. Steinerne Flügelperlen, Marmor- und Steatit-Perlen wurden in Fundorten der Horgen-Kultur entdeckt. Sie gehörten zu Halsketten.

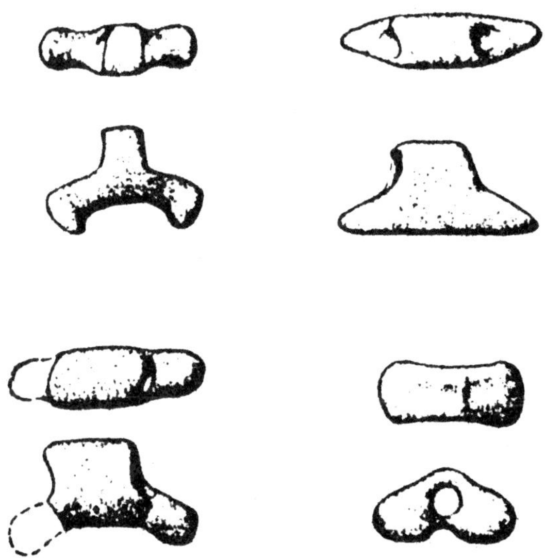

Steinerne Flügelperlen gehörten ebenso wie Tierzähne, Marmor- und Steatit-Perlen und Muschelschalen zu den Bestandteilen von Halsketten. (nach Strahm 1969)

Modisches aus der Jungsteinzeit – Werkzeuge und Kleidung

In der späten Jungsteinzeit verwendete man viele verschiedene Materialien zur Herstellung von Werkzeugen und Kleidung. Holz-, Leder- und Gewebeteile bleiben leider nur unter sehr günstigen Bedingungen über Jahrtausende erhalten. Daher gibt es ganz wenige derartige Funde.

Bereits seit der Mittelsteinzeit verwendete man im Alpenraum vermehrt Geweih und Knochen zur Erzeugung von Werkzeugen. Man fertigte Harpunen und Äxte aus Geweihstücken an. Diese Produktion blieb auch in der Horgen- und in der Schnurkeramik-Kultur bestehen. In Norditalien waren Objekte aus Geweih und Knochen zwar auch vorhanden, aber seltener. Geweihstücke eigneten sich bestens zur Herstellung von Harpunen, Äxten, Schlegeln und von Zwischenfutter für Beilschäftungen. Dabei handelt es sich um das Verbindungsstück zwischen dem Beil und der Schäftung. Der Halt des Beils im Schaft wird dadurch besser. Knochenspitzen, wie sie der Mann vom Tisenjoch gebündelt bei sich trug, dienten als Spitzen von Pfeilen. Derartige Knochenspitzen gibt es vor allem in der Horgen-Kultur häufig. Diese Knochenobjekte waren in Holzschäften verzapft und auch in Rothirschknochen eingebettet. Die Verwendung von Geweih und Knochen zur Erzeugung von Werkzeugen sollte einen Mangel an anderen Materialien wettmachen.

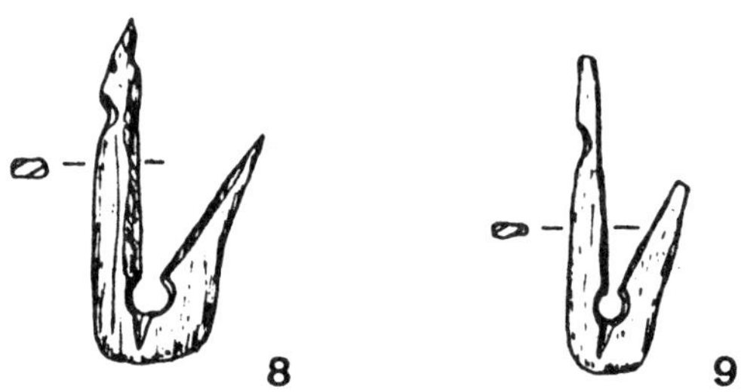

Angelhaken wurden aus Knochen und Eberzahn gefertigt. Zumeist sind sie mit besonderer Sorgfalt geschnitzt worden. (nach Winiger 1971)

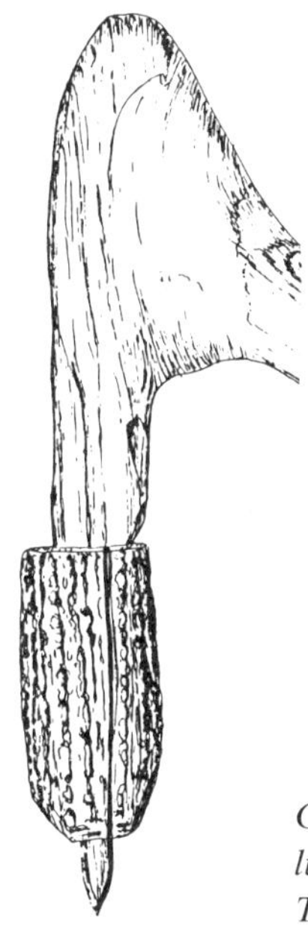

10

Gefäße aus Holz blieben in den Seeufer- und Moorsiedlungen erhalten. Man grub Löffel, Schalen mit Griff und Teller aus. Gegenstände zur Körperpflege, wie beispielsweise Kämme, fand man ebenfalls. (nach Müller-Karpe 1974; Winiger 1971)

In Thayngen-Weier, Kanton Schaffhausen, Schweiz, fand man mehrere Bögen, darunter auch einen Bogen für Kinder. Der hier abgebildete Bogen wurde von Erwachsenen verwendet. An einem Ende weist er eine Kerbe zur Aufnahme der Sehne auf. (nach Winiger 1971)

Knieholzschäftungen konnte man für Stein- und Metallbeile verwenden. Das Stück mit dem Zwischenfutter aus Geweih nahm ein Steinbeil auf (wie auch abgebildet). Das Zwischenfutter erhöhte den Halt des Beils in der Schäftung. (nach Winiger 1971)

Harpunen kommen in verschiedenen Größen vor, je nach der Jagdart, für die sie bestimmt waren.

In einer Siedlung aus der Zeit der Horgen-Kultur hat man 1600 Werkzeuge verschiedener Formen aus Knochen und Geweih entdeckt. Darunter befanden sich Zwischenfutter für Beilschäftungen und Werkzeuge zum Glätten und Schleifen. Hier handelt es sich eindeutig um ein besonderes Produktionszentrum.

Der Gletschermann hatte viele Gegenstände aus Holz und einer Holz-Leder-Kombination bei sich. Einige dieser Objekte sind einzigartig, wie der Köcher oder die Rückentrage. Man kennt Köcher von Darstellungen auf Figurenmenhiren in Sion, Flur Petit Chasseur. Aus der Eisenzeit gibt es die bisher ältesten Tragegestelle oder Rückentragen. Im Salzbergwerk von Hallstatt blieben aufgrund der konservierenden Wirkung des Salzes mehrere Tragsäcke erhalten. Die traditionellen alpinen Tragekörbe können als Abkömmlinge der Rückentrage des Mannes vom Tisenjoch gelten.

Schon in der Jungsteinzeit hatten die Menschen ein gut fundiertes Wissen über die unterschiedlichen Qualitäten verschiedener Holzarten. Biegsame Hölzer wie Eibe und Esche verwendete man für Bögen und Beilschäftungen. Einen großen Bogen aus Eibenholz kennt man aus Thayngen-Weier. In dieser Siedlung fand man auch einen »Kinderbogen«. Ein Pfeil, ebenfalls aus Thayngen-Weier, war aus dem Holz des wolligen Schneeballstrauchs hergestellt worden. Der Bogen und die Beilschäftung des Tisenjoch-Fundes sind aus dem harten, aber elastischen Holz der Eibe gefertigt. Feinfaseriges Holz konnte man hingegen leicht schnitzen. Daher verwendete man Holz von Obstbäumen zur Erzeugung von Kämmen und Griffen.

Bei der Verwendung von Holzstücken achtete man auf die verschiedenen Teile am Stamm und Ast. So eigneten sich Astgabelungen zur Herstellung von sogenannten Knieholzschäftungen. Das sind Schäftungen, die nicht gerade sind, sondern einen Knick aufweisen. Das hat bei der Handhabung erhebliche Vorteile.

Die Beilschäftungen weisen eine große Vielfalt der Formen auf. Sie gehören zu den wenigen Holzobjekten, die im Laufe der Zeit Formveränderungen unterlagen. Metallbeile treten meistens mit einer Knieholzschäftung zusammen auf. Der Fund vom Tisenjoch ist jedoch bisher der einzige

Ein Tragsack aus dem Salzbergwerk bei Hallstatt, Oberösterreich. Er besteht aus Rinderhaut und einem Holzgestell. Ein Gurt aus einem breiten Fellstreifen erleichterte das Tragen. Mit derartigen Tragsäcken beförderten die Bergmänner der Eisenzeit die Salzbrocken aus dem Berg ins Freie.

Beleg aus der späten Jungsteinzeit für ein Kupferbeil, das in der Schäftung gefunden wurde.

Gefäße wie Schüsseln, Schalen und Schöpfkellen stellte man zumeist aus Maserholz her. Maserholz bildet aufgrund seines wucherartigen Wuchses keine Jahresringe aus. Daher neigt es nicht zum Springen. Abgesehen davon weist es eine schöne Oberflächenstruktur auf. Tonnenförmige Gefäße erzeugte man aus hohlen Holzteilen.

Rinde diente als Ausgangsmaterial für verschiedenste Behälter. In der Cortaillod-Kultur setzten die Menschen Rinde zur Keramikverzierung ein.

Joche für Ochsen entdeckte man bei Ausgrabungen in Vinelz, Kanton Neuchâtel, Schweiz, einem Fundort der Schnurkeramik-Kultur. Pflüge sind bisher aus den Seeufersiedlungen nicht bekannt geworden. Hingegen gibt es in Norditalien in der Bronzezeit viele Belege. Wenn man an Ochsen und Pflüge denkt, wandern die Gedanken sofort weiter zum

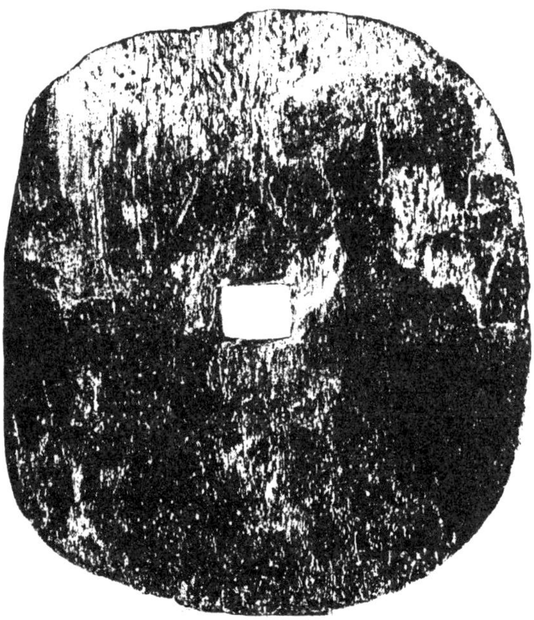

Das abgebildete Scheibenrad stammt aus der Schnurkeramik-Kultur. (nach Ruoff 1990)

Karren, der von Ochsen und Pferden gezogen wird. Man nimmt allgemein an, daß das Rad mit der Schnurkeramik-Kultur in die Region kam. Aber ein Rad aus der Pfyn-Kultur in Zürich deutet auf ein früheres Auftreten hin. Es handelt sich übrigens zumeist um Scheibenräder, die aus einer kompakten Holzfläche bestehen und daher keine Speichen haben.

Die Kleidung des Mannes vom Tisenjoch bestand aus Fellen von Hirsch und Ziege. Das völlige Fehlen von Stoffen fällt sofort auf. Möglicherweise ist seine Kleidung eine Anpassung an die Umgebung, in der er sich bewegte. Geht man davon aus, daß er mit seiner Herde in den Bergen unterwegs war, dann ist klar, daß seine Kleidung aus Fellen zusammengesetzt war. Zu diesen Fellen konnte er in seiner eigenen Herde (Ziege) und durch Jagd (Hirsch) gelangen. Die Schuhe und die Kopfbedeckung passen ebenso in dieses Bild. Offensichtlich waren alle Bekleidungsteile den Witterungsverhältnissen im Gebirge angepaßt.

Knochen mancher Tierarten lassen darauf schließen, daß man

Die Bekleidung der Bevölkerung im Alpenvorland war viel leichter als die des Mannes vom Tisenjoch. Die Frauen trugen einen längeren Rock, einen Gürtel und eine Bluse. Der Rock des Mannes war kürzer. Ein Mantel oder Umhang, Sandalen und konische Hüte gehörten ebenfalls zur Ausstattung. Die Kleidung war üppig geometrisch gemustert, wie man von den Darstellungen auf den Figurenmenhiren weiß. Die Stoffe aus Leinen und Wolle wurden mit Pflanzen- und Erdfarben eingefärbt. (nach Rast 1990)

einige Tiere ihres Felles wegen tötete. Die häufigen Feuersteinschaber dienten sicher vor allem der Fellbearbeitung.

Einige Gruben in jungsteinzeitlichen Siedlungen interpretiert man als Gruben zur Lohgerberei. Die Ansammlung von Eicheln in Siedlungen der Horgen-Kultur hängt möglicherweise mit der Herstellung von Tanin zur Ledererzeugung zusammen. Die wenigen Funde von Stoffen beweisen, daß das Spinnen und die Webtechnik in der späten Jungsteinzeit schon recht gut entwickelt waren. Man webte die Stoffe an einem senkrecht stehenden Webstuhl. Die Längsfäden waren unten mit sogenannten Webgewichten beschwert. So blieben sie gestrafft. Man kannte bereits verschiedene Gewebebindungen. Die Stoffe waren zum Teil mit Naturfarben eingefärbt. Spinnwirtel und Webgewichte aus Ton kennen wir aus vielen Kulturen der späten Jungsteinzeit. Hinweise auf die Kleidung dieser Zeit geben uns die Figurenmenhire. Auf den Statuen von Sion, Flur Petit Chasseur, wurden Menschen mit gut erkennbarer Kleidung wiedergegeben. Die Stoffe waren mit geometrischen Mustern verziert.

Anhand der Bestattungen und der Lage bestimmter Schmuckteile kann man die Bekleidung rekonstruieren. Die Männer trugen eher kurze, die Frauen eher lange Röcke. Der Rock der Frauen wurde mit einem Gürtel zusammengehalten. Frauen und Männer trugen Mäntel.

Hüte und Sandalen aus Bast runden das Bild der Bekleidung ab.

Menhir aus Aosta

Andreas Lippert

Neue archäologische Entdeckungen am Tisenjoch

Es war mehr ein Einsammeln als eine fundierte Erforschung des Terrains, auf dem unser Zeuge so zufällig entdeckt worden war, damals im Herbst 1991. Der Winter stand vor der Tür. Neben einer groben Vermessung der Fundstelle und der Einmessung der schon bekannten Fundpunkte konnten wir einige Kleidungsreste bergen. In der schnee- und eisbedeckten Felsmulde lagen Fell-, Leder- und Grasreste.

Eine genaue Untersuchung der gesamten Fundstelle stand aber noch aus. Einige Gegenstände, wie die Rückentrage oder die Kleidungsstücke, waren unvollständig geborgen worden. Auch die Lage der Funde war nur durch mündliche Angaben oder aufgrund von Amateurfotos ziemlich unzureichend bekannt. Auch war die Frage offengeblieben, wie die Felsmulde ohne Schnee- und Eisfüllung aussieht und warum der jungsteinzeitliche Mann gerade hier Schutz gesucht hatte.

Es war klar, daß wir eine umfassende Ausrüstung benötigen würden, nämlich die von Extrembergsteigern. Anders war eine systematische archäologische Untersuchung direkt auf dem Alpenhauptkamm auf 3200 Metern Höhe nicht vorstellbar. Ich dachte an die Kälte, an Wetterstürze, aber auch an die stark reflektierende Sonneneinstrahlung zwischen den Gletscherfeldern. Die Arbeit unter solchen Bedingungen ist anstrengend, also mußte ein solider Stützpunkt mit Zelten, Verpflegung und medizinischer Notversorgung errichtet werden. Es waren die technischen Geräte und Werkzeuge für die Grabung vorzubereiten, und schließlich brauchten wir verschiedene Energiequellen. All das war eine Frage der Organisation. Entscheidend war jedoch, ein gut funktionierendes Arbeitsteam aufzustellen. Die Teilnehmer der Nachgrabung mußten nicht nur Fachleute auf ihrem Gebiet sein, sie sollten auch die in diesem archäologischen Sonderfall erforderlichen Ausgrabungsmethoden kennen, außerdem über die notwendige hochalpine Erfahrung verfügen.

Blick von der Fundstelle Richtung Similaun

Der Gletschermann wird zum politischen Thema

Die zweite Nachgrabung war als österreichisches Projekt geplant, aber wegen der Lage der Fundstelle außerhalb unserer Staatsgrenze handelte es sich um eine Auslandsgrabung. Also mußte eine Genehmigung vom Landesdenkmalamt in Bozen eingeholt werden. Obwohl ich schon im Jänner 1992 darum angesucht hatte, wurde eine entsprechende Entscheidung erst im Juni 1992 getroffen. Das Thema Gletschermann-Forschung war zum heiklen politischen Eisen geworden, und sogar die Südtiroler Landesregierung hatte sich damit befaßt. Nunmehr war das Landesdenkmalamt der Provinz Bozen der Auftraggeber für weitere archäologische Arbeiten am Tisenjoch, es hatte das Projekt auch zu finanzieren.

Schließlich wurde ich, nach meiner ausdrücklichen Nominierung durch die Universität Innsbruck als Vertragspartner des Landes Südtirol, zum technischen Grabungsleiter bestimmt. Allerdings sollte die übergeordnete organisatorische und wissenschaftliche Koordination nicht allein bei mir liegen, sondern auch bei zwei Vertretern des Landesdenkmalamts und bei einem Vertreter der Universität Trient.

Diese Konstellation wirkte zuerst umständlich, aber sie erwies sich

Während der Sommergrabung 1992 mußte die Fundstelle von Schmelzwasser freigehalten werden.

bald als sehr brauchbar. Einerseits konnte ich mit der finanziellen und organisatorischen Hilfe des Landesdenkmalamts rechnen, andererseits war für die Forschungen an der Fundstelle selbst eine klare Kompetenz vorgegeben. Schließlich erschien die gemeinsame Auswertung der Grabungsergebnisse recht zweckmäßig, die Verantwortung konnte geteilt und eine engere fachliche Diskussion angeregt werden.

In einem Punkt gab es aber doch ein Problem. Nach den getroffenen Vereinbarungen mußte der Großteil der Fundstücke zuerst nach Bozen gebracht werden, um erst später, nach erteilter Ausfuhrgenehmigung, an das Botanische Institut der Universität Innsbruck weiterbefördert werden zu können.

Das Landesdenkmalamt mußte also mit entsprechenden Kühlanlagen versorgt werden, müssen doch Funde aus organischem Material zwischen 0 und 5 Grad Celsius gelagert werden. In Innsbruck, wo diese Einrichtungen am Botanischen Institut natürlich schon existieren, sollen dann später die Funde von Fachleuten sortiert und bestimmt werden. Nur Bodensedimente und Eisproben waren direkt nach Innsbruck zu schaffen.

So galt es eine Reihe von logistischen Fragen zu lösen. Menschen und Material mußten transportiert werden, Geräte und Funde waren fachgerecht zu versorgen. Neben allen administrativen Vorarbeiten, neben Fragen der zwischenstaatlichen Verfahrensweisen gab es eine große Unbekannte: Wie wird sich der Wetterablauf im Sommer 1992 gestalten? Wir hatten mit allen Eventualitäten zu rechnen.

Tonnen von Schnee und viele Schaulustige

Der ausgehende Winter hatte der Region meterhohen Schnee hinterlassen. Mitte Juli begannen Innsbrucker Studenten zu schaufeln. Es dauerte drei Wochen, ehe sie ein Areal von 10 Metern Breite und 23 Metern Länge geöffnet hatten. Nach realistischen Schätzungen entfernten sie rund 600 Tonnen Schnee, bevor die eisbedeckte Sohle der Grube zum Vorschein kam.

Zwischen dem 10. und dem 24. August konnte die archäologische Arbeit erfolgen. Ein stattliches Team bemühte sich um jede Faser, um jeden Splitter. Neben mehreren Prähistorikern erfaßten ein Vermessungsfachmann und ein Zeichner die Felsmulde im Detail. Ein Botaniker und ein Gletscherforscher ergänzten die österreichische Wissenschaftler-Gruppe, zu der sich zwei junge Prähistoriker aus Südtirol und dem Trentino gesellten. Mit Rat und Hilfe standen uns außerdem die Fachkollegen des Bozner Landesdenkmalamts zur Seite.

Berge von Geduld und Ausdauer

Das Eis saß in den Felsspalten, eine dicke Schichte lag über dem Boden der Felsrinne, sie konnte nur mit großer Vorsicht und mit feinen Geräten entfernt werden. Manche Funde steckten sichtbar im Eis, andere waren darin verborgen, sie alle mußten behutsam aufgedeckt werden. Ursprünglich war das Eis in der Felsmulde 50 bis 80 Zentimeter stark, jetzt, da es um die hartnäckigen Reste ging, halfen uns kleine Eispickel und die Dampfbohrgeräte, mit denen das Eis schonend aufgeschmolzen werden konnte. Drei solcher Dampfdrucktöpfe hatte uns das Institut für Meteorologie der Universität Innsbruck zur Verfügung gestellt und ihre Dampfstrahldüsen eigens für unsere Zwecke adaptiert. Unsere Föngeräte

Bei beiden Nachgrabungen wurden Netzreste aus Grasschnüren gefunden.

konnten wir nur in den Felswänden zum Entfernen des Neuschnees einsetzen, organische Reste leiden zu sehr unter der heißen Luft.

Große Sorgen bereitete uns in diesem heißen Sommer das Schmelzwasser aus dem oberen Gletscherfeld. Zuerst verhinderte es das schnellere Auftauen der Eisplatte. Außerdem mußte es nach dem Ableiten gefiltert werden. Rinnen und Schläuche halfen uns zusätzlich, Wasser aus der Felsmulde zu entfernen. Was wir aus den feinmaschigen Sieben und Netzen bergen konnten, war eine Fülle von wertvollen Kleinfunden, besonders jene aus dem Bodenschlamm der Mulde.

Vor allem die Botaniker werden von der Untersuchung dieser

Reste profitieren; unmittelbar erkennbar waren Süß- und Sauergräser, Moosfragmente von Arten, die aus tieferen Lagen bekannt sind, Blätter von Preisel- oder Heidelbeere und Spitzahorn, Nadeln von Fichte und Lärche sowie Birkenpollen. Außerdem wurden in den Sieben kleine Holzreste aufgefangen, die Bearbeitungsspuren zeigen und daher vom Bogen oder von der Rückentrage stammen können.

Zu den anatomischen Kleinfunden gehören Haut- und Gewebereste, Muskelfasern, Fragmente von Venen und Arterien, Haare vom Kopf und vom Schambereich. Der geborgene Fingernagel ist schmal, fast zart, und vorne sorgfältig abgeschnitten. Wir dürfen annehmen, daß all diese Reste von der Mumie stammen.

Die fast trockengelegte Felsmulde während der Sommergrabung.

Häufig fingen sich in den Sieben Stücke von Fell und Leder, auch Tierhaare. Besonders interessant sind Insektenreste, die wahrscheinlich ebenfalls aus der Jungsteinzeit datieren. Unterschiedlich zu beurteilen sind die Losungen von Gemsen und Ziegen. Gerade in unserer Felsregion hielten sich nachts Gemsen auf, also wird ein Großteil dieser Losung jung sein. Aber wir fanden auch sehr zerfallene Exkremente am Grund der Felsvertiefung, die dem Zeitalter des neolithischen Mannes zugeordnet werden könnten. Die Radiokarbondatierung wird auch hier entscheidend sein. Sollten die Losungsreste teilweise tatsächlich alt sein, ist die Bestimmung auf Wild- oder Haustier von wesentlicher Aussagekraft hinsichtlich der Weidewirtschaft in der Jungsteinzeit. Auch weitere Tierknochen, vielleicht als Speisereste zu deuten, wurden in der Nähe des Bogens gefunden. Vielleicht sind es auch diesmal Reste von Gemse oder Ziege.

Letztlich ging es uns auch um die spätere mikroskopische Analyse der Reste. Aus verschiedenen Niveaubereichen der Felsvertiefung haben wir eine Menge von Erd-, Schutt- und Schlammproben genommen. Sie wurden innerhalb eines eingemessenen Quadrantenrasters mit Meterabständen eingesammelt.

Wichtig für die weitere Erforschung der Funde ist ihre ursprüngliche Lage. Fellreste, Schnüre, Lederriemen, Heu und anderes wurden auf den Punkt genau dreidimensional lokalisiert und eingemessen. Damit kann auf einem steingerecht gezeichneten Plan der Felsmulde die Lage der Fundstücke eingetragen und die Verbreitung studiert werden.

Was die Konservierung der Funde betrifft, kam die große Höhe und damit die tiefe Temperatur zur Hilfe. Die Stückchen bewahrten wir in sterilen Plastiksäckchen auf, die wir in einer wasserdichten Metallkiste zwischen Lagen von Schnee verstauten. Bis zum Abtransport vergruben wir unsere Fundkisten im Schnee, nicht aus Angst vor Dieben, sondern um die Temperatur konstant um die 0 Grad Celsius zu halten. Das entsprach den Verhältnissen der Lagerung durch Jahrhunderte oder Jahrtausende. Aus den ungestörten Eisschichten am Boden der Felssenke bohrten wir Eisproben für weitere Pollenanalysen. Dieser Blütenstaub von Bäumen, Sträuchern, Blumen und Gräsern ermöglicht eine Rekonstruktion der Hochgebirgsvegetation und damit des Klimas zur Zeit des Gletschermanns.

Die Fellmütze, einer der wichtigsten Funde, wird geborgen.

Ein weiteres Kleidungsstück wird gefunden

Rund vierhundert Fundposten umfaßt das ständig geführte Register. Im Bereich der großen Steinplatte, über die der Tote gelegen war, hatten wir bisher Fell- und Lederteile gefunden, die von der Kleidung stammten. Wir entdeckten auch Bruchstücke von Netzen aus Grasschnüren.

Dann stießen wir auf der Westseite der Steinplatte auf den überraschendsten Fund, vorerst im Eis eingeschlossen. Das Objekt, das wir anfangs für einen Fellbalg hielten, lag unmittelbar auf dem Kiesboden der Eintiefung. Wir hatten Stunden zu tun, um mit dem Dampfstrahlgerät das Eis zu entfernen. Endlich konnten wir das Stück vorsichtig in die Hand nehmen und von allen Seiten betrachten. Es war eine stark zusammengedrückte Fellmütze aus hellbraunem Pelz, wahrscheinlich von der Gemse. Sie ist etwa 25 Zentimeter hoch, kegelförmig und aus einzelnen Stücken sorgfältig zusammengesetzt. Am unteren Rand der Haube sind zwei Kinnriemen aus Leder befestigt, die an den Enden noch miteinander verknotet sind. Nur an den Knickstellen sind die Haare ausgefallen. Wir fanden das Stück so, wie es dem Mann vom Kopf gefallen sein mußte. Die Mütze, hervorragend erhalten, lag nämlich neben dem Stein, auf den sich der Bergwanderer gebettet hatte.

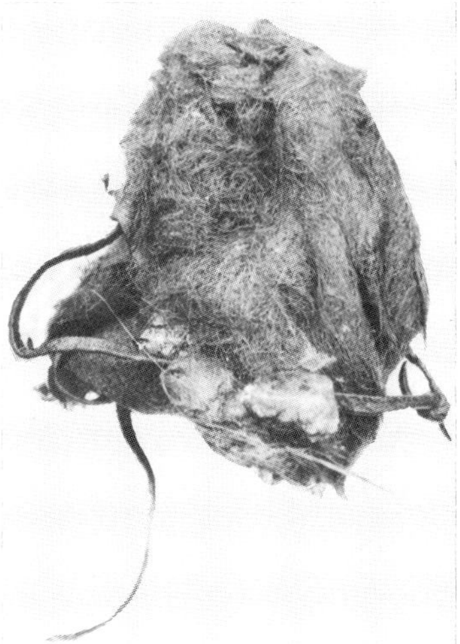

Die Fellmütze.

Die Lage dieses schönen Fundes beweist, daß die Felsmulde mehr oder minder trocken gewesen sein muß, also aper, als sich der Mann niedergelassen hatte.

Später, als wir das Wasser abgeleitet und die letzten Reste des Bodeneises entfernt hatten, erkannten wir die Situation sehr genau. Der Mann hatte sich auf drei Steinen ausgestreckt. Kopf und Oberkörper ruhten auf der mehrmals erwähnten großen Felsplatte, die Beine auf zwei kleineren flachen Steinen etwas östlich davon.

Die Freilegung des Bogenfragmentes (unten und rechts).

Das Bild vervollständigt sich

Einen weiteren Hinweis auf die aperen Verhältnisse in der Felsmulde gab uns das wiedergefundene Bogenfragment. Einer der ersten Besucher an der Fundstelle des Gletschermannes hatte im Vorjahr versucht, den Bogen aus dem Eis zu ziehen. Dabei war die Waffe zerbrochen. Mit diesem Fund konnten wir jetzt die genaue Lage bestimmen und rekonstruieren, daß der über 1,80 Meter lange Bogen auf den Boden gesetzt und schräg gegen die Felswand gelehnt worden war. Nach unseren Berechnungen berührte die Spitze des Bogens genau jenen Stein in der Felsnische, auf dem das Beil gestanden hatte. Bogen, Beil, Trage und Köcher waren also geordnet abgestellt worden. Zweifellos lag zum kritischen Zeitpunkt kein oder kaum Schnee in der Felsmulde. Das ist für die Rekonstruktion der letzten Stunden unseres Zeugen wichtig, hat aber auch einige Aussagekraft für die damals herrschenden Klimaverhältnisse. Übrigens befand sich auch an diesem Bogenende keine Kerbe für die Sehne. Eine Sehne wurde nicht gefunden. Man muß sich also weiterhin fragen, ob der Bogen nicht erst halb fertig und damit gebrauchsunfähig war.

Botaniker beim Filtern des Schmelzwassers und Fundstücke im Sieb.

Noch ist ein weiteres Rätsel ungelöst. Unsere Vermutungen sprechen für einen Fellsack, der vielleicht an der Trage befestigt war, da wir bei der genauen Nachsuche in den Spalten und Ritzen zwischen den Felsen Fellreste, Sehnen, Grasschnüre, Leder und ein weiteres Brettchen vom Rahmen der Trage fanden.

Eine Erwartung hat sich bei dieser Nachgrabung nicht erfüllt. Schon während der ersten Nachuntersuchung waren Holzkohlepartikel aufgelesen worden, die auf eine Herdstelle schließen ließen. Obwohl bei den Filterarbeiten weitere Stückchen erfaßt wurden, konnten wir keinen Feuerplatz in der Felsmulde ausmachen. Dabei läßt sich die Herkunft der Holzkohlepartikel genau lokalisieren, wir fanden sie gehäuft knapp westlich des Mumienfundplatzes. Das regt zu weiteren Überlegungen an. Wenn nicht Eis und Schmelzwasser die Feuerreste verschwemmt haben, dann bleibt auch die Möglichkeit, daß der Mann die Feuerglut mit sich getragen haben könnte. Dazu könnte er den Birkenrindenbecher verwendet haben. Hat er also Brennholz und Feuer gleichzeitig mit sich geführt?

Der Jahrhundertfund erweitert den Horizont der Forschung

Nach den Grabungstagen folgt nun eine lange Phase der Auswertung. Noch müssen die steingerecht gezeichneten maßstäblichen Pläne für die Veröffentlichung ausgearbeitet werden. Sie werden durch die fotogrammetrisch gewonnenen Daten ergänzt, die die Geodäten für den kleinregionalen Plan erstellen. Damit wird die Fundstelle zwischen Tisenjoch und Hauslabjoch inmitten der Fels- und Gletscherregion dokumentiert.

Von der Nachuntersuchung liegt umfassendes und repräsentatives Material vor. Die Funde sind zu präparieren, zu bestimmen und zu konservieren. Hohen Wert besitzen die zahllosen kleinen und mikroskopischen Funde botanischer Herkunft. Auch statistisch bilden sie ein höchst relevantes Fundgut.

In Summe wird die Bestimmung der Funde und ihre Lokalisierung weitere entscheidende Hinweise geben. Sie alle betreffen den Mann und seinen letzten Aufenthalt, seine Kleidung und Ausrüstung, aber auch die Kultur- und die Naturlandschaft, in der er und seine Zeitgenossen lebten.

Ausblick

Im September 1991 wurde in den Ötztaler Alpen eine sensationelle archäologische Entdeckung gemacht, die seither gleichermaßen Fachleute und ein breites Publikum in Atem hält: Aus dem Gletschereis am Tisenjoch wurde die Mumie eines jungsteinzeitlichen Menschen mitsamt seiner guterhaltenen Ausrüstung geborgen. Dieser Fund, der offenbar auf einen Unglücksfall vor mehr als 5000 Jahren zurückgeht, läßt vor dem geistigen Auge eine lebendige Momentaufnahme eines urzeitlichen Bergwanderers entstehen.

Meist steht für den Prähistoriker nicht so sehr das Individuum, sondern eine ganze Kultur im Mittelpunkt der Betrachtung. Der einzelne Urmensch kann aufgrund einiger Grabbeigaben und anonymer Reste und Abfälle aus der Siedlung kaum aus der Gemeinschaft seines Kulturmilieus herausgelöst werden. Hier, am Tisenjoch, ist jedoch eine Person früher Vergangenheit zum Greifen nahe. Kleidung und Ausrüstung lassen zahlreiche Aufschlüsse über Handwerk und Herstellungstechniken zu. Der mumifizierte Tote selbst trägt Neues zu unserem Wissen über das Erscheinungsbild des neolithischen Menschen in Mitteleuropa bei, so unter anderem über Gesundheitszustand und Ernährungsweise seiner Zeit.

Über das Vorhaben des Mannes selbst und sein näheres Schicksal im Hochgebirge können nur Vermutungen angestellt werden. Es kommt wohl in erster Linie nur ein Hirte in Betracht, der bei einem Schneesturm ums Leben gekommen ist. Es kann sich aber auch um eine Person gehandelt haben, die auf der Jagd war oder kultische Handlungen in der einsamen Höhe ausgeführt hat. Gelegentlich taucht auch die These auf, der Mann wäre von seiner Gemeinschaft verfolgt oder ausgestoßen worden, worauf seine nicht ganz einsatzfähige Jagdausrüstung und sein behelfsmäßig geflicktes Gewand hindeuten würden.

Wissenschaftler vieler Forschungsgebiete sind an den Untersuchungen des Fundes beteiligt. Jetzt zeigt sich, daß einige chronologische und kulturgeschichtliche Einschätzungen überholt sind und daher neu formuliert werden müssen. Der Fund ist ausgerechnet in einem Gebiet zum Vorschein gekommen, das bislang archäologisch wenig ergiebig war. Der mittlere Alpenraum scheint außerdem im Spätneolithikum im Schnittpunkt mehrerer Kulturen gelegen zu haben, was allerdings die Auswertung des Fundes erschwert.

Unser Bild des Spätneolithikums kann nun durch einige wertvolle Einzelheiten des Tisenjoch-Fundes ergänzt werden. Das 4. Jahrtausend v. Chr. stellte besonders für die Alpen eine Zeit des Umbruchs und mehrerer einschneidender Neuerungen dar.

In den breiten Randtälern fand der Pflug erstmals Eingang und trug zur Verbesserung des Ackerbaus bei. Bedeutender war aber die Aufwertung der Viehhaltung. Rinder- und wahrscheinlich auch Schaf- und Ziegenherden wurden in der warmen Jahreszeit auf die Almen getrieben. Damals im jüngeren Atlantikum herrschten günstige Klimabedingungen, so konnte sich die Hochweidewirtschaft gut entfalten. Dank der zusätzlichen ausgedehnten Weidegründe in den Bergen war auch ein größerer Viehbestand möglich. Das Almvieh mußte aber auch betreut und beschützt werden, und dazu war die Anwesenheit von Hirten erforderlich. Der Mann vom Tisenjoch ist mit solchen Tätigkeiten in Verbindung zu bringen. Er war allem Anschein nach ein wohlhabender Talbauer, der sein Vieh im Sommer auf einer der vielen saftigen Ötztaler Almwiesen grasen ließ.

Vermutlich ging mit der Beweidung der Almen auch eine intensivierte Milchproduktion und -verwertung Hand in Hand. Jetzt gab es mehr Milch, die nur zum Teil an Ort und Stelle konsumiert werden konnte. In den Sommermonaten erzeugten die Leute Käsevorräte für die übrige Zeit des Jahres, die im Tal verbracht wurde. Wahrscheinlich wurde auch erstmals Schafwolle zu Garn versponnen, worauf einige Indizien hinweisen.

Die wirtschaftliche Mobilität im Alpenraum war aber auch einer der Gründe für ein weiteres Erschließen und Begehen der Berge und der Überquerung zahlreicher Pässe und Übergänge. Das ermöglichte auch verstärkte Kontakte mit anderen Alpentälern und sogar mit Gebieten jenseits der Alpen. Verschiedene nördliche Einflüsse im kulturellen Bereich und im Handel, die im archäologischen Fundgut am Alpensüdrand ihren Niederschlag finden, gehen auf diese überregionalen und weitreichenden Verbindungen zurück.

Da die Alpen mehr und mehr begangen und überquert wurden,

ergab sich eine etwas dichtere Besiedlung der mittleren und größeren Täler. Damit war aber auch noch etwas anderes eng verknüpft: die Übernahme der Kupfermetallurgie aus Südosteuropa und dem Karpatenbecken. Dort wurden schon viel früher Kupfererze abgebaut, verhüttet und zu Schmuck und Prestigeobjekten geformt. Auch der Mann vom Tisenjoch trug ein kleines, nur 9 Zentimeter langes Kupferbeil an einer unverhältnismäßig langen Holzschäftung bei sich. Diese kleine Metallwaffe wies ihn sicher als reiche und modebewußte Persönlichkeit aus, während die praktische Bedeutung eines Kupferbeiles weit hinter der eines härteren und schwereren Steinbeiles zurückblieb.

Im Spätneolithikum wurden die Siedlungen nun häufig auf Anhöhen und entlang der Überlandrouten angelegt. Ein strategisches Interesse, zumindest im Sinne einer leichteren Verteidigung, lassen auch die vielen Seeufersiedlungen in Süddeutschland, in der Schweiz und in Oberitalien erkennen.

Die Begräbnissitten zeigen dort, wo sie archäologisch faßbar sind, sehr bewußte Vorstellungen eines geordneten Weiterlebens nach dem Tode. Steingräber und Hügelbestattungen sowie die oft liebevolle Beigabenausstattung in den Nekropolen der oberitalienischen Remedello-Kultur geben dafür deutliche Anhaltspunkte. Auch das Aufkommen figuralverzierter männlicher und weiblicher Steinstelen, sogenannter Figurenmenhire, in der Schweiz und in Oberitalien gibt wahrscheinlich einen Fingerzeig auf eine neue Art von Ahnenkult.

Zur Zeit des Tisenjoch-Mannes gab es noch kaum grundlegende soziale Unterschiede oder eine ausgeprägte soziale Schichtung der Gemeinschaften. Wohlstand und Ansehen errang man durch besondere Tüchtigkeit und Erfolg, weniger durch eine ererbte soziale Stellung.

Im ausgehenden Neolithikum und in der frühen Bronzezeit, also um 2000 v. Chr., kam es dann zur Bildung neuer gesellschaftlicher Strukturen. Die Erfindung und die Nutzung der neuen Kupferlegierung, der Bronze, ist dafür besonders ausschlaggebend gewesen. Kennzeichnend für diese neue Zeit, lange nach dem Zeitalter des Mannes vom Tisenjoch, war eine stärker betonte Arbeitsteilung: Neben Bauern gab es Bergknappen, Kupferschmiede und Händler und dann noch jene, die über Bergwerks- und Handelsmonopole verfügten. Abgesehen von Kupfer, wurde auch Gold als besonders begehrtes Metall für Schmuckerzeugnisse an vielen

Stellen der Alpen abgebaut. Zinn – als Legierungszusatz für Bronze – konnte hingegen nur aus Westeuropa oder aus dem Erzgebirge eingehandelt werden. Mit den verschiedenen Berufs- und Besitzformen war aber eine soziale Gliederung der Gemeinschaften eng verbunden.

Viele Fragen, die sich zum Umfeld des Mannes vom Tisenjoch stellen lassen, werden nicht so rasch beantwortet werden können: von wo er kam, wie die bäuerlichen Siedlungen in den benachbarten Tälern aussahen und welcher Kultur sie angehörten. Auch ist nur andeutungsweise bekannt, wie man sich die vom Menschen bewohnte Landschaft wirklich vorstellen muß. Vieles hängt von der Auswertung aller Funde und besonders der botanischen und zoologischen Bestandteile ab. Die beiden Nachgrabungen haben dafür reiches Material geliefert. Auch die umliegenden Täler müssen auf dem Weg einer archäologischen Landesaufnahme, also durch Dokumentation aller bisher bekannten Funde und Fundplätze, aber auch durch systematische Suche nach weiteren Fundstellen im Gelände, in die Untersuchungen einbezogen werden.

Die Forschungsergebnisse verschiedenster Sparten, die sich mit dem neuen Fund beschäftigen, werden kleinere und größere Mosaiksteine von Erkenntnissen beibringen, die schließlich zu einem lebendigen Bild zusammengefügt werden können. Natürlich wird es da und dort Widersprüche und Unvollständigkeiten geben, doch kann die interdisziplinäre Zusammenarbeit so vieler kulturgeschichtlicher, anthropologisch-medizinischer und naturwissenschaftlicher Fachgebiete sicher zu neuen und richtungweisenden Impulsen für die Erforschung eines frühen Abschnittes europäischer Menschheitsgeschichte führen.

Literatur

Allgemeine Urgeschichte und Allgemeines zur späten Jungsteinzeit

L. H. BARFIELD, Chalcolithic Burial Ritual. Dialoghi di Archeologia 2, 1986.

F. E. BARTH – W. NEUBAUER, Salzbergwerk Hallstatt – Appoldwerk – Grabung 1879/80. Hallstatt 1991.

P. BIAGI (ed.), The Neolithisation of the Alpine Region. Monografie di Natura Bresciana 13, Brescia 1990.

C. BICKNELL, A Guide to the Prehistoric Rock Engravings in the Maritime Alps. Bordighera 1913.

L. R. BINFORD, Die Vorzeit war ganz anders. Methoden und Ergebnisse der Neuen Archäologie. München 1984.

W. CAMPBELL SMITH, The Distribution of Jade Axes in Europe with a Supplement to the Catalogue of those from the British Isles. Proceedings of the Prehistoric Society XXXI, Cambridge 1965.

D. L. CLARKE, Mesolithic Europe: The Economic Basis. Problems in Economic and Social Archaeology. London 1976.

Die ersten Bauern – Pfahlbaufunde Europas. Forschungsberichte zur Ausstellung im Schweizerischen Landesmuseum und zum Erlebnispark. Zürich 1990 (2 Bände).

H. J. EGGERS, Einführung in die Vorgeschichte. München 1959.

A. R. FURGER – F. HARTMANN, Vor 5000 Jahren... So lebten unsere Vorfahren in der Jungsteinzeit. Bern 1983.

I. HODDER, Symbols in Action. Cambridge 1982.

R. JOUSSAUME, Des Dolmens Pour Les Morts. Les Mégalithismes à Travers le Monde. Poitiers 1985.

N. KALICZ, Beiträge zur Kenntnis der Kupferzeit im ungarischen Transdanubien. In: J. LICHARDUS (Hg.), Die Kupferzeit als historische Epoche 1, 1991.

A. LIPPERT, Reclams Archäologieführer. Österreich und Südtirol. Denkmäler und Museen der Urgeschichte, der Römerzeit und des frühen Mittelalters. Stuttgart 1985.

H. MÜLLER-KARPE, Handbuch der Vorgeschichte, Dritter Band: Kupferzeit. München 1974.

B. S. OTTAWAY, Earliest Copper Artifacts of the Northalpine Region: Their Analysis and Evaluation. Schriften des Seminars für Urgeschichte der Universität Bern, Heft 7, 1982.

B. S. OTTAWAY (ed.), Archaeology, Dendrochronology and the Radiocarbon Calibration Curve. University of Edinburgh, Dep. of Archaeology, Occasional Paper 9, Edinburgh 1983.

N. PLATON, Kreta. Archaeologia Mundi. Genf 1968.

A. RAST, Jungsteinzeitliche Kleidung. In: Die ersten Bauern – Pfahlbaufunde Europas. Forschungsberichte zur Ausstellung im Schweizerischen Landesmuseum und zum Erlebnispark. Zürich 1990, Band 1.

C. RENFREW (ed.), The Explanation of the Culture Change. London 1973.

K. SCHIPPMANN, Sumer – Assur – Babylon. Ausstellungskatalog Roemer- und Pelizaeus-Museum, Hildesheim 1978.

H. SCHLICHTHERLE – B. WAHLSTER, Archäologie in Seen und Mooren. Den Pfahlbauten auf der Spur. Stuttgart 1986.

W. SEIPEL, Gott – Mensch – Pharao. Ausstellungskatalog des Kunsthistorischen Museums im Künstlerhaus, Wien 1992.

A. G. SHERRATT, The Secondary Exploitation of Animals in the Old World. World Archaeology 15, London 1983.

Chr. STRAHM, Les Épingles de Parure en Os du Néolithique Final. In: H. CAMPS-FABRER (Hg.), L'Industrie en Os et Bois de Cervidé durant le Néolithique et l'Âge des Métaux. CNRS Paris 1979.

R. WYSS, Mesolithische Harpunen in Mitteleuropa. Festschrift für Emil Vogt, Helvetia Antiqua Zürich 1966.

N. YARDIMCI, Schätze aus der Türkei. Ausstellungskatalog des Kunsthistorischen Museums im Künstlerhaus, Wien 1990.

L. ZOTZ, Altsteinzeitfunde Mitteleuropas. Stuttgart 1951.

Literatur zum Gletschermann

J. D. CLARK, Neolithic Bows from Somerset, England, and the Prehistory of Archery in North-Western Europe. Proceedings of the Prehistoric Society 29, 1963/3, 50 ff.

Der Mann vom Similaun. Dokumentation des Landesdenkmalamtes Bozen. Unser Frau, Schnalstal, Südtirol. Meran 1992.

R. HENN, Der Tote vom Hauslabjoch. In: Österreichische Hochschulzeitung 11, 1991, 13.

F. HÖPFEL – W. PLATZER – K. SPINDLER (Hg.), Der Mann im Eis. Band 1. Bericht über das Internationale Symposium 1992 in Innsbruck. In: Veröffentlichungen der Universität Innsbruck 187, 1992.

A. LIPPERT – K. SPINDLER, Die Auffindung einer frühbronzezeitlichen Gletschermumie am Hauslabjoch in den Ötztaler Alpen (Gem. Schnals). In: Archäologie Österreichs 2/2, 1991, 11–17.

R. LUNZ, Archäologie Südtirols, Teil 1. In: Archäologisch-Historische Forschungen Band 7, 1981.

R. LUNZ, Vor- und Frühgeschichte Südtirols mit Ausblicken auf die alpinen Nachbargebiete, Band 1: Die Steinzeit. Bruneck 1986.

F. MAYER, Tigerjagd in der Taiga. In: Das Magazin. Tagesanzeiger und Berner Zeitung BZ, Nr. 15, 10./11. April 1992, 37–51.

G. PATZELT, Neues vom Ötztaler Eismann. In: Österr. Alpenvereins-Mitteilungen 2/92, 23–24.

L. PLANK, Nordtirol in vor- und frühgeschichtlicher Zeit. In: Jahrbuch des Österr. Alpenvereines 89, Jg. 1964, 74–82.

J. RAINER, Das Schnalstal und seine Geschichte. Schnals 1991.

H. SEIDLER – W. BERNHARD – M. TESCHLER – W. PLATZER – D. ZUR NEDDEN – W. HENN, A first Report on the Tyrolean Ice-Man. Some Aspects of Physical Anthropology. Science 1992.

K.SPINDLER, Der Mann aus dem Eis. In: Archäologie in Deutschland 1992/1, 34–37.

Völkerkunde

M. FRIED, The Evolution of Political Society. New York 1967.

M. SAHLINS, Stone Age Economics. London 1974.

Norditalien und Frankreich

L. H. BARFIELD, Northern Italy before Rome. Ancient Peoples and Places 76, London 1971.

L. H. BARFIELD, The Square Mouthed Pottery Culture in the Veneto and its Adriatic Connections. Actes VIII Congrés Union International des Sciences Prehistoriques et Protohistoriques 1971. Beograd 1973.

L. H. BARFIELD – B. BAGOLINI, The Excavation on the Rocca di Rivoli, Verona, 1963–1968. Memorie del Museo Civico di Storia Naturale di Verona no. 1, 1976.

L. H. BARFIELD, Patterns of North Italian Trade, 5000–2000 b. c.
In: G. BARKER – R. HODGES (eds.), Archaeology and Italian Society. Papers in Italian Archaeology III. British Archaeological Reports 102, Oxford 1981.

L. H. BARFIELD, The Chalcolithic Cemetery at Manerba di Garda. Antiquity LVII, Cambridge 1983.

L. H. BARFIELD, Recent Work on Sources of Italian Flint. In: G. SIEVEKING – M. NEWCOMER (eds.), The Human Uses of Flint and Chert. Cambridge 1987.

D. BAUDAIS, Les Mobilier en Bois des Sites Littoraux de Châlain et Clairvaux. In: M.-J. ROULIÈRE-LAMBERT – N. MARMIN (Hg.), Presentation des Collections du Musée de Lons-le-Saunier No. 1, Néolithique Châlain-Clairvaux, Fouilles Anciennes 1985.

C. CONTI, Corpus delle Incisioni Rupestri di Monte Bego. Collezione di Monografie Preistoriche ed Archeologiche VI, Bordighera 1972.

O. CORNAGGIA CASTIGLIONI, La Cultura di Civate: una nuova facies arcaica della civiltà eneolitica della Lombardia, Natura 62, 1971.

R. DE MARINIS, Due Nuovi Frammenti Istoriati da Cemmo (Capo di Ponte, Valcamonica). In: Il Parco delle Incisioni Rupestri di Grosio e la Preistoria Valtellinenese. Atti del 10 Convegno Archeologico Provinciale Grosio 1985 (1988).

R. LUNZ, Vor- und Frühgeschichte Südtirols, Band 1 Steinzeit. Bruneck 1986.

R. MAGGI – M. R. VIGNOLO, Libiola. Archeologia in Liguria III, 1 Scavi e Scoperte, 1982–86.

F. MEZZANA, Le Stele Antropomorfe del Arco Alpino. In: L'Arte Preistorica nell Italia Settentrionale. Verona 1978.

M. ZURBUCHEN, Ein Vorbericht über das Feuersteinvorkommen in der Provinz Trento und seine Verwendung in prähistorischer Zeit. Preistoria Alpina 20, Trento 1984.

Deutschland und Schweiz

O. J. BOCKSBERGER, Le Site Préhistorique du Petit-Chasseur à Sion. Vallesia XXX, 1959.

O. J. BOCKSBERGER, Le Dolmen MVI: Le Site Préhistorique du Petit Chasseur (Sion, Valais). Cahiers d'Archéologie Romande 6, Lausanne 1976.

R. CHRISTLEIN – O. BRAASCH, Das unterirdische Bayern. 7000 Jahre Geschichte und Archäologie im Luftbild. Stuttgart 1982.

M. DOBEŠ, Zu den äneolithischen Kupferflachbeilen in Mähren, Böhmen, Polen und in der DDR. In: M. BUCHVALDEK – E. PLESLOVÁ ŠTIKOVÁ (Hg.), Das Äneolithikum und die früheste Bronzezeit in Mitteleuropa: kulturelle und chronologische Beziehungen. Praehistorica XV, 1989.

N. ELBIALI, Sennweid ZG: Le Début du Néolithique Final en Suisse Orientale. In: Die ersten Bauern – Pfahlbaufunde Europas. Forschungsberichte zur Ausstellung im Schweizerischen Landesmuseum und zum Erlebnispark. Zürich 1990, Band 1.

A. GALLAY, Sion, Petit-Chasseur. Première Céramique – Premier Métal. Lons-Le-Saunier 1985.

E. GROSS – U. RUOFF, Das Leben in neolithischen und bronzezeitlichen Dörfern am Zürich- und Greifensee. Archäologie der Schweiz 13, Basel 1990.

W. U. GUYAN, Jungsteinzeitliche Urwald-Wirtschaft am Einzelbeispiel von Thayngen-Weier. Jahrbuch der Schweizerischen Gesellschaft für Ur- und Frühgeschichte 59, Basel 1981.

M. ITTEN, Die Horgener Kultur. Monographien zur Ur- und Frühgeschichte der Schweiz 17, Basel 1970.

J. PREUSS, Pfyner Kultur. In: J. HERRMANN, Lexikon früher Kulturen. Leipzig 1984.

E. PROBST, Deutschland in der Steinzeit. Jäger, Fischer und Bauern zwischen Nordseeküste und Alpenraum. München 1991.

U. RUOFF, Die Ufersiedlungen am Zürichsee. In: Die ersten Bauern – Pfahlbaufunde Europas. Forschungsberichte zur Ausstellung im Schweizerischen Landesmuseum und zum Erlebnispark. Zürich 1990, Band 1.

M. SAKELLARIDIS, The Economic Exploitation of the Swiss Area in the Mesolithic and Neolithic Periods. British Archaeological Reports 67, Oxford 1979.

H. SCHLICHTHERLE, Siedlungen und Funde jungsteinzeitlicher Kulturgruppen zwischen Bodensee und Federsee. In: Die ersten Bauern – Pfahlbaufunde Europas. Forschungsberichte zur Ausstellung im Schweizerischen Landesmuseum und zum Erlebnispark. Zürich 1990, Band 2.

H. SCHLICHTHERLE, Aspekte der siedlungsarchäologischen Erforschung von Neolithikum und Bronzezeit im südwestdeutschen Alpenvorland. Berichte der Römisch-Germanischen Kommission 71, 1990.

H. SCHWAB, Die Juragewässerkorrektionen. In: Die ersten Bauern – Pfahlbaufunde Europas. Forschungsberichte zur Ausstellung im Schweizerischen Landesmuseum und zum Erlebnispark. Zürich 1990, Band 1.

Chr. STRAHM, Die späten Kulturen. In: W. DRACK (Hg.), Ur- und Frühgeschichtliche Archäologie der Schweiz, Band II Die jüngere Steinzeit. Basel 1969.

Chr. STRAHM, Die Gliederung der Schnurkeramischen Kultur in der Schweiz. Acta Bernensia VI, Bern 1971.

J. WINIGER, Das Fundmaterial von Thayngen-Weier im Rahmen der Pfyner Kultur. Monographien zur Ur- und Frühgeschichte der Schweiz 18, Basel 1971.

J. WINIGER, Das Neolithikum der Schweiz. Basel 1985.

J. WINIGER – A. HASENFRATZ, Ufersiedlungen am Bodensee. Archäologische Untersuchungen im Kanton Thurgau. Antiqua 10, Basel 1985.

R. WYSS, Die Gräber und weitere Belege zur geistigen Kultur. In: W. DRACK (Hg.), Ur- und Frühgeschichtliche Archäologie der Schweiz, Band II Die jüngere Steinzeit, Basel 1969.

Chr. ZINDEL – A. DEFUNS, Spuren von Pflugackerbau aus der Jungsteinzeit in Graubünden. Helvetia Archaeologica 42, Basel 1980.

Österreich

Das Mondseeland. Geschichte und Kultur. Katalog zur Ausstellung des Landes Oberösterreich. Mondsee 1981.

A. PEDROTTI, L'insediamento di Kanzianiberg: rapporti culturali fra Carinzia ed Italia settentrionale durante il Neolitico. In: P. BIAGI, The Neolithisation of the Alpine Region. Monografie di Natura Bresciana 13, Brescia 1990.

E. RUTTKAY, Das Neolithikum in Niederösterreich. Forschungsberichte zur Ur- und Frühgeschichte 12, Wien 1983.

Bildquellenverzeichnis

G. Patzelt Schutzumschlag Vorderseite; Landesgendarmeriekommando für Tirol Schutzumschlag Vorderseite; E. Koller Schutzumschlag Rückseite; Orthofotokarte der Provinz Bozen, Blatt 1203 Similaun. Aufnahme vom 28. 9. 1985. Freigabe aufgrund der Genehmigung d. I. G. M. Nr. 88 vom 12. 2. 1988. S. 1; E. Koller S. 16, 171, 186, Farbteil S. X links unten, XI oben und Mitte, XII oben, XV oben, XVI oben; K. Fritz S. 30; Paul Hanny S. 30; Hannes Gehwolf S. 31; Landesgendarmeriekommando für Tirol S. 33, 65, Farbteil S. I, II, IV oben; A. Lippert S. 43, 45, 46, 188, 189, 191, 192, 194, 195, 196, 197, 198, Farbteil S. III Mitte links; Institut für Ur- und Frühgeschichte Innsbruck S. 50, 74, 86, 95, Farbteil S. III oben, Mitte rechts, VI oben, VIII oben; Römisch-Germanisches Zentralmuseum Mainz (RGZM Mainz) S. 81, 85, 90, 93, 96, Farbteil S. III unten, V unten, VI Mitte, unten, VII, VIII unten; H. Frank S. 88, 164, Farbteil S. X rechts unten, XI unten, XV oben, XVI unten; F. Mayer S. 91; M. Paris S. 91; Druck-Dienst AG, Feldmeilen, Schweiz, S. 147 rechts; Ufficio Beni Archeologici Provincia Autonoma di Trento S. 159, Farbteil S. XIV oben und unten und XV unten; O. Cornaggia Castiglioni S. 162; Studio Meyer S. 176; Naturhistorisches Museum Wien S. 183; U. Ruoff, Schweizer Landesmuseum Zürich S. 184; L. Barfield, Farbteil S. XII unten; H. Schlichtherle, Farbteil S. XIII; Gemeinde Schnals Farbteil S. IX; S. Renhart, Farbteil S. X oben.

Lawrence Barfield dankt den Zeichnern Mark Breedon, Harry Buglass und Nigel Dodds sowie Beate Lethmayer, die Grafiken für seinen Beitrag erstellt haben.